U0105043

古典文獻研究輯刊

三八編

潘美月・杜潔祥 主編

第24冊

于湖詞彙校與研究

吳 娟 著

國家圖書館出版品預行編目資料

于湖詞彙校與研究／吳娟　著 -- 初版 -- 新北市：花木蘭文化事業有限公司，2024〔民 113〕

目 2+202 面；19×26 公分

（古典文獻研究輯刊　三八編；第 24 冊）

ISBN 978-626-344-727-1（精裝）

1.CST：（宋）張孝祥　2.CST：宋詞　3.CST：詞論

4.CST：研究考訂

011.08　　112022595

古典文獻研究輯刊

三八編　第二四冊　　ISBN：978-626-344-727-1

于湖詞彙校與研究

作　　者　吳　娟

主　　編　潘美月、杜潔祥

總 編 輯　杜潔祥

副總編輯　楊嘉樂

編輯主任　許郁翎

編　　輯　潘玟靜、蔡正宣　美術編輯　陳逸婷

出　　版　花木蘭文化事業有限公司

發 行 人　高小娟

聯絡地址　235 新北市中和區中安街七二號十三樓

電話：02-2923-1455／傳真：02-2923-1452

網　　址　http://www.huamulan.tw 信箱　service@huamulans.com

印　　刷　普羅文化出版廣告事業

初　　版　2024 年 3 月

定　　價　三八編 60 冊（精裝）新台幣 156,000 元

于湖詞彙校與研究

吳娟 著

作者簡介

吳娟，北京大學文學博士，北京外國語大學中國語言文學學院講師。主要從事文學文獻學、古籍版本學研究，主持「2022 年度全國高校古籍整理項目」一項，在《清華大學學報（哲學與社會科學版）》、《蘇州大學學報（哲學與社會科學版）》、《圖書館雜誌》、《民俗研究》等專業刊物上發表學術論文十餘篇。獲北京外國語大學第六屆青年教師教學基本功大賽一等獎。

提　　要

張孝祥是南宋著名詞人，與張元幹並稱為「南渡初期詞壇雙璧」。因孝祥號于湖，後人習稱其詞為「于湖詞」。現今存世的于湖詞有 222 首，以張孝祥文集、詞集為主要載體。其版本有宋嘉泰本《于湖居士文集》、宋乾道本《于湖先生長短句》、宋《中興以來絕妙詞選》、明崇禎張時行本《張于湖集》四個系統，又多見選集、詞話等文學文獻稱引，可謂版本複雜、異文叢出。學界雖已存在《全宋詞》、《張孝祥詞校箋》、《于湖居士文集》、《張孝祥集編年校注》等多個于湖詞整理本，但已有整理本校記簡略，不能全面反映于湖詞的歷代異文，且偶有誤收、漏收等問題，故還有重新整理的必要。此外，圍繞于湖詞版本、校勘、詞韻等問題，學界已有研究亦有未盡之處。本書分整理與研究兩部分對于湖詞展開綜合研究，整理部分廣校眾本、備列異同，訂正前人之失；研究部分則在前人研究基礎上全面系統的梳理于湖詞的版本源流、校勘得失，並對于湖詩詞用韻情況展開系統討論，以期從文獻學、文學、史學、音韻學等多個維度形成對于湖詞的綜合研究、總體認識。

目次

引　言

張孝祥（1132～1169），字安國，號于湖，歷陽烏江（今安徽和縣）人。南宋高宗紹興二十四年（1154）狀元及第，官至中書舍人、直學士院。《宋史》有傳。

相較其詩歌而言，張孝祥的詞成就更加突出。雖然其詩詞創作都處於南宋前期，而且都有學習蘇軾的創作特點，但「它們在宋詩史與宋詞史上卻分別處於不同的發展階段，故而前者徒成尾聲，後者卻獨得先機」〔註 1〕。宋人陳應行稱其詞「讀之泠然灑然，真非人間煙火食人辭語」，有「瀟散出塵之姿，自在如神之筆，邁往凌雲之氣」。湯衡讚其詞「無一字無來歷處」，謝堯仁更表示「今人皆以為勝東坡」。孝祥一生雖然短暫，卻留下了不少膾炙人口的名篇，如《水調歌頭・聞采石戰勝》《六州歌頭》等。

張孝祥詞集的編纂，最早可以追溯到其生前。宋人王質《于湖集序》云「是歲，公沒于當塗之蕪湖，而其歌詞數編先出……世酣於其歌詞」〔註 2〕，可見張孝祥在世時已有單行本詞集行世。此外，宋人至少三次編刻過「于湖詞」。

1. 建安劉溫父編，乾道七年（1171）刊《于湖先生長短句》五卷（已佚）

是書原刻已佚，今有影宋抄本存世。卷首有乾道七年六月陳郡湯衡所撰《張紫薇雅詞序》、乾道七年仲冬（冬季第二個月，即農曆十一月）朔日建安

〔註 1〕莫礪鋒：《張孝祥為何詩不如詞》，《中國韻文學刊》，2021 年第 2 期，第 59 頁。
〔註 2〕王質：《雪山集》，《景印文淵閣四庫全書》第 1149 冊，台北：台北商務印書館，1986 年，第 4 頁。

陳應行所撰《于湖先生雅詞》。一名「張紫薇雅詞」，一名「于湖先生雅詞」，一名「于湖先生長短句」，「蓋作於集名未定以前，故三者稱謂不一致」〔註3〕。

湯衡序稱「建安劉溫父博雅好事，於公文章翰墨，尤所愛重，片言隻字，莫不珍藏。……又別集樂府一編，屬予序之，以冠於首」。湯衡曾「獲從公游」，與張孝祥有交，故劉溫父請他為張孝祥詞集作序。陳應行序云「比游荊湖間，得公《于湖集》，所作長短句凡數百篇」。考瞿鏞舊藏影宋乾道《于湖先生長短句》（今藏中國國家圖書館）所收長短句僅百餘篇，疑陳應行所見載錄有「數百篇」樂府的《于湖集》並非乾道本《于湖先生長短句》，而是另一部文集。劉溫父其人已不可考，僅知他與陳應行皆為建安（今福建建甌）人。建安乃南宋書坊群聚之地，是集又由建安人劉溫父編、陳應行作序，或亦為建安書坊所刻。饒宗頤《詞集考》就認為影宋抄本目錄之葉題「狀元張孝祥」，且正文中有可疑之處，如將「扶路遨頭」妄改為「鼇頭」，「渝子才」妄改為「才子」，觸目多陋，「疑與目錄之特標狀元，並出坊賈之手」〔註4〕。

2. 歷陽守胡元功編《張安國詩集・附詞》（已佚）

原書已佚，此序隨韓元吉《南澗甲乙稿》流傳。韓氏乾道八年四月為是書作序，云：「歷陽胡使君元功，集安國詩得若干篇，將刻而傳之，以慰其鄉閭之思，又掇其歌詞，以附於後，屬予序引。」可知歷陽守胡元功曾為張孝祥編纂過詩詞集，可惜未能流傳。

3. 王大成編、張孝伯刻《于湖居士文集》四十卷（刊刻於嘉泰年間，今存）

是書由張孝祥門人王大成所編，其中收錄有張孝祥詞四卷。據張孝伯《張于湖先生集序》「揭南昌，解后王大成集，大成從先生久，先生深愛之者。盡以家藏與諸家所刊屬其彙校，雖不敢謂全書，然視他本則有間矣」，知編纂一事乃孝伯囑託王大成所為，是本當經過精心校勘，且依據家藏本，內容可靠。

雖然劉溫父、胡元功、王集編纂「于湖詞」的目的各不相同，但他們客觀上都促進了于湖詞的傳播。令人欣喜的是，雖歷經八百餘年世事滄桑，今存于湖詞數量仍然不少，《全宋詞》收錄張孝祥詞 223 首，經筆者考訂，《錦園春》係盧祖皋《錦園春・賦海棠》之上闋，非張孝祥所作，故其存詞實為 222 首。

〔註 3〕宛敏灝：《張孝祥詞校箋》，北京：中華書局，2010 年，第 32 頁。
〔註 4〕饒宗頤：《詞籍考》，北京：中華書局，1992 年，127 頁。

「二張是詞史上的關鍵人物，沒有張元幹和張孝祥，也就不會有辛棄疾」〔註 5〕，然而對於這樣一位重要詞人，傅璇琮先生 1993 年為黃珮玉《張孝祥研究》作序時，卻稱「關於張孝祥，過去不是沒有研究文章，但說來可憐，除了安徽宛敏灝老先生那篇幾萬字的《張孝祥年譜》外，實在見不出有像樣的專門著作了。儘管如此，種種宏論，各式各樣的賞析文字，竟是接連不斷地在一塊遠非厚實的基礎上生發出來。我們的研究能夠在這種狀態下達到繁榮昌盛嗎？」確實，對於張孝祥詞的研究，以往主要集中在詞作賞析的層面。20 世紀初，黃珮玉首先對張孝祥生平、詩、詞、書法、文集版本等進行系統論述。21 世紀後，不少學者開始關注張孝祥其人其作，湧現出很多優秀的整理與研究成果。如彭國忠校點《張孝祥詩文集》、徐鵬點校《于湖居士文集》、宛敏灝《張孝祥詞校箋》、辛更儒《張孝祥集編年校注》等。但目前于湖詞的研究仍有未盡之處，如尚未真正弄清于湖詞的版本源流、詞作的真偽問題未完全解決、缺乏對其詩詞用韻的研究。通過對當代主要古籍整理成果進行綜合考察，發現有的學者誤將盧祖皋《錦園春・賦海棠》上闋收入張孝祥名下，有的學者誤將朱熹《憶秦娥》二首、朱翌《生查子・詠折疊扇》詞歸為張孝祥所作，還有的學者誤將無名氏《滿江紅・詠雨》歸入張孝祥詞作之列。經過長期努力，宋詞整理研究已取得不少全面系統的成果，但這一大批古典文學瑰寶的整理工作仍有進一步細化、精密化的必要，故本書擬分整理與研究兩部分，上編為于湖詞彙校（第一章），對于湖詞重要版本進行彙校、整理；下編（第二、三章）為于湖詞研究，對其版本、校勘、真偽、詩詞用韻等重要問題進行論述。

〔註 5〕傅璇琮：《學林清話》，鄭州：大象出版社，2008 年，第 87 頁。

第一章　于湖詞彙校

點校說明

一、《彙校》卷一至卷四以《四部叢刊》影印慈谿李氏藏宋嘉泰年間刊《于湖居士文集》本（簡稱「宋嘉泰本」）為底本。宋嘉泰本未收之詞，則據《景刊宋金元明本詞》《中興以來絕妙詞選》《全芳備祖》《永樂大典》校補為卷五。參校本計有：

1.《景刊宋金元明本詞》影宋刊《于湖先生長短句》本，五卷拾遺一卷，陶湘據清影宋抄本刻。（簡稱「陶本」）

2. 宋黃昇編、淳祐九年劉誠甫刻《中興以來絕妙詞選》本，卷二收張孝祥詞二十四首。《中華再造善本》據以影印。（簡稱「黃本」）

3. 清影宋抄《于湖居士文集》本，《中華再造善本》《宋集珍本叢刊》皆據以影印，卷三十一至卷三十四題「樂府」，即「于湖詞」。此本從宋嘉泰本影摹（簡稱「清影宋抄本」）。

4.《景刊宋金元明本詞》影刻劉梅真影摹宋刻《于湖居士樂府》本，標為卷三十一至卷三十四，題「樂府」，當即從宋刊《于湖居士文集》影摹付刊（簡稱「吳昌綬影宋刻本」）。

5. 明天一閣抄《百家詞》本，收《于湖集》二卷。天津圖書館影印。（簡稱「《百家詞》本」）

6. 明紫芝漫抄《宋元名家詞》本，題《于湖先生長短句》，五卷。《中華再造善本據以影印》。（簡稱「明紫芝漫抄本」）

7. 明崇禎毛氏汲古閣刻本，題《于湖詞》，三卷，乃明末以來最通行之本。《四庫全書存目叢書》據以影印。(簡稱「毛本」)

8. 明崇禎六年張時行刻《張于湖集》本，此集八卷，卷三題「樂府」，為詞。中國國家圖書館藏。(簡稱「明張時行本」)

9. 清彭元瑞知聖道齋舊藏明抄《南詞》本，收《于湖詞》二卷。北京大學出版社影印。(簡稱「《南詞》本」)

10. 明崇禎十七年張弘開刊《張于湖集》本，此集八卷，卷三題「樂府」，為詞。中國台北「國家圖書館」藏。(簡稱「明張弘開本」)

11. 清摛藻堂《四庫全書薈要》本《于湖集》，四十卷，卷三十一至卷三十四題「樂府」，即「于湖詞」。(簡稱「《薈要》」本)

12. 清文淵閣《四庫全書》本《于湖集》，四十卷，卷三十一至卷三十四題「樂府」，即「于湖詞」。(簡稱「文淵閣本《于湖集》」)

13. 清文淵閣《四庫全書》本《于湖詞》，三卷。(簡稱「文淵閣本《于湖詞》」)

14. 清文津閣《四庫全書》本《于湖集》，四十卷，卷三十一至卷三十四題「樂府」，即「于湖詞」。(簡稱「文津閣本《于湖集》」)

15. 清文津閣《四庫全書》本《于湖詞》，三卷。(簡稱「文津閣本《于湖詞》」)

16. 清文瀾閣《四庫全書》本《于湖集》四十卷，卷三十一至卷三十四題「樂府」，即「于湖詞」(簡稱「文瀾閣本《于湖集》」)。

17. 清文瀾閣《四庫全書》本《于湖詞》，三卷。其中卷一、卷二為丁氏補抄，卷三為民國癸亥補抄。(簡稱「文瀾閣本《于湖詞》」)

18. 傳抄《四庫全書》本《于湖集》四十卷，中國台北「國家圖書館」藏，卷三十一至卷三十四題「樂府」，即「于湖詞」(簡稱「抄閣本」)。

19. 清吳昌綬校抄《于湖先生長短句》本，五卷拾遺一卷，中國國家圖書館藏(簡稱「吳抄本」)

20. 1965 年中華書局排印唐圭璋輯校《全宋詞》本，第 3 冊收張孝祥詞 223 首。(簡稱「《全宋詞》本」)

二、除各種于湖詞版本外，各類詞選、詞話、類書等文獻中也收錄了部分于湖詞，在于湖詞編刻流傳過程中發揮不同程度的作用，因此，本書在對校之餘並用他校。所用他校材料即有《古今事文類聚》《陽春白雪》《全芳備祖》《事類備要》《景定建康志》《絕妙好詞》《渚山堂詞話》《詞品》《花草粹編》《草堂詩餘》《古今詞話》《詞苑叢談》《詞綜》《歷代詩餘》《詞林紀事》《詞律拾遺》等。

三、常見異體字以及版刻上常見筆畫訛混，為避繁冗，概不出校，如「蓬」與「篷」，「揚州」與「楊州」，「總」與「摠」。

四、上編主要校異文，慎斷是非，不校改底本文字。若底本、校本有明顯訛誤者，僅在校勘記中注明「某本誤作某」。

于湖詞彙校卷一　宋張孝祥撰　吳娟彙校

六州歌頭〔1〕（據宋嘉泰本《于湖居士文集》卷三十一。本卷皆同。）

長淮望斷，關塞莽然平。征塵暗〔2〕，霜風勁〔3〕，悄邊聲〔4〕。黯銷凝〔5〕。追想當年事，殆天數，非人力，洙泗上〔6〕，絃歌地，亦羶腥〔7〕。隔水氈鄉〔8〕，落日牛羊下，區脫縱横〔9〕。看名王宵獵〔10〕，騎火一川明。笳鼓悲鳴，遣人驚〔11〕。　　念腰間箭〔12〕，匣中劍，空埃蠹，竟何成！時易失〔13〕，心徒壯，歲將零〔14〕。渺神京〔15〕。干羽方懷遠，靜烽燧〔16〕，且休兵。冠蓋使，紛馳騖〔17〕，若為情。聞道中原遺老，常南望、翠葆霓旌〔18〕。使行人到此〔19〕，忠憤氣填膺〔20〕，有淚如傾〔21〕。

【點校】

〔1〕「六州歌頭」，明張時行本、明張弘開本作「長淮歌詞張安國在建康留守席上賦一篇云『長淮望斷』云云。歌闋，魏公為罷席而入。○見稗編增」。「頭」字下毛本、文瀾閣本《于湖詞》有小注「此調或作三疊，『亦羶腥』止第一段，『且休兵』止第二段」，文淵閣本《于湖詞》、文津閣本《于湖詞》有小注「此調或作三疊，『亦凋零』（『亦凋零』，文津閣本《于湖詞》作『亦榛荊』）止第一段，『且休兵』止第二段」，吳抄本有小注「大石調」。

〔2〕「征」，《渚山堂詞話》作「煙」。

〔3〕「霜」，《渚山堂詞話》、明張時行本、明張弘開本、《詞苑叢談》作「朔」。

〔4〕「悄」，《渚山堂詞話》誤作「俏」。

〔5〕「銷凝」，《渚山堂詞話》作「愁疑」，明張時行本、明張弘開本、《詞苑叢談》作「消凝」。

〔6〕「洙」，明紫芝漫抄本誤作「沫」。

〔7〕「亦羶腥」，《渚山堂詞話》作「亦爭衡」，《薈要》本作「血風腥」，《詞林紀事》作「亦軍營」，文淵閣本《于湖集》作「亦紛爭」，文淵閣本《于湖詞》作「亦凋零」，文津閣本《于湖詞》作「亦榛荊」，文瀾閣本《于湖集》、抄閣本作「亦戈兵」。文津閣本《于湖集》、文瀾閣本《于湖詞》同底本。○吳昌綬校語云「集本『羶腥』作『兵戈』，『氈鄉』作『圍場』，『羽葆』作『翠葆』。改字之謬可想見用意，姑志之，毋庸入校記也」。

〔8〕「氈鄉」，《渚山堂詞話》、明張時行本、明張弘開本、《詞苑叢談》作「旃鄉」，《薈要》本作「蒼茫」，文津閣本《于湖詞》作「微茫」，文瀾閣本《于湖集》、抄閣本作「圍場」。

〔9〕「區」,《詞苑叢談》、文瀾閣本《于湖集》、抄閣本作「甌」。「縱」,明張時行本、明張弘開本誤作「從」。

〔10〕「看」,《渚山堂詞話》作「報」。「名」,明張時行本、明張弘開本作「明」。

〔11〕「遣」,明張時行本、明張弘開本作「遺」。

〔12〕「箭」,明張時行本、明張弘開本、《詞苑叢談》誤作「簡」。

〔13〕「時」字上《渚山堂詞話》衍一「傷」字。「時」,《詞苑叢談》作「容」。

〔14〕「將零」,文淵閣本《于湖詞》作「崢嶸」。

〔15〕「渺」字上《渚山堂詞話》衍一「渺」字。

〔16〕「靜」,《渚山堂詞話》作「靖」。

〔17〕「鶩」,陶本、《新編古今事文類聚》、明紫芝漫抄本、《花草粹編》、文津閣本《于湖集》作「鶩」。

〔18〕「常」,陶本、《新編古今事文類聚》、《渚山堂詞話》、明紫芝漫抄本、明張時行本、明張弘開本、《詞苑叢談》作「長」。「翠」,陶本、《新編古今事文類聚》、明紫芝漫抄本、吳抄本、《全宋詞》本作「羽」。

〔19〕「使」,《渚山堂詞話》、明張時行本、明張弘開本、《詞苑叢談》作「遣」。

〔20〕「忠」,《渚山堂詞話》、明張時行本、明張弘開本誤作「終」,「憤」字上《渚山堂詞話》衍一「憤」字。

〔21〕「如」字下明張時行本脫「傾」字,有一墨丁。「傾」字下《渚山堂詞話》有「歌罷,魏公流涕而起,掩袂而入」十二字,《花草粹編》有小注「《朝野遺記》云:『安國在建康留守席上賦此歌闋,魏公為罷席而入』」,《詞苑叢談》有「歌闋,魏公為罷席而入」九字。

水調歌頭〔1〕為揔得居士壽

隆中三顧客,圯上一編書。英雄當日感會,餘事了寰區。千載神交二子〔2〕,一笑眇然茲世〔3〕,卻願駕柴車〔4〕。長憶淮南岸〔5〕,耕釣混樵漁。　忽扁舟,淩駭浪,到三吳。綸巾羽扇容與,爭看列仙儒〔6〕。不為蓴鱸笠澤〔7〕,便掛衣冠神武,此興渺江湖。舉酒對明月〔8〕,高曳九霞裾〔9〕。

【點校】

〔1〕「頭」字下陶本、明紫芝漫抄本、毛本、文淵閣本《于湖詞》、文津閣本《于湖詞》、文瀾閣本《于湖詞》、吳抄本無小注。

〔2〕「交」,明紫芝漫抄本誤作「友」。

〔3〕「眇」，陶本、明紫芝漫抄本、毛本、文淵閣本《于湖詞》、文津閣本《于湖詞》、文瀾閣本《于湖詞》、吳抄本作「渺」。「茲」，陶本、明紫芝漫抄本、毛本、文淵閣本《于湖詞》、文津閣本《于湖詞》、文瀾閣本《于湖詞》、吳抄本作「於」。

〔4〕「願」，陶本、明紫芝漫抄本、毛本、文淵閣本《于湖詞》、文津閣本《于湖詞》、文瀾閣本《于湖詞》、吳抄本作「顧」。

〔5〕「長」，陶本、明紫芝漫抄本、毛本、文淵閣本《于湖詞》、文津閣本《于湖詞》、文瀾閣本《于湖詞》、吳抄本「常」。「淮南」，吳抄本作「南淮」，「南淮」二字有乙正符號。

〔6〕「綸巾羽扇容與，爭看列仙儒」，陶本、毛本、文淵閣本《于湖詞》、文瀾閣本《于湖詞》作「綸巾羽扇笑，容與列仙如」，明紫芝漫抄本作「綸巾羽扇笑，客與列仙如」，文津閣本《于湖詞》作「綸巾羽扇笑，容真與列仙如」，吳抄本作「綸巾羽扇□笑，容與列仙如」。

〔7〕「不為蓴鱸笠澤」，陶本、明紫芝漫抄本、毛本、文淵閣本《于湖詞》、文津閣本《于湖詞》、文瀾閣本《于湖詞》、吳抄本作「豈為蓴羹鱸鱠」。

〔8〕「舉」，毛本、文淵閣本《于湖詞》、文津閣本《于湖詞》、文瀾閣本《于湖詞》誤作「學」。

〔9〕「九」，陶本、明紫芝漫抄本、毛本、文淵閣本《于湖詞》、文津閣本《于湖詞》、文瀾閣本《于湖詞》、吳抄本作「紫」。

水調歌頭凱歌上劉恭父〔1〕

猩鬼嘯篁竹，玉帳夜分弓。少年荊楚劍客，突騎錦襜紅。千里風飛雷厲，四校星流彗掃，蕭斧剉春葱。談笑青油幕，日奏捷書同。　詩書帥，黃閣老，黑頭公。家傳鴻寶祕略，小試不言功。聞道璽書頻下，看即沙堤歸去〔2〕，帷幄且從容〔3〕。君王自神武，一舉朔庭空。

【點校】

〔1〕水調歌頭　「凱歌上劉恭父」，陶本、明紫芝漫抄本、吳抄本作「凱歌奉寄湖南安撫舍人劉公」，「公」字下吳抄本有一字空格，後有「大石調」三小字，黃本、《花草粹編》、毛本、文淵閣本《于湖詞》、文津閣本《于湖詞》、文瀾閣本《于湖詞》作「凱歌寄湖南安撫劉舍人」，《新編古今事文類聚》作「奉寄湖南帥劉公」。

〔2〕「沙」，明紫芝漫抄本誤作「涉」。

〔3〕「且」，《花草粹編》誤作「日」。

水調歌頭泛湘江〔1〕

濯足夜灘急，晞髮北風涼〔2〕。吳山楚澤行徧〔3〕，只欠到瀟湘。買得扁舟歸去，此事天公付我，六月下滄浪。蟬蛻塵埃外〔4〕，蝶夢水雲鄉。　製荷衣，紉蘭佩〔5〕，把瓊芳〔6〕。湘妃起舞一笑，撫瑟奏清商〔7〕。喚起九歌忠憤，拂拭三閭文字〔8〕，還與日爭光〔9〕。莫遣兒輩覺〔10〕，此樂未渠央。

【點校】

〔1〕水調歌頭　「泛湘江」，陶本、明紫芝漫抄本、吳抄本作「過瀟湘作」，毛本、《歷代詩餘》、文淵閣本《于湖詞》、文津閣本《于湖詞》、文瀾閣本《于湖詞》作「過瀟湘寺」，文淵閣本《于湖集》作「泛湘水」。

〔2〕「晞」，陶本作「稀」。

〔3〕「徧」，陶本、明紫芝漫抄本、毛本、《歷代詩餘》、文淵閣本《于湖詞》、文津閣本《于湖詞》、文瀾閣本《于湖詞》、吳抄本作「盡」。

〔4〕「外」，明紫芝漫抄本作「去」。

〔5〕「紉」，明紫芝漫抄本作「細」。「佩」，文瀾閣本《于湖詞》、吳抄本作「珮」。

〔6〕「瓊芳」，陶本、明紫芝漫抄本、毛本、《歷代詩餘》、文淵閣本《于湖詞》、文津閣本《于湖詞》、文瀾閣本《于湖詞》、吳抄本作「萍房」。

〔7〕「瑟」，明紫芝漫抄本、文津閣本《于湖詞》作「琴」。

〔8〕「閭」，明紫芝漫抄本作「呂」。

〔9〕「日」，明紫芝漫抄本作「月」。

〔10〕「輩」字下明紫芝漫抄本脫「覺」字。

水調歌頭金山觀月〔1〕

江山自雄麗，風露與高寒。寄聲一本作牋月姊〔2〕，借我玉鑑此中看〔3〕。幽壑魚龍悲嘯，倒影星辰搖動，海氣夜漫漫〔4〕。湧起白銀闕〔5〕，危駐紫金山。

表獨立，飛霞珮〔6〕，切雲冠〔7〕。漱冰濯雪〔8〕，眇視萬里一毫端〔9〕。回首三山何處？聞道羣仙笑我〔10〕，要我欲俱還〔11〕。揮手從此去，翳鳳更驂鸞〔12〕。

【點校】

〔1〕水調歌頭　「金山觀月」，陶本、明紫芝漫抄本作「與喻才子同登金山，江平如席，月白如晝」，陶本次行題「安國賦此調」，黃本、《歷代詩餘》作「舟過金山

寺」,《花草粹編》、明顧從敬《草堂詩餘》作「詠月」,署「韓子蒼」。毛本、文淵閣本《于湖詞》、文津閣本《于湖詞》、文瀾閣本《于湖詞》作「舟過金山寺〇或作詠月〇或刻韓子蒼」。吳抄本作「與喻子才同游金山,江平如席,月白如晝。安國賦此調」。〇唐圭璋校語云「案《類編草堂詩餘》卷三此首誤作韓駒詞」。

〔2〕「聲」,陶本、明紫芝漫抄本、吳抄本作「牋」。

〔3〕「玉」,毛本、《歷代詩餘》、文淵閣本《于湖詞》、文津閣本《于湖詞》、文瀾閣本《于湖詞》作「寶」。

〔4〕「海氣」,文瀾閣本《于湖集》、抄閣本作「秋氣」。〇吳昌綬校語云「海氣」,集本作「秋氣」。

〔5〕「湧」,黃本、《花草粹編》、明顧從敬《草堂詩餘》、毛本、《歷代詩餘》、文淵閣本《于湖詞》、文津閣本《于湖詞》、文瀾閣本《于湖詞》、吳抄本作「擁」。「銀」,陶本、明紫芝漫抄本作「雲」。

〔6〕「霞珮」,黃本、《花草粹編》、毛本、《歷代詩餘》、文淵閣本《于湖詞》、文津閣本《于湖詞》、文瀾閣本《于湖詞》作「玉佩」,明顧從敬《草堂詩餘》作「玉珮」,吳抄本作「霞佩」。

〔7〕「切」,黃本、《花草粹編》、明顧從敬《草堂詩餘》、毛本、《歷代詩餘》、文淵閣本《于湖詞》、文津閣本《于湖詞》、文瀾閣本《于湖詞》作「整」。「冠」,文津閣本《于湖詞》作「觀」。

〔8〕「冰」,明紫芝漫抄本、《花草粹編》誤作「水」。

〔9〕「眇」,文津閣本《于湖詞》、文津閣本《于湖詞》、吳抄本作「渺」。

〔10〕「羣仙」,文津閣本《于湖詞》作「金山」。

〔11〕「要」,《花草粹編》、明顧從敬《草堂詩餘》、《歷代詩餘》作「邀」。「欲」,文瀾閣本《于湖集》、抄閣本作「與」。

〔12〕「翳」,文瀾閣本《于湖集》、抄閣本作「騎」。

水調歌頭汪德邵無盡藏〔1〕

淮楚襟帶地,雲夢澤南州。滄江翠壁佳處,突兀起紅樓。憑仗使君賀次〔2〕,與問老仙何在〔3〕?長嘯俯清秋。試遣吹簫看,騎鶴恐來游。　欲乘風,凌萬頃,汎扁舟〔4〕。山高月小,霜露既降〔5〕,凛凛不能留。一吊周郎羽扇,尚想曹公橫槊,興廢兩悠悠。此意無盡藏,分付水東流。

【點校】

〔1〕水調歌頭　「頭」字下明紫芝漫抄本無小注。「汪德邵無盡藏」，陶本、毛本、文淵閣本《于湖詞》、文津閣本《于湖詞》、文瀾閣本《于湖詞》、吳抄本作「汪德邵作無盡藏樓於棲霞之間，取玉局老仙遺意。張安國過之（『過』字下陶本無『之』字），為賦此詞」。「藏」字下《歷代詩餘》有「樓」字。

〔2〕「杖」，明紫芝漫抄本作「丈」。「使君」，陶本、明紫芝漫抄本、毛本、文淵閣本《于湖詞》、文津閣本《于湖詞》、文瀾閣本《于湖詞》、吳抄本作「史君」。

〔3〕「與問老仙何在」，陶本、明紫芝漫抄本、毛本、《歷代詩餘》、文淵閣本《于湖詞》、文津閣本《于湖詞》、文瀾閣本《于湖詞》、吳抄本作「為問仙翁何在」。

〔4〕「汎」，毛本、文淵閣本《于湖詞》、文津閣本《于湖詞》、文瀾閣本《于湖詞》作「從」。

〔5〕「霜露既降」，《歷代詩餘》作「霜降」。

水調歌頭隱靜山觀雨〔1〕

青嶂度雲氣，幽壑舞回風。山神助我奇觀〔2〕，喚起碧霄龍〔3〕。電掣金虵千丈〔4〕，雷震靈鼉萬疊〔5〕，洶洶欲崩空。盡瀉銀潢水〔6〕，傾入寶蓮宮〔7〕。

坐中客，淩積翠，看奔洪〔8〕。人間應失匕筯〔9〕，此地獨從容〔10〕。洗了從來塵垢〔11〕，潤及無邊焦槁〔12〕，造物不言功〔13〕。天宇忽開霽，日在五雲東。

【點校】

〔1〕水調歌頭　「頭」字下明紫芝漫抄本無小注。「隱靜山觀雨」，陶本、吳抄本作「隱靜山中大雨」，黃本、毛本、文淵閣本《于湖詞》、文瀾閣本《于湖詞》作「隱靜寺觀雨，寺有碧霄泉」，文津閣本《于湖詞》作「靜隱寺觀雨，寺有碧霄泉」，《古今詞統》作「隱靜寺觀雨寺有碧霄泉」，《歷代詩餘》作「隱靜寺觀雨」。

〔2〕「山」，黃本、毛本、《古今詞統》、《歷代詩餘》、文淵閣本《于湖詞》、文津閣本《于湖詞》、文瀾閣本《于湖詞》作「江」。「奇」，黃本、毛本、《古今詞統》、《歷代詩餘》、文淵閣本《于湖詞》、文津閣本《于湖詞》、文瀾閣本《于湖詞》作「雄」。

〔3〕「霄」，明紫芝漫抄本作「宵」。

〔4〕「丈」，明紫芝漫抄本誤作「文」。

〔5〕「雷」，陶本、明紫芝漫抄本、吳抄本作「霆」。「震」，文津閣本《于湖詞》誤作「噴」。「萬」，明紫芝漫抄本誤作「方」。

〔6〕「盡」，陶本、明紫芝漫抄本作「誰」，「誰」字下明紫芝漫抄本脫「瀉」字。「潰」，陶本、明紫芝漫抄本、吳抄本作「河」。

〔7〕「傾」，陶本、黃本、明紫芝漫抄本、毛本、《古今詞統》、《歷代詩餘》、文淵閣本《于湖詞》、文津閣本《于湖詞》、文瀾閣本《于湖詞》、吳抄本作「散」。

〔8〕「看奔洪」，明紫芝漫抄本誤作「看看奔洪」。

〔9〕「匕」，明紫芝漫抄本誤作「失」。

〔10〕「此地」，陶本、明紫芝漫抄本、吳抄本作「高處」，黃本、《古今詞統》作「唯我」，毛本、《歷代詩餘》、文淵閣本《于湖詞》、文津閣本《于湖詞》、文瀾閣本《于湖詞》作「惟我」。

〔11〕「洗了從來塵垢」，陶本、明紫芝漫抄本、吳抄本作「洗盡平生塵土」，黃本、毛本、《古今詞統》、《歷代詩餘》、文淵閣本《于湖詞》、文津閣本《于湖詞》、文瀾閣本《于湖詞》作「淨洗從來塵垢」。

〔12〕「及」，明紫芝漫抄本誤作「戾」。「焦」，黃本、毛本、《古今詞統》、《歷代詩餘》、文淵閣本《于湖詞》、文津閣本《于湖詞》、文瀾閣本《于湖詞》、吳抄本作「枯」。

〔13〕「不言功」，文瀾閣本《于湖集》、抄閣本作「有元功」。〇吳昌綬校語云「造物有元功」。

水調歌頭桂林集句〔1〕

五嶺皆炎熱，宜人獨桂林。江南驛使未到，梅蘂破春心〔2〕。繁會九衢三市〔3〕，縹緲層樓傑觀〔4〕，雪片一冬深。自是清涼國〔5〕，莫遣瘴煙侵〔6〕。

江山好〔7〕，青羅帶，碧玉簪。平沙細浪欲盡，陡起忽千尋〔8〕。家種黃柑丹荔，戶拾明珠翠羽，簫鼓夜沉沉。莫問驂鸞事，有酒且頻斟。

【點校】

〔1〕「桂林集句」，陶本、明紫芝漫抄本作「帥靜江作」，毛本、文淵閣本《于湖詞》、文津閣本《于湖詞》、文瀾閣本《于湖詞》、吳抄本作「帥靖江作」。

〔2〕「破」，陶本、明紫芝漫抄本、毛本、文淵閣本《于湖詞》、文津閣本《于湖詞》、文瀾閣本《于湖詞》、吳抄本作「透」。

〔3〕「九」，明紫芝漫抄本誤作「元」。

〔4〕「傑」，陶本、明紫芝漫抄本、毛本、文淵閣本《于湖詞》、文津閣本《于湖詞》、文瀾閣本《于湖詞》、吳抄本作「疊」。

〔5〕「國」，明紫芝漫抄本作「閣」。

〔6〕「莫」，陶本、明紫芝漫抄本、毛本、文淵閣本《于湖詞》、文津閣本《于湖詞》、文瀾閣本《于湖詞》、吳抄本作「不」。「煙」，陶本、明紫芝漫抄本、毛本、文淵閣本《于湖詞》、文津閣本《于湖詞》、文瀾閣本《于湖詞》、吳抄本作「塵」。

〔7〕「江」，陶本、明紫芝漫抄本、毛本、文淵閣本《于湖詞》、文津閣本《于湖詞》、文瀾閣本《于湖詞》、吳抄本作「溪」。

〔8〕「陡」，明紫芝漫抄本作「徙」。

水調歌頭桂林中秋〔1〕

今夕復何夕，此地過中秋。賞心亭上喚客，追憶去年游。千里江山如畫〔2〕，萬井笙歌不夜，扶路看遨頭〔3〕。玉界擁銀闕〔4〕，珠箔卷瓊鈎。　馭風去，忽吹到，嶺邊州〔5〕。去年明月依舊，還照我登樓。樓下水明沙靜〔6〕，樓外參橫斗轉，搔首思悠悠。老子興不淺，聊復此淹留〔7〕。

【點校】

〔1〕水調歌頭　「頭」字下明紫芝漫抄本無小注。「秋」字下陶本、毛本、文淵閣本《于湖詞》本、文津閣本《于湖詞》、文瀾閣本《于湖詞》、吳抄本有「作」字。

〔2〕「畫」，陶本、毛本、文淵閣本《于湖詞》本、文津閣本《于湖詞》、文瀾閣本《于湖詞》作「晝」。

〔3〕「扶」，陶本、明紫芝漫抄本、毛本、文津閣本《于湖詞》、文瀾閣本《于湖詞》、吳抄本作「挾」，《歷代詩餘》作「狹」，文淵閣本《于湖詞》本作「夾」。「遨」，陶本、明紫芝漫抄本、毛本、《歷代詩餘》、文淵閣本《于湖詞》本、文津閣本《于湖集》、文瀾閣本《于湖詞》、吳抄本作「鼇」。

〔4〕「擁」，陶本、明紫芝漫抄本、毛本、《歷代詩餘》、文淵閣本《于湖詞》本、文津閣本《于湖詞》、文瀾閣本《于湖詞》、吳抄本作「湧」。

〔5〕「邊」，陶本、明紫芝漫抄本、毛本、《歷代詩餘》、文淵閣本《于湖詞》本、文津閣本《于湖詞》、文瀾閣本《于湖詞》、吳抄本作「南」。

〔6〕「下」字上陶本脫「樓」字，有一字空格。「靜」，陶本、毛本、《歷代詩餘》、文淵閣本《于湖詞》本、文津閣本《于湖詞》、文瀾閣本《于湖詞》、吳抄本作「淨」。

〔7〕「此」，陶本、毛本、《歷代詩餘》、文淵閣本《于湖詞》、文津閣本《于湖詞》、文瀾閣本《于湖詞》、吳抄本作「少」。「復」字下明紫芝漫抄本脫「此」字。

水調歌頭和龐佑父〔1〕

雪洗虜塵靜〔2〕，風約楚雲留。何人為寫悲壯，吹角古城樓〔3〕。湖海平生豪氣，關塞如今風景，剪燭看吳鈎。賸喜然犀處〔4〕，駭浪與天浮。　憶當年，周與謝，富春秋。小喬初嫁，香囊未解〔5〕，勳業故優游〔6〕。赤壁磯頭落照〔7〕，肥水橋邊衰草〔8〕，渺渺喚人愁。我欲乘風去，擊楫誓中流。

【點校】

〔1〕「頭」字下明紫芝漫抄本無小注。「和龐佑父」，陶本、毛本、文淵閣本《于湖詞》、文津閣本《于湖詞》、文瀾閣本《于湖詞》、吳抄本作「聞采石戰勝」。

〔2〕「虜」，《欽定詞譜》作「鹵」，《薈要》本作「塞」，文淵閣本《于湖集》作「戰」，文淵閣本《于湖詞》作「征」，文津閣本《于湖集》作「朔」，文津閣本《于湖詞》、文瀾閣本《于湖集》、抄閣本作「邊」。「靜」，《欽定詞譜》作「淨」。

〔3〕「角」，《欽定詞譜》作「笛」。

〔4〕「然」，陶本、毛本、文淵閣本《于湖詞》、文津閣本《于湖詞》、文瀾閣本《于湖詞》、吳抄本作「燃」。

〔5〕「未解」，陶本、明紫芝漫抄本、毛本、《欽定詞譜》、文淵閣本《于湖詞》、文津閣本《于湖詞》、文瀾閣本《于湖詞》、吳抄本作「猶在」。

〔6〕「勳」，陶本、明紫芝漫抄本、毛本、《欽定詞譜》、文淵閣本《于湖詞》、文津閣本《于湖詞》、文瀾閣本《于湖詞》、吳抄本作「功」。

〔7〕「赤」，文津閣本《于湖詞》作「喚」。「壁」，陶本、明紫芝漫抄本、毛本、文淵閣本《于湖詞》、文津閣本《于湖詞》、文瀾閣本《于湖詞》、吳抄本作「岸」。「磯」，明紫芝漫抄本誤作「機」。

〔8〕「肥」，陶本、明紫芝漫抄本、毛本、《欽定詞譜》、文淵閣本《于湖詞》、文津閣本《于湖詞》、文瀾閣本《于湖詞》、吳抄本作「淝」。

水調歌頭為時傳之壽

雲海漾空闊，風露凛高寒。仙翁鶴駕羽節，縹緲下天端〔1〕。指點虛無征路，時見雙鳧飛舞，揮斥隘塵寰。吹笛向何處？海上有三山。　　綵衣新，魚服麗，更朱顏。蟠桃未熟千歲，容與且人間。早晚金泥封詔，歸侍玉皇香案，踵武列仙班。玉骨自難老，未用九霞丹。

【點校】

〔1〕「下天」，抄閣本作「天下」。

水調歌頭為方務德侍郎壽〔1〕

紫橐論思舊，碧落拜除新。內家敕使傳詔，親付玉麒麟。千里江山增麗，是處旌旗改色，佳氣鬱輪囷〔2〕。看取連宵雪〔3〕，借與萬家春。　　建崇牙，開盛府，是生辰。十州老稚〔4〕，都向今日祝松椿。多少活人陰德，合享無邊長筭〔5〕，惟有我知君。來歲更今日，一氣轉洪鈞。

【點校】

〔1〕「為方務德侍郎壽」，陶本、毛本、文淵閣本《于湖詞》、文津閣本《于湖詞》、文瀾閣本《于湖詞》作「方務德生日」，吳抄本作「方務德生日 大石調」。

〔2〕「囷」，毛本、吳抄本誤作「困」。

〔3〕「宵」，陶本、毛本、吳抄本作「霄」。

〔4〕「十」，抄閣本作「一」。「州」，陶本、毛本、文津閣本《于湖詞》、文津閣本《于湖詞》、文瀾閣本《于湖詞》、吳抄本作「洲」。「老稚」，陶本、毛本、文淵閣本《于湖詞》、文津閣本《于湖詞》、文瀾閣本《于湖詞》、吳抄本作「三島」。

〔5〕「享」，陶本作「向」。「筭」，陶本、毛本、文淵閣本《于湖詞》、文津閣本《于湖詞》、文瀾閣本《于湖詞》、吳抄本作「壽」。

水調歌頭垂虹亭〔1〕

艤棹太湖岸〔2〕，天與水相連。垂虹亭上，五年不到故依然。洗我征塵三斗〔3〕，快揖商飆千里〔4〕，鷗鷺亦翩翩。身在水晶闕，真作馭風仙。　　望中秋，無五日，月還圓。倚欄清嘯孤發〔5〕，驚起蟄龍眠。欲酹鴟夷西子，未辦當年功業〔6〕，空繫五湖舡。不用知餘事，蓴鱠正芳鮮〔7〕。

【點校】

〔1〕「頭」字下陶本、明紫芝漫抄本、毛本、《歷代詩餘》、文淵閣本《于湖詞》、文津閣本《于湖詞》、文瀾閣本《于湖詞》、吳抄本無小注。

〔2〕「艤」,《歷代詩餘》作「檥」。

〔3〕「洗我征塵」,文瀾閣本《于湖集》、抄閣本作「洗去俗塵」。〇吳昌綬校語云「洗去」。

〔4〕「揖」,陶本、毛本、文淵閣本《于湖詞》、文津閣本《于湖詞》、文瀾閣本《于湖詞》、吳抄本作「挹」。案:「揖」,《歷代詩餘》卷五十九引作「挹」。

〔5〕「欄」,《歷代詩餘》作「闌」。「嘯」,陶本、明紫芝漫抄本、毛本、《歷代詩餘》、文淵閣本《于湖詞》、文津閣本《于湖詞》、文瀾閣本《于湖詞》、吳抄本作「唱」。

〔6〕「辦」,明紫芝漫抄本、文津閣本《于湖詞》作「辨」。

〔7〕「蓴鱠」,陶本、明紫芝漫抄本、毛本、《歷代詩餘》、文淵閣本《于湖詞》、文津閣本《于湖詞》、文瀾閣本《于湖詞》、吳抄本作「鱸鱠」。「芳」,陶本、明紫芝漫抄本、毛本、《歷代詩餘》、文淵閣本《于湖詞》、文津閣本《于湖詞》、文瀾閣本《于湖詞》、吳抄本作「甘」。

水調歌頭送劉恭父趨朝〔1〕

鼇禁輟頗牧,熊軾賴龔黃。一時林莽千險,鑱午要驅攘〔2〕。金版《六韜》初試〔3〕,煙斂山空野迥,低草見牛羊。旆纜釋南顧,戈甲濯銀潢。　璽書下〔4〕,褒懿績〔5〕,促曹裝〔6〕。帝宸天近〔7〕,紅旆東去帶朝陽。歸輔五雲丹陛〔8〕,回首楚樓千里,遺愛滿瀟湘。應記依劉客,曾此奉離觴〔9〕。

【點校】

〔1〕「送劉恭父趨朝」,陶本、明紫芝漫抄本、毛本、文淵閣本《于湖詞》、文津閣本《于湖詞》、文瀾閣本《于湖詞》、吳抄本作「送劉帥趍朝」。

〔2〕「午」,明紫芝漫抄本誤作「手」。

〔3〕「六」,陶本、毛本、文津閣本《于湖詞》、文瀾閣本《于湖詞》作「云」。「初試」,文瀾閣本《于湖集》、抄閣本作「功試」。〇吳昌綬校語云「功試」。

〔4〕「璽」,陶本、明紫芝漫抄本、毛本、文淵閣本《于湖詞》、文津閣本《于湖詞》、文瀾閣本《于湖詞》、吳抄本、《全宋詞》本作「玉」。

〔5〕「績」,毛本、文淵閣本《于湖詞》、文津閣本《于湖詞》、文瀾閣本《于湖詞》作「續」。「懿」字下明紫芝漫抄本有一字空格。

〔6〕「裝」字下明紫芝漫抄本脫「帝宸天近」至「歸輔五雲丹陛」三句。
〔7〕「宸」，陶本、毛本、文淵閣本《于湖詞》、文津閣本《于湖詞》、文瀾閣本《于湖詞》、吳抄本作「衷」。
〔8〕「歸」，陶本、毛本、文淵閣本《于湖詞》、文津閣本《于湖詞》、文瀾閣本《于湖詞》、吳抄本作「登」。
〔9〕「奉」，陶本、毛本、文淵閣本《于湖詞》、文津閣本《于湖詞》、文瀾閣本《于湖詞》、吳抄本作「捧」。

多麗〔1〕

景蕭踈，楚江那更高秋。遠連天、茫茫都是，敗蘆枯蓼汀洲〔2〕。認炊煙、幾家蝸舍，映夕照、一簇漁舟〔3〕。去國雖遙，寧親漸近，數峯青處是吾州。便乘取、波平風靜，荃棹且夷猶。關情有，冥冥去鴈〔4〕，拍拍輕鷗。　　忽追思、當年往事，惹起無限覊愁〔5〕。拄笏朝來多爽氣〔6〕，秉燭夜永足清游〔7〕。翠袖香寒，朱絃韻悄〔8〕，無情江水只東流。柂樓晚〔9〕，清商哀怨，還聽隔舡謳。無言久〔10〕，餘霞散綺，煙際帆收。

【點校】

〔1〕「麗」字下吳抄本有「中呂調」三小字。
〔2〕「枯蓼」上明紫芝漫抄本脫「敗蘆」二字。
〔3〕「漁」，明紫芝漫抄本作「魚」。
〔4〕「關」，明紫芝漫抄本誤作「開」。
〔5〕「限」，陶本作「恨」。
〔6〕「拄」，明紫芝漫抄本誤作「柱」，文淵閣本《于湖詞》誤作「挂」。
〔7〕「足」，明紫芝漫抄本作「迁」。「游」，明紫芝漫抄本作「幽」。
〔8〕「絃」，明紫芝漫抄本作「絲」。
〔9〕「柂」，明紫芝漫抄本、毛本、文淵閣本《于湖詞》、文津閣本《于湖詞》、文瀾閣本《于湖詞》誤作「拖」，《歷代詩餘》、《欽定詞譜》作「舵」。
〔10〕「久」，明紫芝漫抄本誤作「父」。

木蘭花慢〔1〕

送歸雲去鴈，澹寒采〔2〕，滿溪樓。正佩解湘腰〔3〕，釵孤楚鬟，鸞鑑分收〔4〕。凝情望，行處路〔5〕，但踈煙遠樹織離憂。只有樓前溪水〔6〕，伴人清淚長流。　　霜華夜永逼衾裯，喚誰護衣篝〔7〕。念粉館重來，芳塵未掃，爭見嬉游〔8〕。情知悶來殢酒〔9〕，柰迴腸、不醉只添愁。脈脈無言竟日〔10〕，斷覓雙鶖南州〔11〕。

【點校】

〔1〕「木蘭花慢」，陶本、明紫芝漫抄本作「木蘭花」，黃本作「木欄花離思」。「慢」字下毛本、文淵閣本《于湖詞》、文津閣本《于湖詞》、文瀾閣本《于湖詞》有小注「離思。向誤作『木蘭花令』」，《歷代詩餘》有小注「離思」，吳抄本有小注「高平調」。

〔2〕「澹」，黃本、《花草粹編》、毛本、《歷代詩餘》、文淵閣本《于湖詞》、文津閣本《于湖詞》、文瀾閣本《于湖詞》、抄閣本作「淡」。「采」，陶本、黃本、明紫芝漫抄本、《花草粹編》、毛本、文淵閣本《于湖詞》、文津閣本《于湖詞》、文瀾閣本《于湖詞》、抄閣本作「彩」，《歷代詩餘》作「影」。

〔3〕「佩」，陶本、明紫芝漫抄本、《歷代詩餘》作「珮」。

〔4〕「鑑」，陶本、明紫芝漫抄本作「鏡」。「分」字下明紫芝漫抄本有一字空格。

〔5〕「情」，陶本作「晴」。「望」字下明紫芝漫抄本有一字空格。

〔6〕「只」，陶本、明紫芝漫抄本、吳抄本作「惟」。

〔7〕「喚誰」，文瀾閣本《于湖集》、抄閣本作「誰為」。「護」，陶本、明紫芝漫抄本、吳抄本作「換」。○吳昌綬校語云「誰為護衣篝」。

〔8〕「見」，陶本、明紫芝漫抄本、吳抄本作「忍」。

〔9〕「殢」，明紫芝漫抄本誤作「帶」。

〔10〕「脈脈」，陶本、明紫芝漫抄本作「默默」。

〔11〕「鶖」，陶本、黃本、吳抄本作「鶩」。

木蘭花慢〔1〕

紫簫吹散後，恨燕子、只空樓。念璧月長虧〔2〕，玉簪中斷〔3〕，覆水難收。青鸞送碧雲句，道霞扃霧鎖不堪憂。情與文梭共織，怨隨宮葉同流。　　人間天上兩悠悠，暗淚灑燈篝。記谷口園林，當時驛舍，夢裏曾游。銀屏低聞笑語〔4〕，但醉時冉冉醒時愁〔5〕。擬把菱花一半〔6〕，試尋高價皇州。

【點校】

〔1〕「木蘭花慢」，陶本、明紫芝漫抄本作「木蘭花」，黃本作「木欄花別情」，毛本、文淵閣本《于湖詞》、文津閣本《于湖詞》、文瀾閣本《于湖詞》作「木蘭花慢別情」。

〔2〕「璧」，《陽春白雪》、明紫芝漫抄本、抄閣本作「壁」。
〔3〕「斷」，黃本、《花草粹編》、毛本、文淵閣本《于湖詞》、文津閣本《于湖詞》、文瀾閣本《于湖詞》作「折」。
〔4〕「銀」，陶本、《陽春白雪》、明紫芝漫抄本、吳抄本作「雲」。「聞」，陶本、明紫芝漫抄本作「問」。
〔5〕「但」，陶本、《陽春白雪》、明紫芝漫抄本、吳抄本作「奈」。「醉」，黃本、《花草粹編》、毛本、文淵閣本《于湖詞》、文津閣本《于湖詞》、文瀾閣本《于湖詞》作「夢」。「冉冉」，陶本、《陽春白雪》、明紫芝漫抄本、吳抄本作「言語」。「醒」，明紫芝漫抄本誤作「醉」。
〔6〕「把」，《陽春白雪》作「抱」。

水龍吟望九華山作〔1〕

竹輿曉入青陽，細風涼月天如洗。峰回路轉，雲舒霞卷〔2〕，了非人世。轉就丹砂，鑄成金鼎，碧光相倚。料天關虎守，箕疇龍負，閒神祕，留玆地。

縹緲珠幢羽衛〔3〕，望蓬萊、初無弱水。仙人拍手，山頭笑我，塵埃滿袂。春鎖瑤房〔4〕，霧迷芝圃〔5〕，昔遊都記。悵世緣未了，匆匆又去〔6〕，空凝竚，煙霄裏。

【點校】

〔1〕「華」字下陶本、明紫芝漫抄本、毛本、《歷代詩餘》、文淵閣本《于湖詞》、文津閣本《于湖詞》、文瀾閣本《于湖詞》、吳抄本無「山」字。
〔2〕「霞」，陶本、明紫芝漫抄本、毛本、《歷代詩餘》、文淵閣本《于湖詞》、文津閣本《于湖詞》、文瀾閣本《于湖詞》、《詞律拾遺》、吳抄本作「霧」。
〔3〕「珠」，陶本、明紫芝漫抄本、毛本、《歷代詩餘》、文淵閣本《于湖詞》、文津閣本《于湖詞》、《詞律拾遺》、文瀾閣本《于湖詞》、吳抄本作「朱」。
〔4〕「房」，文淵閣本《于湖集》作「芳」。
〔5〕「芝」，明紫芝漫抄本作「朱」。
〔6〕「匆匆」，陶本、文瀾閣本《于湖詞》作「忽忽」。

水龍吟過浯溪〔1〕

平生只說浯溪，斜陽喚我歸舡繫〔2〕。月華未吐，波光不動，新涼如水。長嘯一聲，山鳴谷應，栖禽驚起。問元顏去後〔3〕，水流花謝，當年事，憑誰記〔4〕。　　須信兩翁不死〔5〕，駕飛車，時遊茲地〔6〕。漫郎宅裏，中興碑下，應留屐齒。酌我清尊，洗公孤憤〔7〕，來同一醉。待相將把袂〔8〕，清都歸路，騎鶴去，三千歲。

【點校】

〔1〕「浯溪」旁吳抄本有「越調」二小字。案：「洁」當作「浯」，宋嘉泰本、抄閣本誤，其餘各本不誤。

〔2〕「我」，陶本、毛本、《歷代詩餘》、文淵閣本《于湖詞》、文津閣本《于湖詞》、文瀾閣本《于湖詞》、吳抄本作「渡」，明紫芝漫抄本作「秋」。「歸」，陶本、明紫芝漫抄本、毛本、《歷代詩餘》、文淵閣本《于湖詞》、文津閣本《于湖詞》、文瀾閣本《于湖詞》、吳抄本作「秋」。

〔3〕「問元顏去後」，陶本、毛本、文淵閣本《于湖詞》、文津閣本《于湖詞》、文瀾閣本《于湖詞》、作「自顏元者後」，明紫芝漫抄本、《歷代詩餘》、吳抄本作「自顏元去後」。

〔4〕「憑誰」，陶本、明紫芝漫抄本、毛本、《歷代詩餘》、文淵閣本《于湖詞》、文津閣本《于湖詞》、文瀾閣本《于湖詞》、吳抄本作「無人」。

〔5〕「翁」，陶本、明紫芝漫抄本、毛本、《歷代詩餘》、文淵閣本《于湖詞》、文津閣本《于湖詞》、文瀾閣本《于湖詞》、吳抄本作「賢」。

〔6〕「茲」，陶本、明紫芝漫抄本、毛本、《歷代詩餘》、文淵閣本《于湖詞》、文津閣本《于湖詞》、文瀾閣本《于湖詞》、吳抄本作「此」。

〔7〕「公」，陶本、明紫芝漫抄本、毛本、《歷代詩餘》、文淵閣本《于湖詞》、文津閣本《于湖詞》、文瀾閣本《于湖詞》、吳抄本作「君」。

〔8〕「將」，陶本、明紫芝漫抄本、毛本、《歷代詩餘》、文淵閣本《于湖詞》、文津閣本《于湖詞》、文瀾閣本《于湖詞》、吳抄本作「期」。

念奴嬌過洞庭〔1〕

洞庭青草，近中秋、更無一點風色〔2〕。玉鑑瓊田三萬頃〔3〕，著我扁舟一葉。素月分輝，明河共影〔4〕，表裏俱澄澈。悠然心會〔5〕，妙處難與君說。

應念嶺海經年〔6〕，孤光自照，肝肺皆冰雪〔7〕。短髮蕭騷襟袖冷，穩泛滄浪空闊。盡吸西江〔8〕，細斟北斗〔9〕，萬象為賓客。扣舷獨笑〔10〕，不知今夕何夕。

【點校】

〔1〕「洞」字上黃本、《草堂詩餘》、毛本、明張時行本、明張弘開本、《歷代詩餘》、文淵閣本《于湖詞》、文津閣本《于湖詞》、文瀾閣本《于湖詞》無「過」字。「過洞庭」旁吳抄本有「大石調」三小字。〇唐圭璋校記云「案此首黃燮清《國朝詞綜續編》卷一誤作清人荊揞詞」。

〔2〕「一點」，文瀾閣本《于湖集》、抄閣本作「半點」。

〔3〕「鑑」，陶本、《古今事文類聚》、黃本、《絕妙好詞》、明紫芝漫抄本、《草堂詩餘》、毛本、明張時行本、明張弘開本、《歷代詩餘》、文淵閣本《于湖詞》、文津閣本《于湖詞》、文瀾閣本《于湖詞》、吳抄本作「界」。「頃」，明紫芝漫抄本誤作「頭」。

〔4〕「明」，陶本、《古今事文類聚》、黃本、明紫芝漫抄本、《草堂詩餘》、毛本、明張時行本、明張弘開本、《歷代詩餘》、文淵閣本《于湖詞》、文津閣本《于湖詞》、文瀾閣本《于湖詞》、吳抄本作「銀」。

〔5〕「悠然」，黃本、毛本、《歷代詩餘》、文淵閣本《于湖詞》、文津閣本《于湖詞》、文瀾閣本《于湖詞》作「怡然」，明紫芝漫抄本作「悠悠」，《草堂詩餘》、明張時行本、明張弘開本作「油然」。

〔6〕「嶺海經年」，《絕妙好詞》作「嶺表經年」，文津閣本《于湖詞》、文津閣本《于湖詞》作「梅嶺孤光」。

〔7〕「肺」，《絕妙好詞》作「膽」。

〔8〕「盡吸西江」，陶本、《古今事文類聚》、明紫芝漫抄本作「盡挹西山」，黃本、《草堂詩餘》、毛本、明張時行本、明張弘開本、《歷代詩餘》、文淵閣本《于湖詞》、文津閣本《于湖詞》、文瀾閣本《于湖詞》、吳抄本作「盡挹西江」。

〔9〕「斟」，黃本、《草堂詩餘》、毛本、明張時行本、明張弘開本、《歷代詩餘》、文淵閣本《于湖詞》、文津閣本《于湖詞》、文瀾閣本《于湖詞》、吳抄本作「傾」。

〔10〕「笑」，陶本、《絕妙好詞》、明紫芝漫抄本作「嘯」。「獨」，黃本、《草堂詩餘》、毛本、明張時行本、明張弘開本、《歷代詩餘》、文淵閣本《于湖詞》、文津閣本《于湖詞》、文瀾閣本《于湖詞》、吳抄本作「一」。

念奴嬌張仲欽提刑行邊〔1〕

弓刀陌上，淨蠻煙瘴雨〔2〕，朔雲邊雪。幕府橫驅三萬里，一把平安遙接〔3〕。方丈三韓，西山八詔，慕義羞椎結〔4〕。梯航入貢〔5〕，路經頭痛身熱。

今代文武通人，青霄不上，卻把南州節。虜馬秋肥鵰力健〔6〕，應看名王宵獵。壯士長歌，故人一笑，趁得梅花月。王春奏計〔7〕，便須平步清切。

【點校】

〔1〕「張仲欽提刑行邊」，陶本、毛本、文淵閣本《于湖詞》、文津閣本《于湖詞》、文瀾閣本《于湖詞》、吳抄本作「仲欽提刑仲冬行邊，漫呈小詞以備鼓吹之闕」，「嬌」字下明紫芝漫抄本無小注。

〔2〕「淨」，陶本、明紫芝漫抄本、毛本、文淵閣本《于湖詞》、文津閣本《于湖詞》、文瀾閣本《于湖詞》、吳抄本作「過」。

〔3〕「遙」，明紫芝漫抄本作「搖」。

〔4〕「椎」，明紫芝漫抄本作「摧」。

〔5〕「貢」，明紫芝漫抄本作「且」。

〔6〕「虜」，《薈要》本、文淵閣本《于湖詞》、文津閣本《于湖集》作「塞」，文淵閣本《于湖集》作「敵」，文津閣本《于湖詞》作「牧」，文瀾閣本《于湖集》、抄閣本作「宛」。

〔7〕「奏」字上明紫芝漫抄本脫「春」字。「計」，陶本、明紫芝漫抄本、毛本、文淵閣本《于湖詞》、文津閣本《于湖詞》、文瀾閣本《于湖詞》、吳抄本作「記」。

念奴嬌欲雪呈朱漕元順〔1〕

朔風吹雨，送淒涼天氣〔2〕，垂垂欲雪。萬里南荒雲霧滿〔3〕，弱水蓬萊相接。凍合龍岡〔4〕，寒侵銅柱，碧海冰澌結〔5〕。憑高一笑〔6〕，問君何處炎熱？家在楚尾吳頭〔7〕，歸期猶未，對此驚時節。憶得年時貂帽煖〔8〕，鐵馬千羣觀獵〔9〕。狐兎成車，笙歌隱地〔10〕，歸踏層城月〔11〕。持杯且醉，不須北望淒切。

【點校】

〔1〕「欲雪呈朱漕元順」，陶本、黃本、毛本、文淵閣本《于湖詞》、文津閣本《于湖集》、吳抄本作「欲雪呈朱漕」，文瀾閣本《于湖詞》作「欲雪呈朱曹」，明紫芝漫抄本作「欲雪早未漕」，《草堂詩餘》卷四作「詠雪」，明張時行本、明張弘開本作「吟雪」，《薈要》本作「欲雪呈朱漕元韻」。

〔2〕「氣」，黃本、《草堂詩餘》、毛本、明張時行本、明張弘開本、《歷代詩餘》、文淵閣本《于湖詞》、文津閣本《于湖集》、文瀾閣本《于湖詞》作「意」。

〔3〕「霧」字上陶本、明紫芝漫抄本無「雲」字。

〔4〕「合」，明紫芝漫抄本誤作「今」。「岡」，黃本、《草堂詩餘》、明張時行本、明張弘開本作「崗」。

〔5〕「冰」，《草堂詩餘》誤作「水」。

〔6〕「一笑」，陶本、明紫芝漫抄本、吳抄本作「獨嘯」。

〔7〕「在」，陶本、明紫芝漫抄本作「住」。

〔8〕「憶」，黃本、《草堂詩餘》、毛本、明張時行本、明張弘開本、《歷代詩餘》、文淵閣本《于湖詞》、文津閣本《于湖詞》、文瀾閣本《于湖詞》、吳抄本作「記」。「煖」，明紫芝漫抄本作「煙」。

〔9〕「馬」，明張時行本、明張弘開本作「騎」。

〔10〕「笙歌隱地」，陶本、明紫芝漫抄本、吳抄本、《全宋詞》本作「笙歌震地」，黃本、《草堂詩餘》、毛本、明張時行本、明張弘開本、《歷代詩餘》、文淵閣本《于湖詞》、文津閣本《于湖詞》、文瀾閣本《于湖詞》作「歌鍾殷地」。

〔11〕「歸」，文津閣本《于湖詞》誤作「掃」。

念奴嬌再和〔1〕

繡衣使者，度郢中絕唱，陽春白雪。人物應須天上去，一日君恩三接。粉省香濃〔2〕，宮床錦重〔3〕，更把絲絇結〔4〕。臣心如水〔5〕，不教炙手成熱。　還記嶺海相從，長松千丈，映我秋竿節〔6〕。忍凍推敲清興滿，風裏烏巾獵獵〔7〕。只要東歸，歸心入夢，夢泛寒江月。不因蓴鱠，白頭親望真切。

【點校】

〔1〕「再和」，陶本、毛本、文淵閣本《于湖詞》、文津閣本《于湖詞》、文瀾閣本《于湖詞》、吳抄本作「再用韻呈朱丈」，明紫芝漫抄本作「再用韻呈朱文」。

〔2〕「省」，陶本、明紫芝漫抄本、毛本、文淵閣本《于湖詞》、文津閣本《于湖詞》、文瀾閣本《于湖詞》、吳抄本作「署」。

〔3〕「床」，陶本、毛本、文淵閣本《于湖詞》、文津閣本《于湖詞》、文瀾閣本《于湖詞》、吳抄本作「林」，明紫芝漫抄本作「脈」。

〔4〕「更」，陶本、明紫芝漫抄本、毛本、文淵閣本《于湖詞》、文津閣本《于湖詞》、文瀾閣本《于湖詞》、吳抄本作「便」。「絇」，明紫芝漫抄本、毛本、文淵閣本《于湖詞》、文津閣本《于湖詞》、文瀾閣本《于湖詞》作「鉤」

〔5〕「臣」，陶本、明紫芝漫抄本、毛本、文淵閣本《于湖詞》、文津閣本《于湖詞》、文瀾閣本《于湖詞》、吳抄本作「片」。

〔6〕「我」字上明紫芝漫抄本脫「映」字，有一字空格。
〔7〕「獵」字下明紫芝漫抄本脫「獵」字，有一字空格。

念奴嬌〔1〕

星沙初下，望重湖遠水，長雲漠漠。一葉扁舟誰念我，今日天涯飄泊。平楚南來，大江東去，處處風波惡。吳中何地〔2〕，滿懷俱是離索。　常記送我行時〔3〕，綠波亭上，泣透青羅薄。檣燕低飛人去後〔4〕，依舊湘城簾幕。不盡山川，無窮煙浪，辜負秦樓約。漁歌聲斷，為君雙淚傾落〔5〕。

【點校】

〔1〕「念奴嬌」下黃本、《花草粹編》、毛本、文淵閣本《于湖詞》、文津閣本《于湖詞》有小注「離思」，吳抄本有小注「大石調」。
〔2〕「中」，陶本、明紫芝漫抄本、吳抄本作「山」。
〔3〕「常」，黃本、《花草粹編》、毛本、《詞綜》、《歷代詩餘》、文淵閣本《于湖詞》、文津閣本《于湖詞》、文瀾閣本《于湖詞》作「長」。
〔4〕「檣」，明紫芝漫抄本作「墻」。
〔5〕「雙」，陶本、吳抄本作「珠」。「淚」字上明紫芝漫抄本脫「雙」字

醉蓬萊為老人壽

問人間榮事，海內高名，似今誰比。脫屣歸來，眇浮雲富貴。致遠鈎深，樂天知命，且從容閱世。火候周天，金文滿義〔1〕，從來活計。　有酒一尊，有棊一局，少日親朋，舊家隣里。世故紛紜，但蚊虻過耳。解慍薰風，做涼梅雨，又一般天氣。曲几蒲團，綸巾羽扇，年年如是。

【點校】

〔1〕「義」，《薈要》本作「地」。

雨中花〔1〕

一葉凌波，十里馭風〔2〕，煙鬟霧鬢蕭蕭〔3〕。認得蘭皐瓊珮〔4〕，水館冰綃。秋霽明霞乍吐〔5〕，曙涼宿靄初消〔6〕。恨微顰不語，少進還收〔7〕，竚立超遙〔8〕。　神交冉冉，愁思盈盈，斷魂欲遣誰招。猶自待〔9〕、青鸞傳信，烏鵲成橋。悵望胎仙琴疊，忍看翡翠蘭苕〔10〕。夢回人遠，紅雲一片，天際笙簫。

【點校】

〔1〕「花」字下黃本有小注「長沙」。「雨中花」，《花草粹編》、毛本、《歷代詩餘》、文淵閣本《于湖詞》、文津閣本《于湖詞》、吳抄本、《全宋詞》本作「雨中花慢」，「慢」字下毛本、文淵閣本《于湖詞》、文津閣本《于湖詞》、文瀾閣本《于湖詞》有小注「長沙〇向失『慢』字，誤」，《歷代詩餘》有小注「長沙」，吳抄本有小注「雙調」。

〔2〕「馭」，陶本、黃本、明紫芝漫抄本、《花草粹編》、毛本、《歷代詩餘》、文淵閣本《于湖詞》、文津閣本《于湖詞》、文瀾閣本《于湖詞》、吳抄本作「御」。

〔3〕「霧」，黃本、《花草粹編》、毛本、《歷代詩餘》、文淵閣本《于湖詞》、文津閣本《于湖詞》、文瀾閣本《于湖詞》作「雨」。「蕭蕭」，陶本作「蕭簫」，毛本、文淵閣本《于湖詞》、文津閣本《于湖詞》、文瀾閣本《于湖詞》作「瀟瀟」。

〔4〕「蘭」，陶本、黃本、明紫芝漫抄本、《花草粹編》、毛本、《歷代詩餘》、文淵閣本《于湖詞》、文津閣本《于湖詞》、文瀾閣本《于湖詞》、吳抄本作「江」。「瓊」，陶本、黃本、明紫芝漫抄本、《花草粹編》、毛本、《歷代詩餘》、文淵閣本《于湖詞》、文津閣本《于湖詞》、文瀾閣本《于湖詞》、吳抄本作「玉」。「珮」，明紫芝漫抄本作「佩」。

〔5〕「霽」，陶本、明紫芝漫抄本作「靜」，黃本、《花草粹編》、毛本、《歷代詩餘》、文淵閣本《于湖詞》、文津閣本《于湖詞》、文瀾閣本《于湖詞》、吳抄本作「淨」。

〔6〕「曙」，陶本、明紫芝漫抄本、吳抄本作「夜」。「靄」，陶本、明紫芝漫抄本、吳抄本作「霧」。

〔7〕「少進還收」，黃本、《花草粹編》、毛本、《歷代詩餘》、文淵閣本《于湖詞》、文津閣本《于湖詞》、文瀾閣本《于湖詞》作「欲進還休」，吳抄本作「少進還休」。

〔8〕「竚立」，黃本、《花草粹編》、毛本、《歷代詩餘》、文淵閣本《于湖詞》、文津閣本《于湖詞》、文瀾閣本《于湖詞》作「凝竚」。「超遙」，毛本、《歷代詩餘》、《薈要》本、文淵閣本《于湖集》、文淵閣本《于湖詞》、文津閣本《于湖詞》、文瀾閣本《于湖詞》作「迢遙」，陶本、明紫芝漫抄本、吳抄本作「超搖」。

〔9〕「猶自待」，陶本、明紫芝漫抄本、吳抄本作「猶似待」，黃本、《花草粹編》、毛本、《歷代詩餘》、文淵閣本《于湖詞》、文津閣本《于湖詞》、文瀾閣本《于湖詞》作「還似待」。

〔10〕「忍」，黃本、《花草粹編》、毛本、《歷代詩餘》、文淵閣本《于湖詞》、文津閣本《于湖詞》、文瀾閣本《于湖詞》作「羞」。

二郎神〔1〕七夕

坐中客，共千里、瀟湘秋色。漸萬寶西成農事了，穲稏看〔2〕、黃雲阡陌。喬口橘洲風浪穩〔3〕，嶽鎮聳、倚天青壁〔4〕。追前事、興亡相續，空與山川陳迹。　南國。都會繁盛，依然似昔。聚翠羽明珠三市滿，樓觀湧、參差金碧。乞巧處、家家追樂事，爭要做、豐年七夕。願明年強健，百姓歡娛，還如今日。

【點校】

〔1〕「神」字下吳抄本有小注「林鐘商」。陶本、明紫芝漫抄本、毛本、文淵閣本《于湖詞》、文津閣本《于湖詞》、文瀾閣本《于湖詞》無小注。

〔2〕「穲稏」，明紫芝漫抄本作「罷亞」，抄閣本作「擺稏」。

〔3〕「喬」，陶本、明紫芝漫抄本、毛本、《欽定詞譜》、文淵閣本《于湖詞》、文津閣本《于湖詞》、文瀾閣本《于湖詞》、吳抄本作「橋」。「口」，《全宋詞》本誤作「□」。「洲」，文津閣本《于湖詞》作「州」。

〔4〕「壁」，明紫芝漫抄本誤作「望」。

轉調二郎神

悶來無那，暗數盡、殘更不寐。念楚館香車，吳溪蘭棹，多少愁雲恨水。陣陣回風吹雪霰，更旅鴈、一聲沙際。想靜擁孤衾，頻挑寒灺，數行珠淚。　凝睇。傍人笑我，終朝如醉。便錦織回鸞，素傳雙鯉，難寫衷腸密意。綠鬢點霜，玉肌消雪，兩處十分憔悴。爭忍見、舊時娟娟素月，照人千里。

于湖詞彙校卷二　宋張孝祥撰　吳娟彙校

滿江紅〔1〕（據宋嘉泰本《于湖居士文集》卷三十二。本卷皆同。）

秋滿蘅皋〔2〕，煙蕪外〔3〕、吳山歷歷〔4〕。風乍起、蘭舟不住，浪花搖碧〔5〕。離岸櫓聲驚漸遠〔6〕，盈襟淚顆淒猶滴〔7〕。問此情、能有幾人知〔8〕，新相識〔9〕。　追往事，歡連夕。經舊館，人非昔。把輕顰淺笑〔10〕，細思重憶〔11〕。紅葉題詩誰與寄，青樓薄倖空遺迹〔12〕。但長洲、茂苑草萋萋〔13〕，愁如織〔14〕。

【點校】

〔1〕「紅」字下毛本、文淵閣本《于湖詞》、文津閣本《于湖詞》、文瀾閣本《于湖詞》有小注「思歸寄柳州林守」。

〔2〕「蘅」，陶本、明紫芝漫鈔本、毛本、文淵閣本《于湖詞》、文津閣本《于湖詞》、文瀾閣本《于湖詞》、吳抄本作「衡」。

〔3〕「蕪」，《南詞》本作「簾」。「蕪」字下吳抄本有小注「《南詞》作『簾』」。

〔4〕「歷歷」，陶本、毛本、文淵閣本《于湖詞》、文津閣本《于湖詞》、文瀾閣本《于湖詞》、吳抄本作「遙碧」。「碧」字下吳抄本有小注「一作歷歷」。

〔5〕「搖碧」，陶本、毛本、文淵閣本《于湖詞》、文津閣本《于湖詞》、文瀾閣本《于湖詞》、吳抄本作「如席」，明紫芝漫鈔本作「遙碧」。「席」字下吳抄本有小注「一作搖碧」。

〔6〕「漸」字下《百家詞》本脫「遠」字。

〔7〕「顆」，陶本、明紫芝漫鈔本、毛本、文淵閣本《于湖詞》、文津閣本《于湖詞》、文瀾閣本《于湖詞》、吳抄本作「點」，「點」字下吳抄本有小注「一作顆」。

〔8〕「人」字下《百家詞》本有一字空格。

〔9〕「新」字下《百家詞》本、《南詞》本脫「相」字，有一字空格。

〔10〕「輕」字上《百家詞》本脫「把」字，有一字空格。

〔11〕「細思重憶」，陶本、毛本、文淵閣本《于湖詞》、文瀾閣本《于湖詞》作「細思量」，文津閣本《于湖詞》作「不堪重憶」。

〔12〕「倖」，《南詞》本誤作「伴」，文瀾閣本《于湖詞》作「幸」。「空」，陶本、毛本、文淵閣本《于湖詞》、文津閣本《于湖詞》、文瀾閣本《于湖詞》、吳抄本作「今」。「遺迹」，文津閣本《于湖詞》作「贏得」。

〔13〕「萋萋」，陶本、明紫芝漫鈔本、毛本、文淵閣本《于湖詞》、文津閣本《于湖詞》、文瀾閣本《于湖詞》、吳抄本作「淒淒」，《百家詞》本作「萋□淒」。

〔14〕「織」，《南詞》本作「迹」。

滿江紅于湖懷古〔1〕

千古淒涼〔2〕，興亡事、但悲陳迹。凝望眼〔3〕、吳波不動，楚山叢碧〔4〕。巴滇綠駿追風遠〔5〕，武昌雲旆連江赤〔6〕。笑老姦、遺臭到如今〔7〕，留空壁〔8〕。　　邊書靜〔9〕，烽煙息〔10〕。通軺傳，銷鋒鏑〔11〕。仰太平天子，坐收長策〔12〕。蹴踏楊州開帝里〔13〕，渡江天馬龍為匹。看東南、佳氣鬱葱葱，傳千億。

【點校】

〔1〕「紅」字下陶本、《花草粹編》無小注。「于湖懷古」，毛本、文淵閣本《于湖詞》、文津閣本《于湖詞》作「玩鞭亭○乾道元年正月十日」，明張時行本、明張弘開本作「蕪湖玩鞭亭」。「古」字下吳抄本有「仙呂調」三字。《吳禮部詩話》引《建康實錄》云此詞「雖間採溫（庭筠）、張（文潛）語，而詞氣亦不在其下。嘗見安國大書此詞，後題云『乾道元年正月十日』。筆勢奇偉可愛」。

〔2〕「涼」字上《百家詞》本、《南詞》本脫「千古淒」三字，《百家詞》本有四字空格，《南詞》本有三字空格。

〔3〕「凝」，陶本、明張時行本、明張弘開本作「迷」。「眼」，《百家詞》本誤作「服」。

〔4〕「蔡碧」，《花草粹編》、毛本、文淵閣本《于湖詞》、文津閣本《于湖詞》、文瀾閣本《于湖詞》、吳抄本作「空碧」。

〔5〕「滇」，《百家詞》本誤作「湞遠」。「綠」，明張時行本、明張弘開本作「騄」。「駿」，《南詞》本作「波」。

〔6〕「江」，《吳禮部詩話》、《花草粹編》、毛本、《詞苑叢談》、文淵閣本《于湖詞》、文津閣本《于湖詞》、文瀾閣本《于湖詞》、吳抄本作「天」，《百家詞》本、《南詞》本作「空」。

〔7〕「臭」字下《百家詞》本有一字空格。

〔8〕「留空壁」，明張時行本、明張弘開本作「空留壁」。

〔9〕「邊」，陶本、明張時行本、明張弘開本作「軍」。

〔10〕「烽煙」，陶本作「煙烽」。

〔11〕「銷」，陶本、明張時行本、明張弘開本作「消」。

〔12〕「坐收長策」，《吳禮部詩話》、《花草粹編》、毛本、《詞苑叢談》、文淵閣本《于湖詞》、文津閣本《于湖詞》、文瀾閣本《于湖詞》作「聖明無敵」。

〔13〕「蹴」，陶本作「蹵」，文瀾閣本《于湖詞》作「慼」。「踏」字上《南詞》本脫「蹴」字。

滿江紅思歸寄柳州〔1〕

秋滿瀟一本作湘源〔2〕，瘴雲靜〔3〕、曉山如簇。動遠思〔4〕、空江小艇，高丘喬木〔5〕。策策西風雙鬢底，暉暉斜日朱欄曲〔6〕。試側身、回首望京華，迷南北。　　思歸夢，天邊鵠。游宦事〔7〕，蕉中鹿。想一年好處，砌紅堆綠。羅帕分柑霜落齒〔8〕，冰盤剝芡珠盈掬〔9〕。倩春纖、縷鱠搗香齏〔10〕，新篘熟〔11〕。

【點校】

〔1〕「紅」字下明紫芝漫抄本、《歷代詩餘》無小注。「思歸寄柳州」，陶本、吳抄本作「思歸寄柳州林守」，黃本、《花草粹編》、毛本、《古今詞統》、文淵閣本《于湖詞》、文津閣本《于湖詞》、文瀾閣本《于湖詞》作「秋懷」，《百家詞》本、明張時行本、《南詞》本、明張弘開本作「思歸寄林柳州」，「守」字下吳抄本有「仙呂調」三字。

〔2〕「灘源」，陶本作「離原」，《百家詞》本作「灘源」，明紫芝漫抄本作「離源」，吳抄本作「灘原」。「作」字上明紫芝漫抄本無「本」字。「原」字下吳抄本有小注「一作湘源」。

〔3〕「靜」，陶本、黃本、明紫芝漫抄本、《花草粹編》、《古今詞統》、吳抄本、《全宋詞》作「淨」。

〔4〕「動」字下《百家詞》本有一字空格。

〔5〕「丘」，文津閣《于湖詞》、文瀾閣本《于湖詞》、抄閣本作「邱」。

〔6〕「斜日」，陶本、明紫芝漫抄本、吳抄本作「寒日」，「寒」字下吳抄本有小注「一作斜」。「欄」，《百家詞》本、《花草粹編》、《南詞》本、《歷代詩餘》作「闌」。

〔7〕「官」，陶本、黃本、明紫芝漫抄本、《花草粹編》、毛本、《古今詞統》、《歷代詩餘》、《薈要》本、文淵閣本《于湖集》、文淵閣本《于湖詞》、文津閣本《于湖集》、文津閣本《于湖詞》、文瀾閣本《于湖詞》、吳抄本、《全宋詞》本作「宦」。「游官事」，明張時行本、《南詞》本、明張弘開本作「宦遊事」。

〔8〕「柑」，陶本、明紫芝漫抄本作「甘」。

〔9〕「掬」，《百家詞》本作「椈」。

〔10〕「倩」，黃本、《花草粹編》、毛本、《歷代詩餘》、文淵閣本《于湖詞》、文津閣本《于湖詞》、文瀾閣本《于湖詞》作「借」。「鱠」，陶本、明紫芝漫抄本、明張時行本作「膾」，《南詞》本作「繪」。「縷」字下《百家詞》本脫「鱠搗」二字，有一字空格。

〔11〕「新」字上《百家詞》本有一字空格，「熟」字上《百家詞》本衍一「鱠」字。

青玉案餞別劉恭父

紅塵冉冉長安路。看風度〔1〕、凝然去。唱徹陽關留不住。甘棠庭院，芰荷香渚，盡是相思處。　　龜魚從此誰為主？好記江湖斷腸句。萬斛離愁休更訴〔2〕。洞庭煙棹〔3〕，楚樓風露，去作為霖雨。

【點校】

〔1〕「度」,《南詞》本作「渡」。

〔2〕「訴」,《南詞》本作「訢」。「更」,《薈要》本作「便」。

〔3〕「煙」字下明張時行本脫「棹」字，有一字空格。「棹」，明張弘開本作「月」。

洞仙歌和清虛先生皇甫坦韻〔1〕

清都絳闕，我自經行慣。璧月帶珠星〔2〕，引鈞天、笙簫不斷。寶簪瑤珮，玉立拱清班〔3〕。天一笑，物皆春，結得清虛伴〔4〕。　還丹九轉，凡骨親曾換。携劒到人間，偶相逢、依然青眼。狂歌醉舞，心事有誰知，明月下，好風前，相對綸巾岸。

【點校】

〔1〕「甫」字下《百家詞》本脫「坦」字，有一字空格。「皇甫坦」,《南詞》本作「皇冉」。「洞仙歌」,《全宋詞》本作「驀山溪」。唐圭璋云「調名原誤作『洞仙歌』」。

〔2〕「璧」,《百家詞》本、《南詞》本作「壁」。

〔3〕「清」，明張時行本、明張弘開本作「青」。「拱」字下《百家詞》本有一字空格。

〔4〕「伴」,《百家詞》本作「作」。

蝶戀花行湘陰〔1〕

漠漠飛來雙屬玉〔2〕。一片秋光，染就瀟湘綠。雪轉寒蘆花蔌蔌〔3〕，晚風細起波紋縠〔4〕。　落日閑雲歸意促〔5〕，小倚蓬窻，寫作思家曲〔6〕。過盡碧灣三十六，扁舟只在灘頭宿。

【點校】

〔1〕「花」字下陶本、毛本、《歷代詩餘》、文淵閣本《于湖詞》、文津閣本《于湖詞》、文瀾閣本《于湖詞》無小注。「湘」,《南詞》本作「相」。「湘陰」旁吳抄本有「商調」二字。

〔2〕「玉」，吳抄本誤作「王」。

〔3〕「雪」,《南詞》本作「雲」。

〔4〕「紋」，明紫芝漫抄本作「文」。「縠」,《百家詞》本作「穀」。

〔5〕「閑」，陶本、明紫芝漫抄本、毛本、《歷代詩餘》、文淵閣本《于湖詞》、文津閣本《于湖詞》、文瀾閣本《于湖詞》、吳抄本作「孤」。

〔6〕「思家」，陶本、明紫芝漫抄本、毛本、《歷代詩餘》、文淵閣本《于湖詞》、文瀾閣本《于湖詞》、吳抄本作「思歸」，文津閣本《于湖詞》作「相思」。「歸」字下吳抄本有小注「一作家」。

蝶戀花懷于湖〔1〕

恰到杏花紅一樹〔2〕。撚指來時，結子青無數。漠漠春陰纏柳絮，一天風雨將春去。　春到家山須小住〔3〕。芍藥櫻桃，更是尋芳處。遶院碧蓮三百畝〔4〕，留春伴我春應許。

【點校】

〔1〕「花」字下陶本、毛本、文淵閣本《于湖詞》、文津閣本《于湖詞》、文瀾閣本《于湖詞》無小注。

〔2〕「到」，陶本、《百家詞》本、毛本、明張時行本、《南詞》本、文淵閣本《于湖詞》、文津閣本《于湖詞》、文瀾閣本《于湖詞》、吳抄本、《全宋詞》本作「則」。

〔3〕「小」，陶本、毛本、文淵閣本《于湖詞》、文津閣本《于湖詞》、文瀾閣本《于湖詞》、吳抄本作「少」。

〔4〕「遶」，陶本、毛本、文淵閣本《于湖詞》、文津閣本《于湖詞》、文瀾閣本《于湖詞》、吳抄本作「曉」。「畝」字下《南詞》本脫「留春伴我春應許」七字。

蝶戀花送劉恭父〔1〕

畫戟斿閑刀入鞘〔2〕。安石榴花，影落紅欄小〔3〕。似勸先生須飲釂〔4〕，枕中鴻寶微傳妙。　袞袞鋒車還急詔。滿眼瀟湘，揔是恩波渺〔5〕。歸去槐庭思楚嶠〔6〕，觚稜月曉期分照〔7〕。

【點校】

〔1〕「蝶戀花送劉恭父」，陶本、明紫芝漫鈔本、毛本、文淵閣本《于湖詞》、文津閣本《于湖詞》、文瀾閣本《于湖詞》作「鳳棲梧」，吳抄本作「鳳棲梧送劉恭父商調」。

〔2〕「斿」，陶本、明紫芝漫鈔本、毛本、明張時行本、文淵閣本《于湖詞》、文津閣本《于湖詞》、吳抄本作「游」，《南詞》本作「遊」。

〔3〕「欄」，《南詞》本作「闌」。

〔4〕「釂」，陶本、毛本、文淵閣本《于湖詞》、文津閣本《于湖詞》、文瀾閣本《于湖詞》作「酎」，明紫芝漫鈔本作「酙」。

〔5〕「恩」,《百家詞》本誤作「思」。

〔6〕「歸」字下《百家詞》本、《南詞》本脫「去」字,《百家詞》本有一字空格。「槐庭」,《百家詞》本作「鬼廷」,《南詞》本作「廷」。

〔7〕「觚」,《南詞》本作「[illegible]」。

蝶戀花送姚主管橫州〔1〕

君泛仙槎銀海去〔2〕。後日相思,地角天涯路。草草杯盤深夜語,冥冥四月黃梅雨〔3〕。　　莫拾明珠并翠羽〔4〕。但使邦人〔5〕,愛我如慈母。待得政成民按堵〔6〕,朝天衣袂翩翩舉。

【點校】

〔1〕「花」字下陶本、毛本、文淵閣本《于湖詞》、文津閣本《于湖詞》、文瀾閣本《于湖詞》無小注。「花」,明紫芝漫抄本誤作「袍」。「橫州」,《百家詞》本、明紫芝漫抄本、明張時行本、《南詞》本、明張弘開本、吳抄本作「柳州」。「主管」旁吳抄本有「商調」二字。

〔2〕「銀海」,明張時行本、明張弘開本作「瀛海」。

〔3〕「黃梅」,明紫芝漫抄本作「梅黃」。

〔4〕「莫」,明紫芝漫抄本誤作「慕」。

〔5〕「邦人」,陶本、明紫芝漫抄本、毛本、文淵閣本《于湖詞》、文津閣本《于湖詞》、文瀾閣本《于湖詞》、吳抄本作「斯民」。「但」,文津閣本《于湖詞》作「須」。

〔6〕「按」,明張時行本、明張弘開本、文淵閣本《于湖詞》、文津閣本《于湖集》、文瀾閣本《于湖集》、抄閣本作「安」。「待」,文津閣本《于湖詞》、文瀾閣本《于湖詞》作「但」。

鷓鴣天上元設醮〔1〕

詠徹瓊章夜向闌,天移星斗下人間。九光倒景騰青簡〔2〕,一氣回春遶絳壇〔3〕。　　瞻北闕〔4〕,祝南山。遙知仙仗簇清班〔5〕。何人曾侍傳柑宴〔6〕,翡翠簾開識聖顏。

【點校】

〔1〕「設」,陶本、明紫芝漫抄本、毛本、《歷代詩餘》、文淵閣本《于湖詞》、文津閣本《于湖詞》、文瀾閣本《于湖詞》、吳抄本作「啟」。

〔2〕「景」，陶本、明紫芝漫抄本、毛本、《歷代詩餘》、文淵閣本《于湖詞》、文津閣本《于湖詞》、文瀾閣本《于湖詞》、吳抄本作「影」。「青簡」，《歷代詩餘》作「香簡」，文瀾閣本《于湖集》、抄閣本作「霄簡」。

〔3〕「遶」，陶本、毛本、《歷代詩餘》、文淵閣本《于湖詞》、文津閣本《于湖詞》、文瀾閣本《于湖詞》、吳抄本作「達」。

〔4〕「北」字上明張時行本脫「瞻」字，有一字空格。

〔5〕「清」，明紫芝漫抄本作「青」。

〔6〕「人」字下《百家詞》本脫「曾侍」二字，有兩字空格。「曾」，《南詞》本作「得」。「宴」，陶本、毛本、文淵閣本《于湖詞》、文津閣本《于湖詞》、文瀾閣本《于湖詞》、吳抄本作「燕」，《歷代詩餘》作「讌」。

鷓鴣天〔1〕

子夜封章扣紫清〔2〕，五霞光裏珮環聲〔3〕。驛傳風火龍鸞舞，步入煙霄孔翠迎。　瑤簡重〔4〕，羽衣輕。金童雙引到通明〔5〕。三湘五筦同民樂，萬歲千秋與帝齡。

【點校】

〔1〕「天」字下陶本、明紫芝漫抄本、吳抄本有「同前」二字，即「上元啟醮」。

〔2〕「扣」，明張時行本、明張弘開本作「叩」。

〔3〕「光」，陶本、明紫芝漫抄本、毛本、文淵閣本《于湖詞》、文津閣本《于湖詞》、文瀾閣本《于湖詞》、吳抄本作「深」。

〔4〕「瑤」，陶本、毛本、文淵閣本《于湖詞》、文津閣本《于湖詞》、文瀾閣本《于湖詞》作「瑶」。

〔5〕「童」，陶本、明紫芝漫抄本、毛本、文淵閣本《于湖詞》、文津閣本《于湖詞》、文瀾閣本《于湖詞》作「章」。「引」字下《南詞》本脫「到」字。

鷓鴣天〔1〕

憶昔追遊翰墨場，武夷仙伯較文章。琅函奏號銀臺省〔2〕，氈筆書名御苑墻〔3〕。　經十載，過三湘。橫楣麗錦照傳觴〔4〕。醉餘吐出胷中墨，只欠彭宣到後堂。

【點校】

〔1〕「天」字下陶本、毛本、《歷代詩餘》、文淵閣本《于湖詞》、文津閣本《于湖詞》、

文瀾閣本《于湖詞》有小注「錢劉共甫」，明紫芝漫抄本有「錢劉貢甫」，吳抄本有「錢劉恭甫」。

〔2〕「函」，《百家詞》本誤作「留」。「奏」，《南詞》本誤作「秦」。

〔3〕「氈」，文瀾閣本《于湖集》、抄閣本作「乩」。「墻」，文津閣本《于湖詞》作「香」。

〔4〕「楣」，陶本、明紫芝漫抄本、毛本、《歷代詩餘》、文津閣本《于湖詞》、文淵閣本《于湖詞》、吳抄本作「眉」，文瀾閣本《于湖詞》誤作「看」。

鷓鴣天〔1〕

月地雲堦歡意闌，仙姿不合住人間。驂鸞已恨車塵遠，泣鳳空餘燭影殘。　情脈脈〔2〕，淚珊珊。梅花音信隔關山〔3〕。只應楚雨清留夢，不那吳霜綠易斑〔4〕。

【點校】

〔1〕「天」字下吳抄本有小注「大石調」。

〔2〕「脈脈」，明張時行本、明張弘開本作「默默」。

〔3〕「音」，《南詞》本作「香」。

〔4〕「那」，《歷代詩餘》、《薈要》本、文淵閣本《于湖集》、文津閣本《于湖集》作「耐」。「易」，吳抄本作「夜」。「斑」，《百家詞》本、明張時行本、《南詞》本、明張弘開本、文津閣本《于湖詞》、文瀾閣本《于湖詞》作「班」。

鷓鴣天提刑仲欽行部萬里〔1〕，閱四月而後來歸，輙成，為太夫人壽〔2〕

去日清霜菊滿叢〔3〕，歸來高柳絮纏空。長驅萬里山收瘴，徑度層波海不風〔4〕。　陰德徧，嶺西東。天教慈母壽無窮。遙知今夕稱觴處〔5〕，衣綵還將衣繡同。

【點校】

〔1〕「提刑仲欽」，陶本、毛本、文淵閣本《于湖詞》、文津閣本《于湖詞》、文瀾閣本《于湖詞》作「仲欽提刑」，明紫芝漫抄本作「仲欽起行」。「行部」，明紫芝漫抄本作「刑部」。

〔2〕「輙成，為太夫人壽」，陶本、明紫芝漫抄本、毛本、文淵閣本《于湖詞》、文津閣本《于湖詞》、文瀾閣本《于湖詞》作「輙奉蔬果為太夫人壽」。「太」，《南詞》本、吳抄本作「大」。

〔3〕「菊」，文津閣本《于湖詞》作「鞠」。
〔4〕「層」，《百家詞》本作「曾」。「度」，明張時行本、明張弘開本作「渡」。
〔5〕「夕」，陶本、明張時行本、吳抄本作「日」，「日」字下吳抄本有小注「一作夕」。

鷓鴣天為老母壽〔1〕

阿母蟠桃不記春〔2〕，長沙星裏壽星明。金花羅紙新裁詔〔3〕，貝葉旁行別授經〔4〕。　同犬子〔5〕，祝龜齡，天教二老鬢長青〔6〕。明年今日稱觴處，更有孫枝滿謝庭〔7〕。

【點校】

〔1〕「為老母壽」，陶本、明紫芝漫抄本、毛本、文淵閣本《于湖詞》、文津閣本《于湖詞》、文瀾閣本《于湖詞》作「上母夫人壽」。《全芳備祖》誤題為「張于湘」作，無小注「為老母壽」。
〔2〕「記」，《全芳備祖》作「計」。
〔3〕「裁」，文津閣本《于湖詞》作「栽」。「詔」，《全芳備祖》誤作「就」。
〔4〕「貝」，《百家詞》本誤作「具」。
〔5〕「犬」，《全芳備祖》誤作「太」，《南詞》本誤作「大」。
〔6〕「長」，明張時行本、明張弘開本作「常」。
〔7〕「滿」，《全芳備祖》誤作「蒲」。

鷓鴣天贈錢橫州子山〔1〕

舞鳳飛龍五百年，盡將錦繡裹山川〔2〕。王家券冊諸孫嗣，主第笙歌故國傳〔3〕。　居玉鉉，擁金蟬。秖今門戶慶蟬聯〔4〕。君侯合侍明光殿，且作橫槎海上仙。

【點校】

〔1〕「贈錢橫州子山」，陶本、明紫芝漫抄本作「送錢史君守橫州」，毛本、文淵閣本《于湖詞》、文津閣本《于湖詞》、文瀾閣本《于湖詞》、吳抄本作「送錢使君守橫州」，《南詞》本作「贈餞橫州子山」。
〔2〕「盡」，明張時行本、明張弘開本誤作「晝」。「裹」，陶本、《百家詞》本、明張時行本、明張弘開本作「裏」，《南詞》本作「聚」。「裹」字下吳抄本有小注「一作聚」。

〔3〕「第」，明紫芝漫抄本作「弟」，明張時行本、明張弘開本作「苐」。

〔4〕「秖」，陶本、毛本、文淵閣本《于湖詞》、文瀾閣本《于湖詞》、吳抄本作「祗」，文津閣本《于湖詞》作「祇」。「蟬」，陶本、明紫芝漫抄本、毛本、文淵閣本《于湖詞》、文津閣本《于湖詞》、文瀾閣本《于湖詞》、吳抄本作「綿」。「綿」字下吳抄本有小注「一作蟬」。

鷓鴣天餞劉恭父〔1〕

浴殿西頭白玉堂〔2〕，湘江東畔碧油幢。北辰躔次瞻星象〔3〕，南國山川解印章〔4〕。　隨步武〔5〕，謝恩光〔6〕。送公歸趣舍人裝〔7〕。它年若肯傳衣鉢〔8〕，今日應湏釂壽觴〔9〕。

【點校】

〔1〕「餞劉恭父」，陶本作「餞劉共甫」，黃本、毛本、文淵閣本《于湖詞》、文津閣本《于湖詞》、文瀾閣本《于湖詞》作「長沙餞劉樞密」，《百家詞》本、《南詞》本作「餞劉恭公」，明紫芝漫抄本作「餞劉貢甫」，明張時行本、明張弘開本作「餞別劉恭父」，吳抄本作「餞劉恭甫」。

〔2〕「浴」，陶本、明紫芝漫抄本作「玉」。

〔3〕「瞻」，陶本、明紫芝漫抄本、吳抄本作「添」，明張時行本、明張弘開本作「占」。「添」字下吳抄本有小注「一作瞻」。

〔4〕「國」，黃本、毛本、文淵閣本《于湖詞》、文津閣本《于湖詞》作「斗」。

〔5〕「步」，明張時行本誤作「恭」。

〔6〕「謝」，陶本、黃本、明紫芝漫抄本、毛本、文淵閣本《于湖詞》、文津閣本《于湖詞》、文瀾閣本《于湖詞》、吳抄本作「借」。「借」字下吳抄本有小注「一作謝」。

〔7〕「送公歸趣」，黃本、毛本、文淵閣本《于湖詞》、文津閣本《于湖詞》、文瀾閣本《于湖詞》作「送君先促」。「裝」，文津閣本《于湖集》作「莊」。

〔8〕「它」，陶本、黃本、明紫芝漫抄本、毛本、文淵閣本《于湖詞》、文津閣本《于湖集》、文瀾閣本《于湖詞》、吳抄本作「他」。「若」，黃本、毛本、文淵閣本《于湖詞》、文津閣本《于湖詞》、文瀾閣本《于湖詞》作「真」。「肯」，《百家詞》本、明張時行本、《南詞》本、明張弘開本作「有」。「肯」字下吳抄本有小注「一作有」。

〔9〕「應」，陶本、黃本、明紫芝漫抄本、毛本、文淵閣本《于湖詞》、文津閣本《于湖詞》、文瀾閣本《于湖詞》、吳抄本作「先」，「先」字下吳抄本有小注「一作

應」。「醽」，毛本、文淵閣本《于湖詞》、文津閣本《于湖詞》作「酹」。「壽」，陶本、明紫芝漫抄本、吳抄本作「此」，黃本、毛本、文淵閣本《于湖詞》、文津閣本《于湖詞》、文瀾閣本《于湖詞》作「一」。「此」字下吳抄本有小注「一作壽」。

鷓鴣天淮西為老人壽

晝得游嬉夜得眠〔1〕，農桑欲徧楚山川。問看百姓知公否，餘子紛紛定不然。　　思主眷，酌民言。與民稱壽拜公前。只將心與天通處，合住人間五百年。

【點校】

〔1〕「游嬉」，明張時行本、明張弘開本作「嬉遊」。

鷓鴣天餞劉恭父〔1〕

割鐙難留乘馬東〔2〕，花枝爭看衮長紅〔3〕。衮衣空使斯民戀〔4〕，綠竹誰歌入相同。　　回武事，致年豐。幾多遺愛在湘中〔5〕。須知楚水楓林下〔6〕，不似初聞長樂鐘〔7〕。

【點校】

〔1〕「天」字下陶本、明紫芝漫抄本、毛本、文淵閣本《于湖詞》、文津閣本《于湖詞》、文瀾閣本《于湖詞》無小注。

〔2〕「割」，文津閣本《于湖詞》作「鞍」。

〔3〕「長」，《南詞》本作「衣」。

〔4〕「衮衣」《南詞》本作「長衮年」。「斯」，《百家詞》本誤作「期」。「戀」，《南詞》本誤作「彎」。

〔5〕「愛」，陶本、明紫芝漫抄本、毛本、文淵閣本《于湖詞》、文津閣本《于湖詞》、文瀾閣本《于湖詞》作「恨」。「湘」，《百家詞》本作「相」，明紫芝漫抄本作「湖」。

〔6〕「須」，陶本、明紫芝漫抄本、毛本、文淵閣本《于湖詞》、文津閣本《于湖詞》、文瀾閣本《于湖詞》、吳抄本作「深」。

〔7〕「似」，文津閣本《于湖詞》作「是」。

鷓鴣天平國弟生日〔1〕

楚楚吾家千里駒，老人心事正關渠。風流合是堦除玉〔2〕，愛惜真成掌上珠〔3〕。　紆綵綬〔4〕，薦芳壺。老人還醉弟兄扶〔5〕。問將何物為兒壽〔6〕，付與家傳萬卷書。

【點校】

〔1〕「天」字下陶本、明紫芝漫抄本、毛本、文淵閣本《于湖詞》、文津閣本《于湖詞》、文瀾閣本《于湖詞》無小注。「弟」，吳昌綬影宋刻本誤作「第」。「生」字下《南詞》本、吳抄本衍一「生」字。「平國弟生日」，《翰墨全書》作「父壽子」。

〔2〕「除」，陶本、明紫芝漫抄本、毛本、文淵閣本《于湖詞》、文津閣本《于湖詞》、文瀾閣本《于湖詞》、吳抄本作「墀」。「合是堦除玉」，《翰墨全書》作「不減庭前玉」。

〔3〕「真」，《百家詞》本作「貞」。「成」，陶本、《翰墨全書》、明紫芝漫抄本、毛本、文淵閣本《于湖詞》、文津閣本《于湖詞》、文瀾閣本《于湖詞》、吳抄本作「如」。

〔4〕「綵」，陶本、《翰墨全書》、明紫芝漫抄本、毛本、文淵閣本《于湖詞》、文津閣本《于湖詞》、文瀾閣本《于湖詞》、吳抄本作「綠」。「綬」，明張時行本作「袖」。

〔5〕「還」，《翰墨全書》作「沉」。

〔6〕「問」，陶本、毛本、文淵閣本《于湖詞》、文津閣本《于湖詞》、文瀾閣本《于湖詞》、吳抄本作「間」。「間」字下吳抄本有小注「一作問」。

鷓鴣天荊州別同官〔1〕

又向荊州住半年〔2〕，西風催放五湖舡〔3〕。來時露菊團金顆〔4〕，去日池荷疊綠錢〔5〕。　鄭別酒〔6〕，扣離絃〔7〕。一時賔從最多賢。今宵拚醉花迷坐，後夜相思月滿川。

【點校】

〔1〕「天」字下陶本、明紫芝漫抄本、毛本、《歷代詩餘》、文淵閣本《于湖詞》、文津閣本《于湖詞》、文瀾閣本《于湖詞》無小注。「州」，明張時行本、明張弘開本誤作「川」。

〔2〕「向」，明紫芝漫抄本作「鄉」。

〔3〕「催」，《百家詞》本作「吹」。

〔4〕「團」，明紫芝漫抄本作「圍」。

〔5〕「疊」，陶本、明紫芝漫抄本、毛本、《歷代詩餘》、文淵閣本《于湖詞》、文津閣本《于湖詞》、文瀾閣本《于湖詞》、吳抄本作「剪」。「剪」字下吳抄本有小注「一作疊」。

〔6〕「鄭」，陶本、毛本、明張時行本、《南詞》本、明張弘開本、《歷代詩餘》、文淵閣本《于湖詞》、文津閣本《于湖詞》、文瀾閣本《于湖詞》、吳抄本、《全宋詞》本作「斟」。

〔7〕「紘」，文津閣本《于湖詞》作「筵」。

鷓鴣天

憶昔彤庭望日華，忽忽枯筆夢生花〔1〕。鬱輪袍曲慙新奏〔2〕，風送銀灣犯斗槎〔3〕。　　追往事，甫新瓜〔4〕。飛蓬何事及蘭麻。一江湘水流餘潤，十里河堤築淺沙〔5〕。

【點校】

〔1〕「忽忽」，文瀾閣本《于湖詞》作「怱怱」。「夢」，文津閣本《于湖詞》作「筆」。

〔2〕「新」字下《百家詞》本脫「奏」字，有一字空格。「慙」，明張時行本、明張弘開本作「漸」。

〔3〕「犯」，文津閣本《于湖詞》作「上」。

〔4〕「甫」，陶本、明紫芝漫抄本、毛本、文淵閣本《于湖詞》、文津閣本《于湖詞》、文瀾閣本《于湖詞》、吳抄本作「及」，「及」字下吳抄本有小注「一作甫」。

〔5〕「十」，陶本、毛本、文淵閣本《于湖詞》、文津閣本《于湖詞》、文瀾閣本《于湖詞》作「千」。「築」，明紫芝漫抄本作「掬」。

鷓鴣天

瞻躍門前識箇人，柳眉桃臉不勝春〔1〕一本作『香車油壁照彫輪』〔2〕。短襟衫子新來棹〔3〕，四直冠兒內樣新。　　秋色淨，曉粧匀。不知何事在風塵。主翁若也憐幽獨〔4〕，帶取妖饒上玉宸。

【點校】

〔1〕「柳眉桃臉不勝春」，陶本、明紫芝漫抄本、文津閣本《于湖詞》、文瀾閣本《于湖詞》、吳抄本作「香車油壁照雕輪」，毛本作「香車油壁照雕輪」，文淵閣本

《于湖詞》作「香車油碧照雕輪」。「輪」字下吳抄本有小注「一作柳眉桃臉不勝春」。

〔2〕「作」字上明張時行本、明張弘開本無「本」字。

〔3〕「棹」，明紫芝漫抄本誤作「掉」。

〔4〕「翁」，陶本、毛本、文淵閣本《于湖詞》、文津閣本《于湖詞》、文瀾閣本《于湖詞》、吳抄本作「公」。

虞美人贈盧堅叔〔1〕

盧敖夫婦驂鸞侶，相敬如賓主。森然蘭玉滿尊前〔2〕，舉按齊眉樂事、看年年〔3〕。　　我家白髮雙垂雪，已是經年別。今宵歸夢楚江濱，也學君家兒子、壽吾親〔4〕。

【點校】

〔1〕「人」字下陶本、明紫芝漫抄本、毛本、文淵閣本《于湖詞》、文津閣本《于湖詞》、文瀾閣本《于湖詞》無小注。「盧堅」旁吳抄本有「正宮」二字。

〔2〕「尊」，陶本、明紫芝漫抄本、毛本、文淵閣本《于湖詞》、文津閣本《于湖詞》、文瀾閣本《于湖詞》作「罇」。

〔3〕「舉按」，陶本、明紫芝漫抄本、毛本、文淵閣本《于湖詞》、文津閣本《于湖詞》、文瀾閣本《于湖詞》、吳抄本作「案舉」，《薈要》本、文淵閣本《于湖集》作「舉桉」，明張時行本、明張弘開本、文津閣本《于湖集》、文瀾閣本《于湖集》、抄閣本、《全宋詞》本作「舉案」。

〔4〕「吾」，《南詞》本作「君」。

虞美人代季弟壽老人〔1〕

雪花一尺江南北，薪盡炊無粟〔2〕。老仙活國試刀圭，十萬人家生意、與春回〔3〕。　　天公一笑醻陰德，賜與長生籍。今朝雪霽壽尊前，看我雙親都是、地行仙。

【點校】

〔1〕「代季弟壽老人」，《百家詞》本作「代季」，《南詞》本作「代李」。

〔2〕「粟」，文瀾閣本《于湖集》、抄閣本作「策」。

〔3〕「十」，明張時行本、《南詞》本、明張弘開本作「千」。

虞美人無為作〔1〕

雪消煙漲清江浦〔2〕，碧草春無數。江南幾樹夕陽紅〔3〕，點點歸帆吹盡、晚來風〔4〕。　　樓頭自擪昭華管〔5〕，我已無腸斷。斷行雙鴈向人飛〔6〕，織錦回文空在、寄它誰〔7〕。

【點校】

〔1〕「人」字下陶本、明紫芝漫抄本、毛本、文淵閣本《于湖詞》、文津閣本《于湖詞》、文瀾閣本《于湖詞》無小注。

〔2〕「雪」，陶本、明紫芝漫抄本、毛本、文淵閣本《于湖詞》、文津閣本《于湖詞》、文瀾閣本《于湖詞》、吳抄本作「雲」。

〔3〕「南」，陶本、毛本、文淵閣本《于湖詞》、文津閣本《于湖詞》、文瀾閣本《于湖詞》、吳抄本作「邊」。

〔4〕「歸」，陶本、明紫芝漫抄本、毛本、文淵閣本《于湖詞》、文津閣本《于湖詞》、文瀾閣本《于湖詞》、吳抄本作「征」。「晚」，陶本、毛本、文淵閣本《于湖詞》、文津閣本《于湖詞》、文瀾閣本《于湖詞》、吳抄本作「夜」。

〔5〕「自」，陶本、毛本、文淵閣本《于湖詞》、文津閣本《于湖詞》、文瀾閣本《于湖詞》、吳抄本作「月」。「擪」，陶本、明紫芝漫抄本、毛本、文淵閣本《于湖詞》、文津閣本《于湖詞》、文瀾閣本《于湖詞》、吳抄本作「壓」，「壓」字下吳抄本有小注「一作擫」。「昭華管」，陶本、毛本、文淵閣本《于湖詞》、文津閣本《于湖詞》、文瀾閣本《于湖詞》、吳抄本作「章華舘」，明張時行本、明張弘開本作「昭華琯」，「舘」字下吳抄本有小注「一作管」。「華」字上《南詞》本脫「昭」字，有一字空格。

〔6〕「向」，陶本、明紫芝漫抄本、毛本、文淵閣本《于湖詞》、文津閣本《于湖詞》、文瀾閣本《于湖詞》、吳抄本作「背」。

〔7〕「它」，陶本、明紫芝漫抄本、毛本、明張時行本、明張弘開本、文淵閣本《于湖詞》、文津閣本《于湖集》、文瀾閣本《于湖詞》、吳抄本作「他」。

虞美人

溪西竹榭溪東路〔1〕，溪上山無數〔2〕。小舟卻在晚煙中，更看蕭蕭微雨、打踈蓬〔3〕。　　無聊情緒如中酒，此意君知否？年時曾向此中行，有箇人人相對、坐調箏。

【點校】

〔1〕「榭」，明張時行本、明張弘開本作「舍」。

〔2〕「上」字上《南詞》本脫「溪」字。

〔3〕「蕭蕭」，文津閣本《于湖集》作「瀟瀟」。

虞美人

柳梢梅蕚春全未〔1〕，誰會傷春意〔2〕？一年好處是新春，柳底梅邊只欠、那人人。　憑春約住梅和柳〔3〕，略待些時候〔4〕。錦帆風送綵舟來〔5〕，卻遣香苞嬌葉、一齊開〔6〕。

【點校】

〔1〕「梢」，《百家詞》本作「稍」。「蕚」，陶本、明紫芝漫抄本、毛本、文淵閣本《于湖詞》、文津閣本《于湖詞》、文瀾閣本《于湖詞》、吳抄本作「蕊」。「春」，陶本、明紫芝漫抄本、毛本、文淵閣本《于湖詞》、文津閣本《于湖詞》、文瀾閣本《于湖詞》、吳抄本作「香」。「香」字下吳抄本有小注「一作蕚春」。

〔2〕「傷」字下《百家詞》本脫「春」字。

〔3〕「春」，吳抄本作「君」。「約住」，明紫芝漫抄本作「住約」。

〔4〕「略」，陶本、明紫芝漫抄本、毛本、文淵閣本《于湖詞》、文津閣本《于湖詞》、文瀾閣本《于湖詞》、吳抄本作「且」，「且」字下吳抄本有小注「一作畧」。

〔5〕「送」，陶本、明紫芝漫抄本、毛本、文淵閣本《于湖詞》、文津閣本《于湖詞》、文瀾閣本《于湖詞》、吳抄本作「迅」。

〔6〕「卻」，《百家詞》本、《南詞》本作「那」。「遣」，陶本、明紫芝漫抄本、毛本、文淵閣本《于湖詞》、文津閣本《于湖詞》、文瀾閣本《于湖詞》、吳抄本作「放」，「放」字下吳抄本有小注「一作那遣」。「葉」，陶本、明紫芝漫抄本、毛本、文淵閣本《于湖詞》、文津閣本《于湖詞》、文瀾閣本《于湖詞》、吳抄本作「蕊」，「蕊」字下吳抄本有小注「一作葉」。

虞美人

羅衣怯雨輕寒透，陡做傷春瘦〔1〕。箇人無柰語佳期，徒倚黃昏池閣、等多時〔2〕。　當初不似休來好，來後空煩惱。倩人傳語更商量〔3〕，只得千金一笑、也甘當〔4〕。

【點校】

〔1〕「陡」,《南詞》本作「徒」。

〔2〕「徙」,《百家詞》本、《南詞》本作「徒」。

〔3〕「倩」,《南詞》本誤作「情」。「人」字下《百家詞》本脫「傳」字,有一字空格。「傳」,《南詞》本作「寄」。「更」,明張時行本、明張弘開本作「自」。

〔4〕「甘」,《南詞》本作「堪」。

鵲橋仙邢少連送末利〔1〕

北窓涼透,南窓月上〔2〕,浴罷滿懷風露〔3〕。不知何處有花來,但恠底清香無數。　炎州珍產〔4〕,吳兒未識〔5〕,天與幽芳獨步〔6〕。冰肌玉骨歲寒時,倩間止堂中留住〔7〕。間止,少連堂名〔8〕。

【點校】

〔1〕「仙」字下《全芳備祖》、《廣群芳譜》無小注。「末」字下《百家詞》本脫「利」字。「末利」,明紫芝漫抄本、明張時行本、《南詞》本、明張弘開本、文淵閣本《于湖集》作「茉莉」。

〔2〕「月」字下《全芳備祖》、《事類備要》脫「上」字。「上」,《廣群芳譜》作「冷」。

〔3〕「浴」,明紫芝漫抄本作「落」。

〔4〕「珍」,明張時行本、明張弘開本作「真」。

〔5〕「兒」,《事類備要》、《廣群芳譜》作「人」。「未」,《百家詞》本誤作「末」。

〔6〕「幽芳」,陶本、《全芳備祖》、《事類備要》、毛本、《廣群芳譜》、文淵閣本《于湖詞》、文津閣本《于湖詞》、文瀾閣本《于湖詞》、吳抄本作「人間」,明紫芝漫抄本作「日間」,「間」字下吳抄本有小注「一作幽芳」。

〔7〕「間」,明紫芝漫抄本、明張時行本、明張弘開本誤作「閒」,《廣群芳譜》誤作「問」。「止」字下《全芳備祖》有小注「堂名」。

〔8〕「間」,明紫芝漫抄本、明張時行本、明張弘開本誤作「閒」。「少連」,明張時行本、明張弘開本作「邢」。

鵲橋仙落梅〔1〕

吹香成陣,飛花如雪,不那朝來風雨〔2〕。可怜無處避春寒〔3〕,但玉立、仙衣數縷。　清愁萬斛,柔腸千結,醉裏一時分付。與君不用嘆飄零〔4〕,待結子、成陰歸去。

【點校】

〔1〕「落梅」，黃本、毛本、《歷代詩餘》、文淵閣本《于湖詞》、文津閣本《于湖詞》、文瀾閣本《于湖詞》作「梅」。

〔2〕「那」，陶本、明紫芝漫抄本、吳抄本作「奈」，文津閣本《于湖集》作「耐」，「奈」字下吳抄本有小注「一作那」。

〔3〕「避」，陶本、明紫芝漫抄本作「辟」。

〔4〕「與」，黃本、毛本、《歷代詩餘》、文淵閣本《于湖詞》、文津閣本《于湖詞》、文瀾閣本《于湖詞》作「勸」。「用」，《南詞》本作「同」。

鵲橋仙

橫波滴素，遙山蹙翠，江北江南腸斷。不知何處馭風來〔1〕，雲霧裏、釵橫鬢亂〔2〕。　　香羅疊恨，蠻牋寫意〔3〕，付與瑤臺女伴〔4〕。醉時言語醒時羞〔5〕，道醒了、休教再看〔6〕。

【點校】

〔1〕「馭」，陶本、黃本、明紫芝漫抄本、毛本、文淵閣本《于湖詞》、文津閣本《于湖詞》、文瀾閣本《于湖詞》、吳抄本作「御」。

〔2〕「釵橫鬢亂」，《百家詞》本作「釵鬢橫亂」。

〔3〕「蠻」，毛本、文淵閣本《于湖詞》、文津閣本《于湖詞》、文瀾閣本《于湖詞》作「鸞」。

〔4〕「臺」字下《百家詞》本、《南詞》本脫「女伴」至「再看」十六字。

〔5〕「醒」，明張時行本、明張弘開本作「醉」。「羞」，陶本、黃本、明紫芝漫抄本、毛本、明張時行本、文淵閣本《于湖詞》、文津閣本《于湖詞》、文瀾閣本《于湖詞》、吳抄本作「愁」。

〔6〕「道醒了休教再看」，黃本、毛本、文淵閣本《于湖詞》、文津閣本《于湖詞》、文瀾閣本《于湖詞》作「道說與醒時休看」，明紫芝漫抄本作「道醒了休交再看」。

鵲橋仙平國弟生日〔1〕

湘江東畔，去年今日〔2〕，堂上簪纓羅綺。弟兄同拜壽尊前〔3〕，共一笑、歡歡喜喜。　　渚宮風月，邊城鼓角，更好親庭一醉〔4〕。醉時重唱去年詞，願來歲、強如今歲。

【點校】

〔1〕「仙」字下陶本、毛本、文淵閣本《于湖詞》、文津閣本《于湖詞》、文瀾閣本《于湖詞》無小注。「平國弟生日」，《百家詞》本、《南詞》本作「平國為」，明張時行本、明張弘開本作「為平國弟生日」，吳抄本作「中呂調」。

〔2〕「今」字下《百家詞》本脫「日」字及「堂上簪纓羅綺」一句，有一字空格。《南詞》本脫「日」字及「堂上簪纓」四字，有五字空格。「去年今日」，吳抄本作「去今年日」，「今年」二字有乙正符號。

〔3〕「弟兄同拜壽尊前」，陶本、毛本、文淵閣本《于湖詞》、文津閣本《于湖詞》、文瀾閣本《于湖詞》、吳抄本作「弟兄今日拜尊前」，《南詞》本作「兄弟同拜壽尊尊」。

〔4〕「一」字下《百家詞》本有一字空格。

鵲橋仙以酒果為黃子默壽〔1〕

南州名酒，北園珍果，都與黃香為壽。風流文物是家傳，睨血指、旁觀袖手。　東風消息〔2〕，西山爽氣，總聚君家戶牖〔3〕。舊時曾識玉堂仙〔4〕，在帝所、頻開薦口〔5〕。

【點校】

〔1〕「以酒果為黃子默壽」，陶本、毛本、文淵閣本《于湖詞》、文津閣本《于湖詞》、文瀾閣本《于湖詞》、吳抄本作「上主管壽送南康酒、北梨」，明紫芝漫抄本作「上黃主管壽，送南康酒、比梨」，明張時行本、明張弘開本作「以果酒為黃子默壽」，「默」字下《百家詞》本脫「壽」字。

〔2〕「風」，陶本、明紫芝漫抄本、毛本、文淵閣本《于湖詞》、文津閣本《于湖詞》、文瀾閣本《于湖詞》、吳抄本作「君」。

〔3〕「君」，陶本、明紫芝漫抄本、毛本、文淵閣本《于湖詞》、文津閣本《于湖詞》、文瀾閣本《于湖詞》、吳抄本作「公」。「戶」字下《百家詞》本有一字空格。

〔4〕「識」，明紫芝漫抄本誤作「織」。

〔5〕「所」，文津閣本《于湖詞》作「簡」。「頻開薦口」，《百家詞》本作「頻薦開口」。

鵲橋仙戲贈吳伯承侍兒〔1〕

明珠盈斗，黃金作屋，占了湘中秋色。金風玉露不勝情，看天上、人間今夕。　　枝頭一點，琴心三疊，算有詩名消得〔2〕。野堂從此不蕭踈，問何日、尊前喚客〔3〕。

【點校】

〔1〕「戲贈吳伯承侍兒」，陶本、毛本、文淵閣本《于湖詞》、文津閣本《于湖詞》、文瀾閣本《于湖詞》、吳抄本作「吳伯承侍兒」，明紫芝漫抄本作「呈伯承信兒」，《南詞》本誤作「戲贈吳伯永侍兒」。

〔2〕「消」字下《百家詞》本有一字空格。

〔3〕「問何日尊前喚客」，陶本、明紫芝漫抄本、毛本、文淵閣本《于湖詞》、文津閣本《于湖詞》、文瀾閣本《于湖詞》、吳抄本作「何日向尊前喚客」。「客」字上明張時行本、明張弘開本脫「喚」字。

鵲橋仙別立之〔1〕

黃陵廟下，送君歸去，上水舡兒一隻。離歌聲斷酒杯空，容易裏、東西南北〔2〕。　　重湖風月，九秋天氣〔3〕，冉冉清愁如織〔4〕。我家住在楚江濵〔5〕，為頻寄、雙魚素尺〔6〕。

【點校】

〔1〕「仙」字下陶本、明紫芝漫抄本、毛本、文淵閣本《于湖詞》、文津閣本《于湖詞》、文瀾閣本《于湖詞》無小注。

〔2〕「容」，明紫芝漫抄本誤作「客」。「裏」字下《百家詞》本、《南詞》本脫「東西」二字，《百家詞》本有一字空格，《南詞》本有兩字空格。

〔3〕「天」，文津閣本《于湖詞》作「顥」。

〔4〕「清」，陶本、明紫芝漫抄本、毛本、明張時行本、明張弘開本、《歷代詩餘》、文淵閣本《于湖詞》、文津閣本《于湖詞》、文瀾閣本《于湖詞》、吳抄本作「新」。「冉冉」下《百家詞》本、《南詞》本脫「清愁如織」四字，《百家詞》本有一字空格，《南詞》本有四字空格。

〔5〕「楚」字下《百家詞》本脫「江」字，有一字空格。

〔6〕「寄」字下《百家詞》本、《南詞》本脫「雙魚素尺」四字。「素」字上毛本、文淵閣本《于湖詞》、文瀾閣本《于湖詞》脫「魚」字。「素尺」，文津閣本《于湖詞》作「尺素」。

鵲橋仙為老人壽〔1〕

東明大士，吾家老子〔2〕，是一元知非二〔3〕。共携甘雨趁生朝〔4〕，做萬里、豐年歡喜〔5〕。　　司空山上，長沙星裏，乞與無邊祥瑞。仙家日月鎮常春〔6〕，笑人說、長生久視〔7〕。

【點校】

〔1〕「為老人壽」，陶本、明紫芝漫抄本、毛本、文淵閣本《于湖詞》、文津閣本《于湖詞》、文瀾閣本《于湖詞》、吳抄本作「上運使壽」，《百家詞》本、《南詞》本作「為」。

〔2〕「家」字下《百家詞》本、《南詞》本脫「老子」二字，《百家詞》本有一字空格，《南詞》本有兩字空格。「吾」字下吳抄本有小注「一作君」。

〔3〕「知」字上《百家詞》本、《南詞》本脫「是一元」三字，《南詞》本有三字空格。「元」，明張時行本、明張弘開本作「原」。

〔4〕「携」，陶本、明紫芝漫抄本、毛本、文淵閣本《于湖詞》、文津閣本《于湖詞》、文瀾閣本《于湖詞》、吳抄本作「移」。

〔5〕「做」，陶本、明紫芝漫抄本、毛本、文淵閣本《于湖詞》、文津閣本《于湖詞》、文瀾閣本《于湖詞》、吳抄本作「作」。「歡」字上《百家詞》本、《南詞》本脫「豐年」二字，《百家詞》本有一字空格，《南詞》本有兩字空格。

〔6〕「家」，陶本、明紫芝漫抄本、毛本、文津閣本《于湖詞》、文津閣本《于湖詞》、文瀾閣本《于湖詞》作「鄉」。「月」字下陶本、明紫芝漫抄本、毛本、文淵閣本《于湖詞》、文瀾閣本《于湖詞》衍一「正」字。「鎮」，文津閣本《于湖詞》作「正」。「常」，明張時行本、明張弘開本作「長」。

〔7〕「視」，《百家詞》本誤作「頑」。

南鄉子送朱元晦行，張欽夫、邢少連同集〔1〕。

江上送歸舡，風雨排空浪拍天。賴有清尊澆別恨〔2〕，悽然。寶蠟燒花看吸川〔3〕。　　楚舞對湘絃〔4〕，煖響圍春錦帳氈〔5〕。坐上定知無俗客〔6〕，俱賢〔7〕。便是朱張與少連〔8〕。

【點校】

〔1〕「子」字下明紫芝漫抄本無小注。「送朱元晦行，張欽夫、邢少連同集」，陶本、毛本、文淵閣本《于湖詞》、文津閣本《于湖詞》、文瀾閣本《于湖詞》作「刑監廟餞送朱太傅、張直閣，阻雨，賦此詞」。「行」，《詞品》拾遺、《花草粹編》

作「與」。「欽」，《花草粹編》、文淵閣本《于湖集》作「敬」。「集」字下吳抄本有「雙調」二字。

〔2〕「清」，明張時行本、明張弘開本作「青」。「尊」，明紫芝漫抄本作「罇」，《詞品》拾遺作「樽」。「澆」，《百家詞》本作「ㄆ」。

〔3〕「蠟」，《百家詞》本、《詞品》拾遺、《花草粹編》、明張時行本、《南詞》本、明張弘開本作「燭」。「花」，明張時行本、明張弘開本作「香」。「吸」，明紫芝漫抄本、《花草粹編》作「汲」。

〔4〕「對」，陶本、明紫芝漫抄本、毛本、文淵閣本《于湖詞》、文津閣本《于湖詞》、文瀾閣本《于湖詞》、吳抄本作「趁」。

〔5〕「春」字下《南詞》本脫「錦」字。「帳」，明紫芝漫抄本誤作「張」。

〔6〕「坐」字下《百家詞》本有一字空格。「客」，《百家詞》本誤作「容」。

〔7〕「俱」，《花草粹編》作「懷」。

〔8〕「便」，明紫芝漫抄本作「別」。「連」字下陶本、毛本、文淵閣本《于湖詞》、文津閣本《于湖詞》、文瀾閣本《于湖詞》有小注「少連，謂刑監廟」。

畫堂春上老母壽

蟠桃一熟九千年，仙家春色無邊。畫堂日煖卷非煙，晝永風妍。　　看取疏封湯沭，何妨頻棹觥舡。方瞳綠髮對儒仙〔1〕，歲歲尊前〔2〕。

【點校】

〔1〕「方」，《百家詞》本、《南詞》本作「芳」。「髮」，明張時行本、明張弘開本作「鬢」。

〔2〕「尊前」，《百家詞》本、明張時行本、《南詞》本、明張弘開本作「年年」，「年」字下明張時行本、明張弘開本有小注「『年年』，一作『尊前』」。

于湖詞彙校卷三　宋張孝祥撰　吳娟彙校

柳梢青餞別蔣德施、粟子求諸公〔1〕（據宋嘉泰本《于湖居士文集》卷三十三。本卷皆同。）

重陽時節，滿城風雨〔2〕，更催行色。隴樹寒輕，海山秋老，清愁如織〔3〕。

一杯莫惜留連，我亦是、天涯倦客。後夜相思，水長山遠，東西南北。

【點校】

〔1〕「梢」，《百家詞》本作「稍」。「青」字下明紫芝漫抄本、《歷代詩餘》無小注。

「餞別蔣德施、粟子求諸公」，陶本、毛本、文淵閣本《于湖詞》、文津閣本《于湖詞》、文瀾閣本《于湖詞》作「蔣文粟兄趍朝，錢丈茹橫槎，宗丈如古藤，孝祥置酒作別，賦此以侑尊」，文淵閣本《于湖集》作「餞別蔣德施」，《百家詞》本、明張時行本、《南詞》本、明張弘開本、《薈要》本、文津閣本《于湖集》、抄閣本、文瀾閣本《于湖集》、吳抄本作「餞別蔣德施、粟子求諸公」，「公」字下吳抄本有「中呂宮」三字。

〔2〕「重陽時節，滿城風雨」，陶本、明紫芝漫抄本、毛本、《歷代詩餘》、文淵閣本《于湖詞》、文津閣本《于湖詞》、文瀾閣本《于湖詞》作「滿城風雨，重陽時節」。

〔3〕「清」，《百家詞》本作「青」。

柳梢青元宵何高士說京師舊事

今年元夕，探盡江梅〔1〕，都無消息。草市梢頭〔2〕，柳莊深處〔3〕，雪花如席。　　一尊鄰里相過〔4〕，也隨分、移時換節。玉輦端門，紅旗夜市，憑君休說。

【點校】

〔1〕「盡」字下《南詞》本有「深」字。「江」字下《百家詞》本有「南」字。

〔2〕「梢」，《百家詞》本作「稍」。

〔3〕「深」字上《百家詞》本、《南詞》本脫「柳莊」二字，《百家詞》本有一字空格，《南詞》本有兩字空格。

〔4〕「鄰」，《百家詞》本作「憐」。

柳梢青探梅

溪南溪北，玉香消盡，翠嬌無力。月淡黃昏，煙橫清曉，都無消息。　　無聊更遶空枝，斷魂遠、重招怎得。驛使歸來，戍樓吹斷，空成悽惻。

踏莎行〔1〕

楊柳東風，海棠春雨，清愁冉冉無來處。曲徑驚飛蛺蝶叢〔2〕，回塘凍濕鴛鴦侶。　　舞徹霓裳，歌殘金縷，蘼蕪白芷愁煙渚〔3〕。不識陽臺夢裏雲〔4〕，試聽華表歸來語〔5〕。

【點校】

〔1〕「行」字下吳抄本有小注「中呂調」。

〔2〕「驚」字下《南詞》本脫「飛」字，有一字空格。

〔3〕「蘼」，吳抄本作「蘪」。

〔4〕「不」，陶本、毛本、文淵閣本《于湖詞》、文津閣本《于湖詞》、文瀾閣本《于湖詞》、吳抄本作「欲」。

〔5〕「試」，陶本、毛本、文淵閣本《于湖詞》、文津閣本《于湖詞》、文瀾閣本《于湖詞》、吳抄本作「細」。「歸」字下《南詞》本脫「來」字。

踏莎行長沙牡丹花極小，戲作此詞，并以二枝為伯承、欽夫諸兄一觴之薦〔1〕。

洛下根株〔2〕，江南栽種，天香國色千金重。花邊三閣建康春〔3〕，風前十里楊州夢。　油壁輕車〔4〕，青絲短鞚〔5〕，看花日日催賓從。而今何許定王城〔6〕，一枝且為鄰翁送。

【點校】

〔1〕「行」字下《全芳備祖》、《事類備要》、《廣群芳譜》無小注。「長沙牡丹花」，陶本、明紫芝漫抄本、毛本、文淵閣本《于湖詞》、文津閣本《于湖詞》、文瀾閣本《于湖詞》作「長莎花」，「作」字上陶本、毛本、文淵閣本《于湖詞》、文津閣本《于湖詞》、文瀾閣本《于湖詞》、吳抄本無「戲」字，「此」字上明紫芝漫抄本脫「戲作」二字。「二」字上陶本、明紫芝漫抄本、毛本、文淵閣本《于湖詞》、文津閣本《于湖詞》、文瀾閣本《于湖詞》無「以」字。「枝」，明紫芝漫抄本誤作「伎」，《南詞》本誤作「杖」。「欽夫」，陶本、明紫芝漫抄本、毛本、文淵閣本《于湖詞》、文津閣本《于湖詞》、文瀾閣本《于湖詞》作「欽天」，文淵閣本《于湖集》作「敬夫」。「薦」字下吳抄本有「中呂調」三字。

〔2〕「株」，明紫芝漫抄本誤作「枝」。

〔3〕「建」，明紫芝漫抄本誤作「逮」。

〔4〕「壁」，陶本、《全芳備祖》、毛本、文津閣本《于湖詞》、文瀾閣本《于湖詞》作「璧」，文淵閣本《于湖詞》作「碧」。

〔5〕「鞚」，《南詞》本作「鞚」。

〔6〕「王」，明張時行本、《南詞》本、明張弘開本誤作「三」。「許」，明紫芝漫抄本作「評」。

踏莎行荊南作〔1〕

旋葺荒園〔2〕，初開小徑，物華還與東風競。曲檻暉暉落照明，高城冉冉孤煙暝。　　柳色金寒，梅花雪靜〔3〕，道人隨處成幽興。一杯不惜小淹留〔4〕，歸期已理滄浪艇〔5〕。

【點校】

〔1〕「行」字下陶本、明紫芝漫抄本、毛本、文淵閣本《于湖詞》、文津閣本《于湖詞》、文瀾閣本《于湖詞》無小注。

〔2〕「旋」，陶本作「施」。「荒」，《百家詞》本作「莣」。

〔3〕「靜」，文津閣本《于湖詞》作「淨」。

〔4〕「淹留」，陶本、明紫芝漫抄本、毛本、文淵閣本《于湖詞》、文津閣本《于湖詞》、文瀾閣本《于湖詞》、吳抄本作「留連」。「連」字下吳抄本有小注「一作淹留」。

〔5〕「艇」，文瀾閣本《于湖詞》誤作「船」。

踏莎行

萬里扁舟，五年三至，故人相見尤堪喜。山陰乘興不須回〔1〕，毗耶問疾難為對〔2〕。　　不藥身輕，高談心會，匆匆我又成歸計。它時江海肯相尋〔3〕，綠蓑青蒻看清貴〔4〕。

【點校】

〔1〕「乘」，《南詞》本作「成」。

〔2〕「耶」，《南詞》本作「聊」。「難」，陶本、毛本、文淵閣本《于湖詞》、文津閣本《于湖詞》、文瀾閣本《于湖詞》、吳抄本作「誰」。

〔3〕「它」，陶本、毛本、文淵閣本《于湖詞》、文津閣本《于湖集》、文津閣本《于湖詞》、文瀾閣本《于湖詞》、吳抄本作「他」。

〔4〕「蒻」，陶本、明紫芝漫鈔本作「若」，《南詞》本、文瀾閣本《于湖集》、抄閣本作「篛」，毛本、文淵閣本《于湖詞》、文津閣本《于湖詞》、文瀾閣本《于湖詞》、吳抄本作「箬」。

踏莎行五月十三日月甚佳〔1〕

藕葉池塘，榕陰庭院。年時好月今宵見。雲鬟玉臂共清寒，冰綃霧縠誰裁剪。　　撲粉□綿〔2〕，侵塵寶扇，遙知掩抑成淒怨〔3〕。去程何許是歸程，離觴為我深深勸〔4〕。

【點校】

〔1〕「三」字下明張時行本、明張弘開本無「日」字。「日」字下陶本、明紫芝漫抄本、毛本、文淵閣本《于湖詞》、文津閣本《于湖詞》、文瀾閣本《于湖詞》、吳抄本有「夜」字，《百家詞》本無「月」字。「佳」字下陶本、明紫芝漫抄本、毛本、文淵閣本《于湖詞》、文津閣本《于湖詞》、文瀾閣本《于湖詞》、吳抄本有「戲作」二字。

〔2〕「綿」字上陶本、《百家詞》本、明紫芝漫抄本、毛本、明張時行本、《南詞》本、明張弘開本、《薈要》本、文淵閣本《于湖詞》、文津閣本《于湖詞》、文瀾閣本《于湖詞》、吳抄本有「香」字，文淵閣本《于湖集》有「輕」字，文津閣本《于湖集》、文瀾閣本《于湖集》、抄閣本有「君」字。

〔3〕「掩」，明紫芝漫抄本作「淹」。

〔4〕「觴」，毛本、《南詞》本、文淵閣本《于湖詞》、文津閣本《于湖詞》、文瀾閣本《于湖詞》作「腸」。

踏莎行送別劉子思〔1〕

古屋蘩祠〔2〕，孤舟野渡，長年與客分携處〔3〕。漠漠愁陰嶺上雲，蕭蕭別意溪邊樹〔4〕。　我已北歸，君方南去，天涯客裏多歧路〔5〕。須君早出瘴煙來，江南山色青無數。

【點校】

〔1〕「別」字上陶本、明紫芝漫抄本、毛本、文淵閣本《于湖詞》、文津閣本《于湖詞》、文瀾閣本《于湖詞》無「送」字。

〔2〕「屋」，陶本、明紫芝漫抄本、毛本、文淵閣本《于湖詞》、文津閣本《于湖詞》、文瀾閣本《于湖詞》、吳抄本作「木」，「木」字下吳抄本有小注「一作屋」。

〔3〕「長」，毛本、文淵閣本《于湖詞》、文津閣本《于湖詞》、文瀾閣本《于湖詞》作「青」。「與」，明紫芝漫抄本作「午」。

〔4〕「蕭蕭」，文津閣本《于湖詞》作「瀟瀟」。

〔5〕「裏」字下《南詞》本脫「多」字。

踏莎行壽黃堅叟併以送行〔1〕

時雨初晴，詔書隨至，邦人父老為君喜〔2〕。十年江海始歸來，祥曦殿裏攙班對。　日月開明，風雲感會，切須穩上平戎計〔3〕。天教慈母壽無窮，看君黃髮腰金貴。

【點校】

〔1〕「叟」字上明張時行本、明張弘開本脫「堅」字。

〔2〕「邦」,《南詞》本作「那」。

〔3〕「湏」,《南詞》本作「思」。戎,文瀾閣本《于湖集》、抄閣本作「邊」。

踏莎行為朱漕壽〔1〕

桂嶺南邊，湘江東畔，三年兩見生申旦〔2〕。知君心地與天通，天教仙骨年年換。　　趁此秋風〔3〕，乘槎霄漢〔4〕，看看黃紙書來喚〔5〕。但令丹鼎永頻添〔6〕，莫辭酒盞春無筭。

【點校】

〔1〕「為朱漕壽」,陶本作「宋漕生朝」,明紫芝漫抄本、毛本、文淵閣本《于湖詞》、文津閣本《于湖詞》、文瀾閣本《于湖詞》、吳抄本作「朱漕生朝」。

〔2〕「三」,陶本、明紫芝漫抄本、毛本、文淵閣本《于湖詞》、文津閣本《于湖詞》、文瀾閣本《于湖詞》、吳抄本作「四」。

〔3〕「趁此」,陶本、明紫芝漫抄本、毛本、文淵閣本《于湖詞》、文津閣本《于湖詞》、文瀾閣本《于湖詞》、吳抄本作「便趁」,「趁」字下吳抄本有小注「一作趁此」。

〔4〕「乘槎」,陶本、明紫芝漫抄本、毛本、文淵閣本《于湖詞》、文津閣本《于湖詞》、文瀾閣本《于湖詞》、吳抄本作「橫翔」,「翔」字下吳抄本有小注「一作乘槎」。

〔5〕「看看」,陶本、明紫芝漫抄本、毛本、文淵閣本《于湖詞》、文津閣本《于湖詞》、文瀾閣本《于湖詞》、吳抄本作「相看」。

〔6〕「永」,《薈要》本、文淵閣本《于湖集》、文瀾閣本《于湖集》作「汞」。

醜奴兒張仲欽母夫人壽〔1〕

年年有箇人生日，誰似君家〔2〕？誰似君家〔3〕？八十慈親髮未華。　　棠陰閣上棠陰滿，滿勸流霞〔4〕。滿勸流霞，來歲應添宰路沙。

【點校】

〔1〕「醜奴兒」,明張時行本、明張弘開本作「醜奴兒令」「兒」字下陶本、明紫芝漫抄本、毛本、文淵閣本《于湖詞》、文津閣本《于湖詞》、文瀾閣本《于湖詞》無小注。「壽」字下吳抄本有「大石調」三字。

〔2〕「似」，陶本、明紫芝漫抄本、毛本、文淵閣本《于湖詞》、文津閣本《于湖詞》、文瀾閣本《于湖詞》作「是」。

〔3〕「似」，陶本、明紫芝漫抄本、毛本、文淵閣本《于湖詞》、文津閣本《于湖詞》、文瀾閣本《于湖詞》作「是」。

〔4〕「勸」，明紫芝漫抄本誤作「觀」。

醜奴兒張仲欽生日用前韻〔1〕

伯鸞德耀賢夫婦，見說宜家。見說宜家，庭砌森森長玉華〔2〕。　天公遣注長生籍〔3〕，服日飡霞。服日飡霞〔4〕，壽紀應須海筭沙。

【點校】

〔1〕「兒」字下陶本、明紫芝漫抄本、毛本、文淵閣本《于湖詞》、文津閣本《于湖詞》、文瀾閣本《于湖詞》無小注。「張仲欽生日用前韻」，明張時行本、明張弘開本作「仲欽生日」，吳抄本作「張欽夫生日用前韻」，「韻」字下吳抄本有「大石調」三字。案：此詞陶本重出，分別見於卷五及拾遺。

〔2〕「砌」，陶本拾遺作「下」，文津閣本《于湖詞》、文瀾閣本《于湖詞》作「際」。

〔3〕「公」，《南詞》本誤作「光」。

〔4〕「飡」，陶本拾遺作「飧」。

醜奴兒王公澤為予言查山之勝，戲贈〔1〕。

十年聞說查山好，何日追遊。木落霜秋〔2〕，夢想雲溪不那愁〔3〕。　主人好事長留客〔4〕，尊酒夷猶〔5〕。一笑登樓，興在西峯上上頭。

【點校】

〔1〕「醜奴兒」，明張時行本、明張弘開本作「醜奴兒令」。

〔2〕「木」，《南詞》本作「日」。

〔3〕「那」，文淵閣本《于湖集》、文津閣本《于湖集》作「耐」。

〔4〕「主」，《南詞》本誤作「長」。

〔5〕「夷猶」，《南詞》本作「美人」。

醜奴兒〔1〕

十分濟楚邦之媛〔2〕，此日追遊。雨霽雲收，夢入瀟湘不那愁〔3〕。　主人白玉堂中老，曾侍凝旒〔4〕。滿酌瓊舟〔5〕，即上虛皇香案頭〔6〕。

【點校】

〔1〕「醜奴兒」，明張時行本、明張弘開本作「醜奴兒令」。

〔2〕「濟」，明張時行本、明張弘開本作「齊」。

〔3〕「那」，文淵閣本《于湖集》、文津閣本《于湖集》作「耐」。

〔4〕「曾侍」，明紫芝漫抄本誤作「雷待」，《南詞》本作「曾待」。「凝」，文津閣本《于湖詞》、文瀾閣本《于湖詞》作「銀」。

〔5〕「滿」字下《南詞》本脫「酌」字。「舟」，《南詞》本作「州」。

〔6〕「虛」，陶本、明紫芝漫抄本、毛本、文淵閣本《于湖詞》、文津閣本《于湖詞》、文瀾閣本《于湖詞》作「羲」。「香案頭」，明張時行本、明張弘開本作「案上頭」。

醜奴兒〔1〕

珠燈璧月年時節〔2〕，纖手同携。今夕誰知〔3〕？自撚梅花勸一巵。　逢人問道歸來也，日日佳期〔4〕。管有來時〔5〕，趁得收燈也未遲。

【點校】

〔1〕「醜奴兒」，明張時行本、明張弘開本作「醜奴兒令」。

〔2〕「燈」，陶本、明紫芝漫抄本、毛本、文淵閣本《于湖詞》、文津閣本《于湖詞》、文瀾閣本《于湖詞》、吳抄本作「烟」。「璧」，《百家詞》本、明紫芝漫抄本、明張時行本、《南詞》本、吳抄本作「壁」。

〔3〕「夕」，《南詞》本作「日」。

〔4〕「日日」，明紫芝漫抄本、文津閣本《于湖詞》、文瀾閣本《于湖詞》作「日月」。

〔5〕「時」字上《百家詞》本脫「逢人」至「有來」十四字。

醜奴兒〔1〕

無雙誰似黃郎子〔2〕，自鄶無譏〔3〕。月滿星稀，想見歌場夜打圍。　畫眉京兆風流甚，應賦蛜蝛。楊柳依依〔4〕，何日文簫共駕歸〔5〕？

【點校】

〔1〕「醜奴兒」，明張時行本、明張弘開本作「醜奴兒令」。

〔2〕「似」，明紫芝漫抄本作「是」。

〔3〕「鄶」，《百家詞》本、《南詞》本作「鄫」。「譏」，《百家詞》本、《南詞》本作「識」。

〔4〕「楊柳」,《南詞》本作「柳楊」。

〔5〕「簫」,明張時行本、明張弘開本作「蕭」。

浣溪沙劉恭父席上〔1〕

卷旗直入蔡州城，只倚精忠不要兵〔2〕。賊營半夜落妖星〔3〕。　萬旅雲屯看整暇〔4〕，十眉環坐卻娉婷。白麻早晚下天庭。

【點校】

〔1〕「浣溪沙」,《百家詞》本誤作「浣沙溪」。「沙」字下陶本、明紫芝漫抄本、毛本、文淵閣本《于湖詞》、文津閣本《于湖詞》無小注。「劉恭父席上」,《南詞》本誤作「劉恭父上席」，吳抄本作「黃鐘宮」。

〔2〕「卷旗直入蔡州城，只倚精忠不要兵」，陶本、明紫芝漫抄本、毛本、文淵閣本《于湖詞》、文津閣本《于湖詞》、文瀾閣本《于湖詞》、吳抄本作「只倚精忠不要兵，卷旗直入蔡州城」。

〔3〕「賊」，明紫芝漫抄本作「城」，文淵閣本《于湖集》作「前」。

〔4〕「旅」，明張時行本、明張弘開本作「里」。「雲」，陶本、明紫芝漫抄本、毛本、文淵閣本《于湖詞》、文津閣本《于湖詞》、文瀾閣本《于湖詞》、吳抄本作「連」。

浣溪沙〔1〕

玉節珠幢出翰林〔2〕，詩書謀帥眷方深〔3〕。威聲虎嘯復龍吟。　我是先生門下士，相逢有酒且教斟〔4〕。高山流水遇知音。

【點校】

〔1〕「沙」字下陶本、明紫芝漫抄本、毛本、文淵閣本《于湖詞》、文津閣本《于湖詞》、文瀾閣本《于湖詞》、吳抄本有小注「餞劉共甫」。

〔2〕「幢」，陶本、明紫芝漫抄本、毛本、文淵閣本《于湖詞》、文津閣本《于湖詞》、文瀾閣本《于湖詞》、吳抄本作「旛」。「珠」，明張時行本、《南詞》本、明張弘開本作「朱」。

〔3〕「眷」,《南詞》本誤作「春」。

〔4〕「且教」，陶本、明紫芝漫抄本、毛本、文淵閣本《于湖詞》、文津閣本《于湖詞》、文瀾閣本《于湖詞》、吳抄本作「莫辭」。

浣溪沙

絕代佳人淑且真〔1〕，雪為肌骨月為神〔2〕。燭前花底不勝春。　　倚竹袖長寒捲翠〔3〕，凌波韈小暗生塵〔4〕，十分京洛舊家人〔5〕。

【點校】

〔1〕「真」，毛本、《南詞》本、文淵閣本《于湖詞》、文津閣本《于湖詞》、文瀾閣本《于湖詞》作「貞」。

〔2〕「雪」，陶本、明紫芝漫抄本、毛本、《南詞》本、文淵閣本《于湖詞》、文津閣本《于湖詞》、文瀾閣本《于湖詞》、吳抄本作「雲」，《百家詞》本原作「雲」，後描改作「雪」。

「月」，陶本、明紫芝漫抄本、毛本、文淵閣本《于湖詞》、文津閣本《于湖詞》、文瀾閣本《于湖詞》、吳抄本作「玉」。

〔3〕「袖長寒捲」，吳抄本作「袖寒長卷」。

〔4〕「暗」，《南詞》本作「玉」。

〔5〕「洛」，《南詞》本作「落」。「舊家人」，陶本、毛本、文淵閣本《于湖詞》、文津閣本《于湖詞》、文瀾閣本《于湖詞》作「舊來人」，明紫芝漫抄本作「舊時來人」。

浣溪沙

妙手何人為寫真？只難傳處是精神〔1〕。一枝占斷洛城春。　　暮雨不堪巫峽夢，西風莫障庾公塵。扁舟湖海要詩人〔2〕。

【點校】

〔1〕「難」，文淵閣本《于湖集》作「將」。

〔2〕「舟」，《南詞》本誤作「州」。

浣溪沙瑞香〔1〕

臈後春前別一般，梅花枯淡水仙寒〔2〕。翠雲裘著紫霞冠〔3〕。　　仙品只今推第一〔4〕，清香元不是人間〔5〕。為君更試小龍團〔6〕。

【點校】

〔1〕「沙」字下《全芳備祖》、《廣群芳譜》無小注。「香」字下明張時行本、明張弘開本有「花」字。

〔2〕「淡」，文津閣本《于湖詞》作「澹」。

〔3〕「裘」，《全芳備祖》作「裏」。「著」，《廣群芳譜》作「裏」。

〔4〕「仙」，陶本、《全芳備祖》、明紫芝漫抄本、毛本、《廣群芳譜》、文淵閣本《于湖詞》、文津閣本《于湖詞》、文瀾閣本《于湖詞》、吳抄本作「妙」。

〔5〕「清」，陶本、《全芳備祖》、明紫芝漫抄本、毛本、《廣群芳譜》、文淵閣本《于湖詞》、文津閣本《于湖詞》、文瀾閣本《于湖詞》、吳抄本作「寶」。「元」，明張時行本、明張弘開本、文津閣本《于湖詞》作「原」。

〔6〕「試」，陶本、《全芳備祖》、明紫芝漫抄本、毛本、《廣群芳譜》、文淵閣本《于湖詞》、文津閣本《于湖詞》、文瀾閣本《于湖詞》、吳抄本作「酌」。

浣溪沙餞鄭憲〔1〕

寶蠟燒春夜影紅〔2〕，梅花枝傍錦薰籠〔3〕。曲瓊低捲瑞香風〔4〕。　萬里江山供燕几，一時賓主看談鋒。問君歸計莫匆匆。

【點校】

〔1〕「餞」字下陶本、明紫芝漫抄本、毛本、文淵閣本《于湖詞》、文津閣本《于湖詞》、文瀾閣本《于湖詞》、吳抄本有「別」字。

〔2〕「春」，陶本、明紫芝漫抄本、毛本、《南詞》本、文淵閣本《于湖詞》、文津閣本《于湖詞》、文瀾閣本《于湖詞》、吳抄本作「香」。「影」，《南詞》本作「彩」。

〔3〕「薰」，陶本、文津閣本《于湖詞》、吳抄本作「熏」。

〔4〕「捲」，《南詞》本作「倦」。

浣溪沙親舊蘄口相訪〔1〕

六客西來共一舟，吳兒蹋浪剪輕鷗。水光山色翠相浮〔2〕。　我欲吹簫明月下，略須停棹晚風頭〔3〕。從前五度到蘄州〔4〕。

【點校】

〔1〕「沙」字下陶本、明紫芝漫抄本、毛本、文淵閣本《于湖詞》、文津閣本《于湖詞》、文瀾閣本《于湖詞》無小注。

〔2〕「色」，陶本、明紫芝漫抄本、毛本、文淵閣本《于湖詞》、文津閣本《于湖詞》、文瀾閣本《于湖詞》、吳抄本作「影」。

〔3〕「頭」字下明紫芝漫抄本脫「從前五度到蘄州」一句。

〔4〕「五度」，陶本、毛本、文淵閣本《于湖詞》、文津閣本《于湖詞》、文瀾閣本《于湖詞》、吳抄本作「三五」。

浣溪沙

已是人間不繫舟〔1〕，此心元自不驚鷗〔2〕。臥看駭浪與天浮。　對月只應頻舉酒，臨風何必更搔頭。暝煙多處是神州。

【點校】

〔1〕「繫」，毛本作「擊」。

〔2〕「此」，明紫芝漫抄本作「比」。「自」，《百家詞》本、《花草粹編》、《南詞》本作「是」。「元」，明張時行本、明張弘開本、文淵閣本《于湖詞》作「原」。

浣溪沙

冉冉幽香解鈿囊，蘭橈煙雨暗春江。十分清瘦為蕭郎。　遙憶牙檣收楚纜〔1〕，應將玉筯點吳糕。有人縈斷九回腸。

【點校】

〔1〕「檣」，《花草粹編》、《南詞》本作「墻」。

浣溪沙

樓下西流水拍堤〔1〕，樓頭日日望春歸。雪晴風靜燕來遲。　留得梅花供半額〔2〕，要將楊葉畫新眉。莫教辜負早春時〔3〕。

【點校】

〔1〕「流」，明張時行本、明張弘開本作「風」。

〔2〕「半」，《薈要》本作「伴」。

〔3〕「辜」，《南詞》本誤作「孤」。

浣溪沙去荊州〔1〕

方舡載酒下江東，簫鼓喧天浪拍空〔2〕。萬山紫翠映雲重〔3〕。　擬看岳陽樓上月，不禁石首岸頭風。作牋我欲問龍公。

【點校】

〔1〕「沙」字下明張時行本、《南詞》本無小注。「去荊州」，陶本、毛本、文淵閣本《于湖詞》、文津閣本《于湖詞》、文瀾閣本《于湖詞》、吳抄本作「發公安，風月甚佳，明日至石首，風雨驟至，留三日。同行諸公皆有詞，孝祥用韻」。

〔2〕「簫鼓喧天」，陶本、毛本、文淵閣本《于湖詞》、吳抄本作「孤管橫時」，文津

閣本《于湖詞》、文瀾閣本《于湖詞》作「孤館横時」，明張時行本、明張弘開本作「簫鼓喧天」。

〔3〕「映」，陶本、毛本、文淵閣本《于湖詞》、文津閣本《于湖詞》、文瀾閣本《于湖詞》、吳抄本作「晚」。

浣溪沙次韻戲馬夢山與妓作別〔1〕

羅韈生塵洛浦東，美人春夢瑣牕空〔2〕。眉山蹙恨幾千重〔3〕。　海上蟠桃留結子，渥洼天馬去追風。不須多怨主人公。

【點校】

〔1〕「沙」字下陶本、明紫芝漫抄本、毛本、文淵閣本《于湖詞》、文津閣本《于湖詞》、文瀾閣本《于湖詞》無小注。

〔2〕「空」，明紫芝漫抄本作「宮」。

〔3〕「蹙恨」，陶本、明紫芝漫抄本、毛本、文淵閣本《于湖詞》、文津閣本《于湖詞》、文瀾閣本《于湖詞》、吳抄本作「細蹙」。「幾」，陶本、明紫芝漫抄本、毛本、文淵閣本《于湖詞》、文津閣本《于湖詞》、吳抄本作「恨」。

浣溪沙夢山未釋然再作〔1〕

一片西飛一片東〔2〕，高情已逐落花空。舊歡休問幾時重。　結習正如刀舐蜜〔3〕，掃除須著絮因風。請君持此問龐公〔4〕。

【點校】

〔1〕「沙」字下陶本、明紫芝漫抄本、毛本、文淵閣本《于湖詞》、文津閣本《于湖詞》無小注。「釋」，明張時行本、明張弘開本作「什」。

〔2〕「飛」，《南詞》本作「風」。

〔3〕「結」，毛本、文淵閣本《于湖詞》、文津閣本《于湖詞》、文瀾閣本《于湖詞》作「為」。「結」字下明紫芝漫抄本脱「習」字，有一字空格。「正」，陶本、明紫芝漫抄本、毛本、文淵閣本《于湖詞》、文津閣本《于湖詞》、文瀾閣本《于湖詞》、吳抄本作「政」。「舐」，文津閣本《于湖詞》、文瀾閣本《于湖詞》作「砥」。「蜜」，明紫芝漫抄本作「密」。

〔4〕「請」，陶本、明紫芝漫抄本、毛本、文淵閣本《于湖詞》、文津閣本《于湖詞》、文瀾閣本《于湖詞》、吳抄本作「諸」。

浣溪沙

鵁鶄樓高晚雪融，鴛鴦池暖暗潮通。鬱金黃染柳絲風。　　油壁不來春草綠〔1〕，闌干倚徧夕陽紅〔2〕。江南山色有無中。

【點校】

〔1〕「壁」，文淵閣本《于湖集》作「璧」。

〔2〕「闌干」，《陽春白雪》作「雕闌」。

浣溪沙

姑婦灘頭十八姨，顛狂無賴占佳期。喚它滕六把春欺。　　僝僽鶯鶯并燕燕〔1〕，恓惶柳柳與梅梅〔2〕。東君獨自落便宜。

【點校】

〔1〕「僽」，明張時行本、明張弘開本作「愁」。

〔2〕「惶」，明張時行本、明張弘開本作「皇」。

浣溪沙洞庭〔1〕

行盡瀟湘到洞庭〔2〕，楚天闊處數峯青。旗梢不動晚波平〔3〕。　　紅蓼一灣紋纈亂〔4〕，白魚雙尾玉刀明。夜涼舡影浸踈星〔5〕。

【點校】

〔1〕「沙」字下陶本、明紫芝漫抄本、毛本、文津閣本《于湖詞》、文淵閣本《于湖詞》、文瀾閣本《于湖詞》、吳抄本無小注。

〔2〕「瀟湘」，《薈要》本作「湘瀟」。

〔3〕「梢」字下明紫芝漫抄本衍一「波」字。「波」，《歷代詩餘》卷七引作「風」。

〔4〕「纈」，明紫芝漫抄本作「顛」。

〔5〕「舡」，文津閣本《于湖詞》作「水」。

浣溪沙坐上十八客〔1〕

同是瀛洲冊府仙〔2〕，只今聊結社中蓮〔3〕。胡笳按拍酒如川〔4〕。　　喚起封姨清晚景〔5〕，更將荔子薦新圓〔6〕。從今三夜看嬋娟〔7〕。

【點校】

〔1〕「坐上十八客」，陶本、明紫芝漫抄本、毛本、文淵閣本《于湖詞》、文津閣本《于湖詞》、文瀾閣本《于湖詞》、吳抄本作「中秋十八客」，《花草粹編》作「坐中

十八客」，《南詞》本作「生上十八客」，明張時行本、明張弘開本誤作「坐上十分客」。

〔2〕「瀛洲」，陶本、明紫芝漫抄本、毛本、文淵閣本《于湖詞》、文津閣本《于湖詞》、文瀾閣本《于湖詞》、吳抄本作「登瀛」，《百家詞》本、《南詞》本、明張時行本、明張弘開本作「瀛州」。「冊府仙」，《南詞》本作「丹府客」，《花草粹編》、吳抄本作「丹府仙」。

〔3〕「只今」，陶本、明紫芝漫抄本、毛本、文淵閣本《于湖詞》、文津閣本《于湖詞》、文瀾閣本《于湖詞》、吳抄本作「今朝」。

〔4〕「胡笳」，文淵閣本《于湖詞》作「秋笳」，文瀾閣本《于湖集》、抄閣本作「檀槽」。「拍」，《南詞》本作「栢」。「川」，陶本、明紫芝漫抄本、毛本、文淵閣本《于湖詞》、文津閣本《于湖詞》、文瀾閣本《于湖詞》、吳抄本作「泉」。

〔5〕「封」，《南詞》本作「風」。「景」，陶本、明紫芝漫抄本、毛本、文淵閣本《于湖詞》、文津閣本《于湖詞》、文瀾閣本《于湖詞》、吳抄本作「暑」。

〔6〕「薦」，《花草粹編》作「寫」。「圓」，《花草粹編》作「圖」，毛本、文淵閣本《于湖詞》、文津閣本《于湖詞》、文瀾閣本《于湖詞》、吳抄本作「圜」，文淵閣本《于湖集》作「園」。

〔7〕「三夜」，陶本、毛本、文淵閣本《于湖詞》、文津閣本《于湖詞》、文瀾閣本《于湖詞》、吳抄本作「三五」。「看」，陶本、毛本、文淵閣本《于湖詞》、文津閣本《于湖詞》、文瀾閣本《于湖詞》、吳抄本作「夜」。

浣溪沙用沈約之韻

細仗春風簇翠筵，爛銀袍拂禁爐煙。旂書名字壓宮垣。　太學諸生推獨步〔1〕，玉堂學士合登仙。乃翁種德滿心田。

【點校】

〔1〕「太」，《南詞》本作「大」。

浣溪沙賦微之提刑繡扇〔1〕

只說閩山錦繡幃〔2〕，忽從團扇得生枝。緺紅衫子映豐肌〔3〕。　春線應怜壺漏永，夜針頻見燭花摧〔4〕。塵飛一騎憶來時〔5〕。

【點校】

〔1〕「沙」字下陶本、明紫芝漫抄本、毛本、文淵閣本《于湖詞》、文津閣本《于湖

詞》、文瀾閣本《于湖詞》無小注。「繡」字下《南詞》本、吳抄本脫「扇」字。案：「沙」字下《全芳備祖》後集卷一、《廣群芳譜》卷六十三無小注。

〔2〕「閫」，文瀾閣本《于湖集》作「闕」。「幃」，《全芳備祖》作「圍」，明紫芝漫抄本作「愇」，《廣群芳譜》作「帷」。

〔3〕「縐」，《廣群芳譜》作「皺」。「豐」字下明紫芝漫抄本脫「肌」字，有一字空格。

〔4〕「針」，《全芳備祖》、《廣群芳譜》作「深」。「摧」，《全芳備祖》作「飛」，《南詞》本、《廣群芳譜》、文淵閣本《于湖集》、文津閣本《于湖詞》作「催」。

〔5〕「飛」，《全芳備祖》作「催」。

浣溪沙煙水亭蔡定夫置酒〔1〕

灩灩湖光綠一圍，脩林斷處白鷗飛〔2〕。天機雲錦蘸空飛〔3〕。　乞我百弓真可老，為公一飲醉忘歸〔4〕，扁舟日日弄晴暉〔5〕。

【點校】

〔1〕「煙水亭蔡定夫置酒」，陶本、毛本、文淵閣本《于湖詞》、文津閣本《于湖詞》、文瀾閣本《于湖詞》作「烟州亭定夫置酒作」，明紫芝漫抄本誤作「姻州亭定天置酒作」，吳抄本作「烟水亭定夫置酒作」。

〔2〕「脩林斷處」，文瀾閣本《于湖集》、抄閣本作「綠蘆深處」。

〔3〕「蘸空飛」，陶本、明紫芝漫抄本、毛本、明張時行本、文淵閣本《于湖詞》、文津閣本《于湖詞》、文瀾閣本《于湖詞》、吳抄本作「蘸空霏」，文瀾閣本《于湖集》、抄閣本作「夕陽微」。

〔4〕「忘歸」，文津閣本《于湖詞》、文瀾閣本《于湖詞》作「忘醉」，「醉」字旁文瀾閣本《于湖詞》有「歸」字。

〔5〕「晴」，文津閣本《于湖集》作「朝」。

浣溪沙

晚雨瀟瀟急做秋，西風掠鬢已颼颼。燭花明夜酒花浮〔1〕。　醉眼定知非妙賞，□詞端為□□留〔2〕。想君涇渭不同流。

【點校】

〔1〕「花」，《南詞》本作「光」。

〔2〕「□詞端為□□留」，明張時行本、明張弘開本作「夸詞端為貰窮愁」，文津閣本

《于湖集》作「好詞端為使君留」，文瀾閣本《于湖集》、抄閣本作「好詞端為主人留」。

浣溪沙母氏生朝，老者同在舟中〔1〕。

穩泛仙舟上錦帆，桃花春浪舞清灣。壽星相伴到人間。　黃石公傳三百字，西王母授九霞丹。銀潢有路接三山。

【點校】

〔1〕「朝」，陶本、毛本、文淵閣本《于湖詞》、文津閣本《于湖詞》、文瀾閣本《于湖詞》、吳抄本、《全宋詞》本作「辰」。「中」字下吳抄本有「黃鐘宮」三字。

浣溪沙貢茶沈水為揚齊伯壽〔1〕

北苑春風小鳳團〔2〕，炎州沉水勝龍涎。殷勤送與繡衣仙。　玉食鄉來思苦口〔3〕，芳名久合上凌煙。天教富貴出長年〔4〕。

【點校】

〔1〕「貢茶沈水為揚齊伯壽」，陶本、毛本、文淵閣本《于湖詞》、文津閣本《于湖詞》、文瀾閣本《于湖詞》作「以貢茶、沉水為齊伯壽」，吳抄本、《全宋詞》本作「以貢茶、沈水為揚齊伯壽」。

〔2〕「北苑」，明張時行本、明張弘開本作「北院」。「春風」，陶本、毛本、《薈要》本、文淵閣本《于湖詞》、文津閣本《于湖詞》、文瀾閣本《于湖詞》、吳抄本作「先春」。

〔3〕「鄉」，陶本、毛本、文淵閣本《于湖集》、文淵閣本《于湖詞》、文津閣本《于湖集》、文瀾閣本《于湖詞》、吳抄本作「向」，《南詞》本作「香」，明張時行本、明張弘開本作「嚮」。

〔4〕「貴」字下《南詞》本脫「出長年」三字。

浣溪沙〔1〕

霜日明霄水蘸空，鳴鞘聲裏繡旗紅。澹煙衰草有無中〔2〕。　萬里中原烽火北〔3〕，一尊濁酒戍樓東。酒闌揮淚向悲風。

【點校】

〔1〕「沙」字下陶本有小注「荊州約馬奉先登城樓觀」，明紫芝漫抄本有「荊州約馬

奉先登城樓規塞」，毛本、文淵閣本《于湖詞》、文津閣本《于湖詞》、文瀾閣本《于湖詞》、吳抄本有「荊州約馬舉先登城樓觀塞」。

〔2〕「澹」，明張時行本、明張弘開本作「淡」。「煙」字下文瀾閣本《于湖詞》脫「衰」字，有一字空格。

〔3〕「北」，《南詞》本誤作「比」。

浣溪沙再用韻

宮柳垂垂碧照空〔1〕，九門深處五雲紅。朱衣只在殿當中。　細撚絲梢龍尾北〔2〕，緩携綸旨鳳池東〔3〕。阿婆三五笑春風。

【點校】

〔1〕「宮柳」，《南詞》本作「空柳」，明張時行本、明張弘開本作「官柳」。

〔2〕「梢」，《百家詞》本、毛本、文淵閣本《于湖詞》、文瀾閣本《于湖詞》作「稍」。

〔3〕「池」，毛本、文淵閣本《于湖詞》、文津閣本《于湖詞》、文瀾閣本《于湖詞》作「城」。

浣溪沙

日暖簾幃春晝長〔1〕，纖纖玉指動抨床〔2〕。低頭佯不顧檀郎〔3〕。　荳蔻枝頭雙蛺蝶，芙蓉花下兩鴛鴦。壁間聞得唾茸香〔4〕。

【點校】

〔1〕「晝」，陶本、《百家詞》本、明紫芝漫抄本、毛本、明張時行本、《南詞》本、明張弘開本、《薈要》本、文淵閣本《于湖集》、文淵閣本《于湖詞》、文津閣本《于湖集》、文津閣本《于湖詞》、文瀾閣本《于湖集》、文瀾閣本《于湖詞》、抄閣本、吳抄本、《全宋詞》本作「晝」。

〔2〕「指」，《百家詞》本作「脂」，文津閣本《于湖詞》、文瀾閣本《于湖詞》作「手」。「抨」，陶本、毛本、明張時行本、《南詞》本、明張弘開本、文淵閣本《于湖詞》、文津閣本《于湖詞》、文瀾閣本《于湖詞》、吳抄本作「枰」。

〔3〕「佯」，文津閣本《于湖詞》、文瀾閣本《于湖詞》作「全」。「不」，《百家詞》本誤作「下」。

〔4〕「聞」，明紫芝漫抄本作「閒」。「茸」，陶本、毛本、文淵閣本《于湖詞》、文津閣本《于湖詞》、文瀾閣本《于湖詞》、吳抄本作「絨」，《百家詞》本作「葺」。

浣溪沙侑劉恭父別酒〔1〕

射策金門記昔年〔2〕，又交藩翰入陶甄〔3〕。不妨衣鉢再三傳〔4〕。　粉淚但能添楚竹〔5〕，羅巾誰解繫吳舡〔6〕。捧盃猶願小留連〔7〕。

【點校】

〔1〕「侑劉恭父別酒」，陶本、文淵閣本《于湖詞》、吳抄本作「餞劉共父」，明紫芝漫抄本作「餞別共甫」，毛本、文津閣本《于湖詞》、文瀾閣本《于湖詞》作「餞劉共交」。

〔2〕「射」，《南詞》本誤作「謝」。

〔3〕「交」，陶本、《百家詞》本、毛本、文淵閣本《于湖詞》、文津閣本《于湖詞》、文瀾閣本《于湖詞》、吳抄本作「教」，《南詞》本誤作「文」。「藩」，陶本、明紫芝漫抄本、毛本、文淵閣本《于湖詞》、文津閣本《于湖詞》、文瀾閣本《于湖詞》作「潘」，《南詞》本作「籓」。

〔4〕「妨」，《南詞》本作「放」。「鉢」，《百家詞》本作「帛」。

〔5〕「淚」，明紫芝漫抄本作「泊」。

〔6〕「繫」，《百家詞》本作「擊」。

〔7〕「留連」，《南詞》本誤作「連留」。

浪淘沙〔1〕

琪樹間瑤林〔2〕，春意深深。梅花還被曉寒禁〔3〕。竹裏一枝斜向我，欲訴芳心〔4〕。　樓外卷重陰〔5〕，玉界沉沉，何人低唱醉泥金〔6〕？掠水飛來雙翠碧，應寄歸音。

【點校】

〔1〕「淘」，《南詞》本作「陶」。

〔2〕「間」，《南詞》本誤作「開」。

〔3〕「寒」，明張時行本、明張弘開本作「風」。

〔4〕「訴」，《南詞》本作「訢」。

〔5〕「卷」，明張時行本、明張弘開本作「倦」。

〔6〕「醉」字下《百家詞》本有一字空格。

浪淘沙

溪練寫寒林，雲重煙深。樓高風惡酒難禁。徙倚闌干誰共語〔1〕？江上愁心〔2〕。　清興滿山陰，鴻斷魚沉，一書何啻直千金〔3〕？獨撫瑤徽絃欲斷，憑寄知音。

【點校】

〔1〕「徙」，《南詞》本作「徒」。「闌」，《薈要》本作「欄」。

〔2〕「心」字下《百家詞》本脫下闋「清興滿山陰」至「憑寄知音」五句。

〔3〕「直」，明張時行本、明張弘開本作「值」。

定風波〔1〕

鈴索聲乾夜未央〔2〕，曲闌花影步淒涼〔3〕。莫道嶺南冬更暖，君看，梅花如雪月如霜。　見說墻西歌吹好〔4〕，玉人扶坐勸飛觴〔5〕。老子婆娑成獨冷〔6〕，誰省？自挑寒灺自添香〔7〕。

【點校】

〔1〕「波」字下文淵閣本《于湖詞》有「令」字，吳抄本有小注「商調」。

〔2〕「聲乾」，陶本、明紫芝漫抄本、毛本、《歷代詩餘》、文淵閣本《于湖詞》、文津閣本《于湖詞》、文瀾閣本《于湖詞》、吳抄本作「收聲」，「聲」字下吳抄本有小注「一作聲乾」。

〔3〕「曲闌花影步淒涼」，陶本、明紫芝漫抄本、毛本、《歷代詩餘》、文淵閣本《于湖詞》、文津閣本《于湖詞》、文瀾閣本《于湖詞》、吳抄本作「起尋花影步迴廊」，《南詞》本作「曲欄花影步淒涼」。「廊」字下吳抄本有小注「一作曲欄花影步淒涼」。

〔4〕「墻」字下明張時行本、明張弘開本脫「西」字，有一字空格。

〔5〕「扶坐」，陶本、明紫芝漫抄本、毛本、文淵閣本《于湖詞》、文津閣本《于湖詞》、文瀾閣本《于湖詞》、吳抄本作「夾坐」，《歷代詩餘》作「遶座」，「夾」字下吳抄本有小注「一作扶」。「玉人」上《歷代詩餘》衍「窈窕」二字。

〔6〕「婆娑」，陶本、《百家詞》本、明紫芝漫抄本、毛本、明張時行本、《南詞》本、明張弘開本、《歷代詩餘》、《薈要》本、文淵閣本《于湖集》、文淵閣本《于湖詞》、文津閣本《于湖集》、文津閣本《于湖詞》、文瀾閣本《于湖集》、文瀾閣本《于湖詞》、抄閣本、吳抄本作「婆娑」。

〔7〕「灺」，《南詞》本原作「地」，朱筆改作「灺」。

望江南贈談獻可〔1〕

談子醉〔2〕，獨立睆東風〔3〕。未試玉堂揮翰手〔4〕，只今楚澤釣魚翁。萬事舉杯空〔5〕。　謀一笑，一笑與君同〔6〕。身老南山看射虎〔7〕，眼高四海送飛鴻〔8〕。赤岸晚潮通。

【點校】

〔1〕「望江南」，《百家詞》本作「定風波」。「贈談獻可」，陶本、明紫芝漫抄本、毛本、文津閣本《于湖詞》、文瀾閣本《于湖詞》作「題南岸銓德觀」，文淵閣本《于湖詞》作「題南岸旌德觀」，《薈要》本作「贈譚獻可」。「談獻可」旁吳抄本有「大石調」三字。

〔2〕「談」，《薈要》本作「譚」。

〔3〕「睆」，明紫芝漫抄本作「晚」。

〔4〕「試」，文津閣本《于湖詞》、文瀾閣本《于湖詞》作「識」。

〔5〕「事」，陶本、明紫芝漫抄本、毛本、文淵閣本《于湖詞》、文津閣本《于湖詞》、文瀾閣本《于湖詞》、吳抄本作「里」。

〔6〕「與」字上陶本、明紫芝漫抄本、毛本、《南詞》本、文淵閣本《于湖詞》、文津閣本《于湖詞》、文瀾閣本《于湖詞》、吳抄本脫「一笑」二字，吳抄本有兩字空格。

〔7〕「看」，文津閣本《于湖詞》、文瀾閣本《于湖詞》誤作「曾」。「射」，明紫芝漫抄本作「社」。

〔8〕「送」，陶本、毛本、文淵閣本《于湖詞》、文津閣本《于湖詞》、文瀾閣本《于湖詞》作「看」。

望江南南嶽銓德觀作〔1〕

朝元去，深殿扣瑤鐘〔2〕。天近月明黃道冷，參回斗轉碧霄空〔3〕。身在九光中。　風露下，環珮響丁東〔4〕。玉案燒香縈翠鳳，松壇移影動蒼龍〔5〕。歸路海霞紅〔6〕。

【點校】

〔1〕「望江南」下陶本、明紫芝漫抄本、毛本、文淵閣本《于湖詞》、文津閣本《于湖詞》、文瀾閣本《于湖詞》無小注。「南嶽」上吳抄本有「題」字。

〔2〕「扣」，明張時行本、明張弘開本作「叩」，「扣」字下明紫芝漫抄本脫「瑤」字，有一字空格。

〔3〕「霄」，明紫芝漫抄本、明張時行本、明張弘開本作「宵」。

〔4〕「環」，《百家詞》本作「璩」。「響」，明張時行本、明張弘開本作「响」。「丁東」，明張弘開本作「叮東」。

〔5〕「壇」，《南詞》本作「臺」，文津閣本《于湖詞》作「檀」。

〔6〕「路」，陶本作「霞」。

醉落魄〔1〕

輕黃澹綠〔2〕，可人風韻閑裝束〔3〕。多情早是眉峯蹙。一點秋波，閑裏覷人毒〔4〕。　桃花庭院光陰速〔5〕，銅鞮誰唱大堤曲〔6〕？歸時想是櫻桃熟〔7〕。不道秋千，誰伴那人蹴。

【點校】

〔1〕「醉落魄」，《古今詞話・詞品》作「醉羅歌閨情」，「魄」字下毛本、文淵閣本《于湖詞》、文津閣本《于湖詞》、文瀾閣本《于湖詞》有小注「或誤作『醉羅歌』」，吳抄本有小注「仙呂調」。

〔2〕「黃」，《詞品》、毛本、文淵閣本《于湖詞》、文津閣本《于湖詞》、文瀾閣本《于湖詞》作「寒」。「澹」，陶本、《百家詞》本、明紫芝漫抄本、明張時行本、《南詞》本、明張弘開本、吳抄本、文瀾閣本《于湖集》、抄閣本作「淡」。

〔3〕「裝」，《詞品》、毛本、文淵閣本《于湖詞》、文津閣本《于湖詞》、文瀾閣本《于湖詞》作「梳」，吳抄本作「妝」。

〔4〕「閑」，明紫芝漫抄本誤作「開」。

〔5〕「花」，明紫芝漫抄本作「李」。「光陰速」，《詞品》、毛本、文淵閣本《于湖詞》、文瀾閣本《于湖詞》作「閒妝束」，文津閣本《于湖詞》作「閒梳束」。

〔6〕「誰」，明張時行本、明張弘開本作「難」，《古今詞統》作「低」。

〔7〕「時」，《詞品》、毛本、《古今詞統》、《古今詞話》、文淵閣本《于湖詞》、文津閣本《于湖詞》、文瀾閣本《于湖詞》、吳抄本作「來」。《詞品》云「『醉落魄』，元曲訛為『醉羅歌』」。「是」，《詞潔》作「見」。「櫻桃」，文瀾閣本《于湖集》、抄閣本作「桃櫻」。

桃源憶故人〔1〕

朔風弄月吹銀霰〔2〕，簾幙低垂三面。酒入玉肌香軟，壓得寒威斂。　檀槽乍撚么絲慢〔3〕，彈得相思一半。不道有人腸斷，猶作聲聲顫。

【點校】

〔1〕「人」字下《草堂詩餘》、毛本、《古今詞統》、明張時行本、明張弘開本、《歷代詩餘》、文淵閣本《于湖詞》、文津閣本《于湖詞》、文瀾閣本《于湖詞》有小注「冬飲」。

〔2〕「弄」，文瀾閣本《于湖集》、抄閣本作「和」。

〔3〕「檀槽」，文淵閣本《于湖集》作「槽檀」。「撚」，《草堂詩餘》、毛本、《古今詞統》、《歷代詩餘》、文淵閣本《于湖詞》、文津閣本《于湖詞》、文瀾閣本《于湖詞》作「撥」。「么」，《歷代詩餘》作「幺」。「絲」，《古今詞統》作「絃」。

臨江仙

試問梅花何處好，與君藉草携壺〔1〕。西園清夜片塵無〔2〕。一天雲破碎，兩樹玉扶疏。　　誰擪昭華吹古怨，散花便滿衣裾。只疑幽夢在清都。星稀河影轉，霜重月華孤。

【點校】

〔1〕「藉」，《百家詞》本作「籍」。

〔2〕「片」，《南詞》本作「半」。

臨江仙〔1〕

問訊宜樓樓下竹〔2〕，年來應長新篁。使君五嶺又三湘〔3〕。舊游知好在〔4〕，熟處更難忘。　　尚念論心舒歗否〔5〕，只今湖海相望〔6〕。遙憐陰過酒尊涼〔7〕。舉觴須酹我〔8〕，門外是清江〔9〕。

【點校】

〔1〕「仙」字下陶本、明紫芝漫抄本、毛本、文淵閣本《于湖詞》、文津閣本《于湖詞》、文瀾閣本《于湖詞》、吳抄本有小注「帥（明紫芝漫抄本『長』字上無『帥』字）長沙寄靜江三故人：張仲欽、朱漕、滕憲」，「憲」字下吳抄本有「仙呂調」三字。

〔2〕「問訊」，陶本、明紫芝漫抄本、毛本、文淵閣本《于湖詞》、文津閣本《于湖詞》、文瀾閣本《于湖詞》、吳抄本、《全宋詞》本作「試問」，《百家詞》本作「問訵」。「宜樓」，陶本誤作「宜齊」，明紫芝漫抄本、毛本、文淵閣本《于湖詞》、文津閣本《于湖詞》作「宜齋」。

〔3〕「五」，《百家詞》本作「伍」。

〔4〕「好」,《南詞》本作「如」。

〔5〕「舒」,《南詞》本誤作「舘」,「舘」字下《南詞》本脫「歡」字，有一字空格。「舒」字下明紫芝漫抄本脫「歡」字，有一字空格。「否」，陶本、明紫芝漫抄本、毛本、文淵閣本《于湖詞》、文津閣本《于湖詞》、文瀾閣本《于湖詞》作「不」。

〔6〕「相」，明紫芝漫抄本誤作「想」。

〔7〕「過」，陶本、明紫芝漫抄本、毛本、文淵閣本《于湖詞》、文津閣本《于湖詞》、文瀾閣本《于湖詞》、吳抄本作「至」。

〔8〕「舉」字下明張時行本脫「觴」字，有一字空格。「觴」,《南詞》本作「觧」，明張弘開本作「盃」。「酹」,《百家詞》本作「愁」,《南詞》本作「將」。」

〔9〕「門」，陶本、明紫芝漫抄本、毛本、文淵閣本《于湖詞》、文津閣本《于湖詞》、文瀾閣本《于湖詞》、吳抄本作「樓」。「清」字下明紫芝漫抄本脫「江」字。

如夢令木犀〔1〕

花葉相遮相映，雨過翠明金潤。折得一枝歸，滿路清香成陣。　風韻，風韻，寄贈綺窻雲鬢。

【點校】

〔1〕「令」字下《南詞》本無小注。「犀」，明張時行本、明張弘開本、文淵閣本《于湖集》作「樨」。

于湖詞彙校卷四　宋張孝祥撰　吳娟彙校

菩薩蠻立春（據宋嘉泰本《于湖居士文集》卷三十四。本卷皆同。）

絲金縷翠幡兒小〔1〕，裁羅撚線花枝裊〔2〕。明日是新春，春風生鬢雲。吳霜看點點〔3〕，愁裏春來淺〔4〕。只願此花枝，年年長帶伊〔5〕。

【點校】

〔1〕「金」，陶本誤作「全」。「幡」，明紫芝漫抄本作「憣」。

〔2〕「裁羅撚線」,《南詞》本作「栽羅撚錦」。「線」字下吳抄本有小注「一作錦」。

〔3〕「點點」，陶本、明紫芝漫抄本、毛本、文淵閣本《于湖詞》、文津閣本《于湖詞》、文瀾閣本《于湖詞》、吳抄本作「點染」,「染」字下吳抄本有小注「一作點」。

〔4〕「裏」，明張時行本、明張弘開本作「思」。

〔5〕「長帶」，陶本、毛本、文淵閣本《于湖詞》、文津閣本《于湖詞》、文瀾閣本《于湖詞》、吳抄本作「常戴」。

菩薩蠻諸客赴東鄰之集〔1〕

庭葉飜飜秋向晚，涼砧敲月催金剪〔2〕。樓上已清寒，不堪頻倚欄〔3〕。
鄰翁開社甕，喚客情應重。不醉且無歸，醉時歸路迷。

【點校】

〔1〕「諸客赴東鄰之集」，陶本、毛本、文淵閣本《于湖詞》、文津閣本《于湖詞》、文瀾閣本《于湖詞》、吳抄本作「諸客往赴東鄰之集，戲作此小詞」，明紫芝漫抄本作「諸客往赴東鄰鄰席集，戲作此小詞」，「詞」字下吳抄本有「正平調」三字。《歷代詩餘》作「赴東鄰集戲作」。

〔2〕「涼砧」，陶本、明紫芝漫抄本、毛本、《歷代詩餘》、文淵閣本《于湖詞》、文津閣本《于湖詞》、文瀾閣本《于湖詞》、吳抄本作「砧聲」，「聲」字下吳抄本有小注「一作涼砧」。

〔3〕「欄」，毛本、明張時行本、明張弘開本、《歷代詩餘》作「闌」。

菩薩蠻

恰則春來春又去，憑誰說與春教住〔1〕。與問坐中人〔2〕，幾回迎送春。
明年春更好，只怕人先老。春去有來時〔3〕，願春長見伊。

【點校】

〔1〕「誰說」，《南詞》本作「說誰」。

〔2〕「與」，明張時行本、明張弘開本作「為」，文津閣本《于湖詞》作「試」。

〔3〕「有」，明紫芝漫抄本作「又」。

菩薩蠻〔1〕

東風約略吹羅幕，一簷細雨春陰薄〔2〕。試把杏花看，濕紅嬌暮寒〔3〕。
佳人雙玉枕，烘醉鴛鴦錦。折得最繁枝〔4〕，暖香生翠幃〔5〕。

【點校】

〔1〕「蠻」字下陶本、吳抄本有小注「西齋為杏花寓言」，黃本、《歷代詩餘》有小注「杏花」，毛本、文淵閣本《于湖詞》、文津閣本《于湖詞》、文瀾閣本《于湖詞》有小注「杏花〇或作春暮（『暮』，文津閣本《于湖詞》作『草』）」，《草堂詩餘》、

《古今詞統》、明張時行本、明張弘開本有小注「春暮」。「言」字下吳抄本有「正平調」三字。案：《歷代詩餘》誤題「辛棄疾」作。

〔2〕「簷」，《事類備要》、《絕妙好詞》、《花草粹編》、《草堂詩餘》、《古今詞統》、明張時行本、明張弘開本、《廣群芳譜》、抄閣本作「簾」。

〔3〕「紅」，《絕妙好詞》作「雲」。「暮」，文津閣本《于湖詞》作「草」。

〔4〕「折」，《事類備要》作「抑」。

〔5〕「生」，《草堂詩餘》作「熏」。「幃」，《草堂詩餘》、《古今詞統》、《歷代詩餘》作「帷」，「帷」字下《古今詞統》有小注「『簷』，一作『簾』」。

菩薩蠻贈箏妓

琢成紅玉纖纖指〔1〕，十三絃上調新水。一弄入雲聲，月明天更青〔2〕。匆匆鶯語囀〔3〕，待寓昭君怨〔4〕。寄語莫重彈，有人愁倚欄。

【點校】

〔1〕「指」，文瀾閣本《于湖集》作「手」。

〔2〕「青」，文淵閣本《于湖集》作「清」。

〔3〕「囀」，《百家詞》本、《南詞》本誤作「轉」。

〔4〕「待」，《南詞》本誤作「時」。「寓」，明張時行本、明張弘開本、《薈要》本、文淵閣本《于湖集》作「寫」。

菩薩蠻

玉龍細點三更月〔1〕，庭花影下餘殘雪。寒色到書幃〔2〕，有人清夢迷〔3〕。墻西歌吹好，燭煖香閨小〔4〕。多病怯盃觴，不禁冬夜長〔5〕。

【點校】

〔1〕「點」，陶本作「默」。

〔2〕「幃」，陶本、毛本、文淵閣本《于湖詞》、文津閣本《于湖詞》、文瀾閣本《于湖詞》、吳抄本作「帷」。

〔3〕「清」，《百家詞》本、明張時行本、《南詞》本作「情」。

〔4〕「燭」，陶本、毛本、文淵閣本《于湖詞》、文津閣本《于湖詞》、文瀾閣本《于湖詞》、吳抄本作「獨」。「閨」，明張時行本、明張弘開本作「闈」。

〔5〕「夜長」，明張時行本、《南詞》本作「長夜」。

菩薩蠻登浮玉亭

江山佳處留行客，醉餘老眼迷空碧。獨倚最高樓，乾坤日夜浮。　微風吹笑語，白日魚龍舞。此意忽翩翩〔1〕，憑虛吾欲仙。

【點校】

〔1〕「忽」，《南詞》本作「自」。

菩薩蠻

雪消墻角收燈後，野梅官柳春全透。池閣又東風，燭花燒夜紅。　一尊留好客〔1〕，攲盡闌干月〔2〕。已醉不須歸〔3〕，試聽烏夜啼。

【點校】

〔1〕「客」，陶本誤作「攲」。

〔2〕「攲」，《百家詞》本原作「歌」，墨筆改作「攲」，《南詞》本作「歌」，文淵閣本《于湖集》作「倚」。「闌」，陶本、明紫芝漫抄本、毛本、明張時行本、文淵閣本《于湖詞》、文津閣本《于湖詞》、文瀾閣本《于湖詞》、吳抄本作「欄」。「干」，毛本、文淵閣本《于湖詞》、文津閣本《于湖詞》、文瀾閣本《于湖詞》、吳抄本作「杆」。

〔3〕「湏」字下《南詞》本脫「歸」字。

菩薩蠻

溶溶花月天如水，闌干小倚東風裏。夜久寂無人〔1〕，露濃花氣清。　悠然心獨喜，此意知何意。不似隱墻東，燭花圍坐紅〔2〕。

【點校】

〔1〕「人」，文淵閣本《于湖集》作「聲」。

〔2〕「圍」，明張時行本、《南詞》本、明張弘開本作「團」，「紅」字上《南詞》本衍一「經」字。

菩薩蠻夜坐清心閣〔1〕

暗潮清漲蒲塘晚，斷雲不隔東歸眼〔2〕。堂上晚風涼，藕花開處香。　夜航人不渡〔3〕，白鷺雙飛去。待得月華生，携筇獨自行〔4〕。

【點校】

〔1〕「閣」，明張時行本、明張弘開本作「關」。

〔2〕「東歸眼」，清影宋抄本作「東歸銀」，《薈要》本作「東歸懶」，文淵閣本《于湖集》、文津閣本《于湖集》作「東歸遠」，文瀾閣本《于湖集》、抄閣本作「垂楊坂」。

〔3〕「航」，《南詞》本作「船」。

〔4〕「笻」，《百家詞》本原作「節」，墨筆改作「笻」。

菩薩蠻

縹緲飛來雙綵鳳，雨踈雲澹撩清夢〔1〕。蘭薄未禁秋，月華如水流。　采香溪上路〔2〕，愁滿參差樹。獨倚晚樓風，斷霞縈素空。

【點校】

〔1〕「澹」，明張時行本、明張弘開本作「淡」。

〔2〕「采」，《南詞》本作「乘」。

菩薩蠻

蘼蕪白芷愁煙渚〔1〕，曲瓊細卷江南雨〔2〕。心事怯衣單，樓高生晚寒。
雲鬟香霧濕，翠袖淒餘泣。春去有來時〔3〕，春從沙際歸。

【點校】

〔1〕「蘼」，陶本、明紫芝漫抄本、毛本、文淵閣本《于湖詞》、文津閣本《于湖詞》、文瀾閣本《于湖詞》、吳抄本作「縻」。

〔2〕「細」，陶本、明紫芝漫抄本、毛本、文淵閣本《于湖詞》、文津閣本《于湖詞》、文瀾閣本《于湖詞》、吳抄本作「飛」。

〔3〕「有」，明紫芝漫抄本作「又」。

菩薩蠻艤舟采石〔1〕

十年長作江頭客〔2〕，檣竿又掛西風席。白鳥去邊明，楚山無數青。　倒冠仍落珮〔3〕，我醉君須醉〔4〕。試問識君不〔5〕，青山與白鷗。

【點校】

〔1〕「蠻」，毛本、文淵閣本《于湖詞》、文津閣本《于湖詞》作「鬘」。「蠻」字下陶本、明紫芝漫抄本無小注。「艤舟采石」，黄本、毛本、文淵閣本《于湖詞》、文津閣本《于湖詞》、文瀾閣本《于湖詞》作「舟中」。

〔2〕「江頭」，黃本、毛本、文淵閣本《于湖詞》、文津閣本《于湖詞》、文瀾閣本《于湖詞》作「江南」。

〔3〕「珮」，毛本、文淵閣本《于湖詞》、文津閣本《于湖詞》、文瀾閣本《于湖詞》、吳抄本作「佩」。

〔4〕「湏」，陶本、黃本、明紫芝漫抄本、毛本、文淵閣本《于湖詞》、文津閣本《于湖詞》、文瀾閣本《于湖詞》、吳抄本作「同」，「同」字下吳抄本有小注「一作須」。

〔5〕「君」，明張時行本、明張弘開本作「儂」。「不」，陶本、明紫芝漫抄本、毛本、文淵閣本《于湖詞》、文津閣本《于湖詞》、文瀾閣本《于湖詞》、吳抄本作「否」。

菩薩蠻和州守胡明秀席上

乳羝屬國歸來早，知君膽大身猶小〔1〕。一節不湏論，功名看致君。　鎮西樓上酒，父老為公壽。更祝太夫人〔2〕，年年封詔新。

【點校】

〔1〕「身」，明張時行本、明張弘開本作「心」。

〔2〕「太夫人」，《南詞》本誤作「大夫年年」。

菩薩蠻〔1〕

烟脂淺染雙珠樹〔2〕，東風到處嬌無數〔3〕。不語恨厭厭〔4〕，何人思故園。故園花爛熳〔5〕，笑我歸來晚。我老只思歸，故園花雨時。

【點校】

〔1〕「蠻」字下毛本、文淵閣本《于湖詞》、文津閣本《于湖詞》、文瀾閣本《于湖詞》有小注「西齋為杏花寓言」

〔2〕「烟」，陶本、毛本、文淵閣本《于湖詞》、文津閣本《于湖詞》、文瀾閣本《于湖詞》、吳抄本作「臙」，《百家詞》本、明張時行本、《南詞》本、明張弘開本、《薈要》本、文淵閣本《于湖集》、文津閣本《于湖集》、文瀾閣本《于湖集》、抄閣本、《全宋詞》本作「胭」。

〔3〕「東」，陶本、毛本、文淵閣本《于湖詞》、文津閣本《于湖詞》、文瀾閣本《于湖詞》、吳抄本作「春」。

〔4〕「厭厭」，陶本、毛本、文淵閣本《于湖詞》、文津閣本《于湖詞》、文瀾閣本《于湖詞》、吳抄本作「懨懨」。

〔5〕「熳」,《薈要》本、文淵閣本《于湖集》、文淵閣本《于湖詞》、文津閣本《于湖集》、文津閣本《于湖詞》、文瀾閣本《于湖集》、文瀾閣本《于湖詞》、抄閣本作「漫」。

菩薩蠻與同舍游湖歸

吳波細卷東風急，斜陽半落蒼煙濕。一棹采菱歌，倚欄人柰何。　天公憐好客，酒面風吹白。更引十玻璃，月明騎鶴歸。

菩薩蠻

冥濛秋夕溥清露〔1〕，玉繩耿耿銀潢注。永夜滴銅壺，月華樓影孤。　佳人紓絕唱，翠幙叢霄上。休勸玉東西，烏鵶枝上啼。

【點校】

〔1〕「秋」字上明張時行本、明張弘開本脫「冥濛」二字，有兩字空格。

西江月〔1〕

問訊湖邊春色〔2〕，重來又是三年。東風吹我過湖舡，楊柳絲絲拂面。　世路如今已慣〔3〕，此心到處悠然。寒光亭下水如天〔4〕，飛起沙鷗一片〔5〕。

【點校】

〔1〕「月」字下陶本、《絕妙好詞》、明紫芝漫抄本、吳抄本有小注「丹陽湖」，黃本、《花草粹編》、毛本、《詞綜》、《歷代詩餘》、文淵閣本《于湖詞》、文津閣本《于湖詞》、文瀾閣本《于湖詞》有小注「洞庭」，《景定建康志》有小注「題溧陽三塔寺」，《百家詞》本、明張時行本、《南詞》本、明張弘開本有「三塔阻風」四字。

〔2〕「春」，《絕妙好詞》作「柳」。

〔3〕「路」，《陽春白雪》作「事」。

〔4〕「亭」，《百家詞》本、《南詞》本作「庭」。「如」，陶本、黃本、《陽春白雪》、《絕妙好詞》、明紫芝漫抄本、《花草粹編》、毛本、《詞綜》、《詞潔》、《歷代詩餘》、文淵閣本《于湖詞》、文津閣本《于湖詞》、文瀾閣本《于湖詞》、吳抄本作「連」。

〔5〕「飛」，《陽春白雪》作「驚」。

西江月〔1〕

風定灘聲未已〔2〕，雨來蓬底先知〔3〕。岸邊楊柳最憐伊，憶得舡兒曾繫〔4〕。　湖霧平吞白塔〔5〕，茅簷自有青旗〔6〕。三杯村酒醉如泥〔7〕，天色寒呵且睡。

【點校】

〔1〕「月」字下吳抄本有小注「中呂宮」。

〔2〕「定」，陶本、吳抄本作「靜」，毛本、《歷代詩餘》、文淵閣本《于湖詞》、文津閣本《于湖詞》、文瀾閣本《于湖詞》作「盡」。

〔3〕「來」，陶本作「㬥」。

〔4〕「憶」，明張時行本、明張弘開本作「記」。「舡兒」，陶本、毛本、《歷代詩餘》、文淵閣本《于湖詞》、文津閣本《于湖詞》、文瀾閣本《于湖詞》、吳抄本作「扁舟」。

〔5〕「湖霧」，陶本、毛本、《歷代詩餘》、文淵閣本《于湖詞》、文津閣本《于湖詞》、文瀾閣本《于湖詞》、吳抄本作「朝霧」，《南詞》本作「湖霞」。

〔6〕「自」，陶本、毛本、《歷代詩餘》、文淵閣本《于湖詞》、文津閣本《于湖詞》、文瀾閣本《于湖詞》作「似」。

〔7〕「泥」，毛本、文津閣本《于湖詞》、文瀾閣本《于湖詞》作「沉」。

西江月重九〔1〕

冉冉寒生碧樹，盈盈露濕黃花。故人玉節有光華，高會仍逢戲馬〔2〕。

萬事只今如夢〔3〕，此身到處為家。與君相遇更天涯，拚了茱萸醉把。

【點校】

〔1〕「月」字下陶本、毛本、《歷代詩餘》、文淵閣本《于湖詞》、文津閣本《于湖詞》、文瀾閣本《于湖詞》、《全宋詞》本無小注。

〔2〕「仍」，《南詞》本作「迎」。

〔3〕「萬」，陶本、明紫芝漫抄本、毛本、《歷代詩餘》、文淵閣本《于湖詞》、文津閣本《于湖詞》、文瀾閣本《于湖詞》、吳抄本作「世」。

西江月張欽夫壽〔1〕

諸老何煩薦口〔2〕，先生自簡淵衷。千年聖學有深功，妙處無非日用。

已授一編圯下〔3〕，卻須三顧隆中。鴻鈞早晚轉春風，我亦從君賈勇〔4〕。

【點校】

〔1〕「月」字下陶本、毛本、文淵閣本《于湖詞》、文津閣本《于湖詞》、文瀾閣本《于湖詞》無小注。「張欽夫壽」，明紫芝漫抄本作「上張直閣壽」，文淵閣本《于湖集》作「張敬夫壽」。「張欽夫」旁吳抄本有「中呂宮」三字。

〔2〕「煩」，《百家詞》本作「湏」。

〔3〕「編」，文津閣本《于湖詞》、文瀾閣本《于湖詞》作「經」。「下」，明張時行本、明張弘開本作「上」。

〔4〕「君」，吳抄本作「軍」。

西江月代五三弟為老母壽〔1〕

慈母行封大國，老仙早上蓬山。天憐陰德徧人間，賜與還丹七返。　莫問清都紫府〔2〕，長教綠鬢朱顏。年年今日綵衣斑〔3〕，兄弟同扶酒盞。

【點校】

〔1〕「代五三弟為老母壽」，陶本、吳抄本作「代五三宣教上母夫人壽」，明紫芝漫抄本作「五三宣教上母夫人壽」，毛本、文淵閣本《于湖詞》、文津閣本《于湖詞》、文瀾閣本《于湖詞》、抄閣本作「代宣教上母夫人壽」，《南詞》本作「代五三弟為一老母壽」。

〔2〕「問」，陶本誤作「間」。「清」，明張時行本、明張弘開本作「青」。

〔3〕「斑」，明紫芝漫抄本、毛本、明張時行本、明張弘開本、文淵閣本《于湖詞》、文瀾閣本《于湖集》、抄閣本作「班」。

西江月蘄倅李君達才，當靖康、建炎之間，以諸生起兵河東，婁摧強敵，蓋未知其事，重為感嘆，賦此。〔1〕

不識平原太守〔2〕，向來水北山人。世間功業謾虧成〔3〕，華髮蕭蕭滿鏡〔4〕。幸有田園故里，聊分風月江城。西湖西畔晚波平〔5〕，袖手時來照影〔6〕。

【點校】

〔1〕「月」字下陶本、明紫芝漫抄本、毛本、《歷代詩餘》、文淵閣本《于湖詞》、文津閣本《于湖詞》無小注。「靖康」，吳昌綬影宋刻本誤作「靖東」。「婁」，《百家詞》本、明張時行本、《南詞》本、明張弘開本、《薈要》本、文淵閣本《于湖集》、文津閣本《于湖集》、文瀾閣本《于湖集》、抄閣本、吳抄本、《全宋詞》本作「屢」。「摧」，《百家詞》本作「推」。

〔2〕「原」,《南詞》本作「源」。

〔3〕「謾」,《南詞》本作「禹」,《歷代詩餘》、文淵閣本《于湖集》作「漫」。

〔4〕「蕭蕭」,《南詞》本作「瀟瀟」。「鏡」,《百家詞》本、《南詞》本作「鬢」。

〔5〕「湖」,陶本、毛本、文津閣本《于湖詞》、文瀾閣本《于湖詞》作「波」,《歷代詩餘》、文淵閣本《于湖詞》作「陂」。「西畔」,文津閣本《于湖詞》、文瀾閣本《于湖詞》作「池畔」。

〔6〕「時來」,文淵閣本《于湖詞》作「來時」。

西江月〔1〕

樓外疎星印水〔2〕,樓頭畫燭烘簾〔3〕。憑高舉酒恨厭厭〔4〕,征路虛無指點。　酒興因君開闊〔5〕,山容向我增添〔6〕。一鈎新月弄纖纖,濃霧花房半歛〔7〕。

【點校】

〔1〕「月」字下陶本、明紫芝漫抄本、文淵閣本《于湖詞》、文津閣本《于湖詞》、文瀾閣本《于湖詞》、吳抄本有小注「庾樓陪諸公飲,醉甚(『醉甚』,吳抄本作『甚醉』,有乙正符號),和向(『向』,毛本、文淵閣本《于湖詞》、文津閣本《于湖詞》、文瀾閣本《于湖詞》作『尚』)巨源、任子嚴、陶茂安韻呈周悅道,使刻之樓上(明紫芝漫抄本脫『上』字)」,《歷代詩餘》有小注「庾樓醉後和韻」。

〔2〕「印」,《歷代詩餘》作「映」。

〔3〕「簾」,陶本、明紫芝漫抄本、毛本、文淵閣本《于湖詞》、文津閣本《于湖詞》、文瀾閣本《于湖詞》、吳抄本作「蓮」。

〔4〕「恨」,陶本、明紫芝漫抄本、毛本、《歷代詩餘》、文淵閣本《于湖詞》、文津閣本《于湖詞》、文瀾閣本《于湖詞》、吳抄本作「思」。

〔5〕「闊」,《南詞》本作「活」。

〔6〕「容」,明紫芝漫抄本誤作「客」。「向」,明紫芝漫抄本作「鄉」。「增添」,《南詞》本作「曾掭」。

〔7〕「霧」,《歷代詩餘》作「露」。

西江月阻風三峯下〔1〕

滿載一舡秋色〔2〕,平鋪十里湖光〔3〕。波神留我看斜陽,放起鱗鱗細浪〔4〕。明日風回更好,今宵露宿何妨〔5〕。水晶宮裏奏霓裳,準擬岳陽樓上〔6〕。

【點校】

〔1〕「月」字下陶本、《陽春白雪》、明紫芝漫抄本無小注。「阻風三峯下」，黃本、毛本、《歷代詩餘》、文淵閣本《于湖詞》、文津閣本《于湖詞》、文瀾閣本《于湖詞》、吳抄本作「黃陵廟」。

〔2〕「秋色」，黃本、毛本、《歷代詩餘》、文淵閣本《于湖詞》、文津閣本《于湖詞》、文瀾閣本《于湖詞》作「明月」。

〔3〕「十」，陶本、黃本、明紫芝漫抄本、毛本、《歷代詩餘》、文淵閣本《于湖詞》、文津閣本《于湖詞》、文瀾閣本《于湖詞》作「千」。「湖光」，黃本、毛本、《歷代詩餘》、文淵閣本《于湖詞》、文津閣本《于湖詞》、文瀾閣本《于湖詞》作「秋江」。「十里湖光」，吳抄本作「湖光千里」，有乙正符號。

〔4〕「放」，黃本、毛本、《歷代詩餘》、文淵閣本《于湖詞》、文津閣本《于湖詞》、文瀾閣本《于湖詞》、吳抄本作「喚」，《陽春白雪》作「吹」，明紫芝漫抄本作「教」。「鱗鱗」，毛本、《歷代詩餘》、文淵閣本《于湖詞》、文津閣本《于湖詞》、吳抄本作「粼粼」，文瀾閣本《于湖詞》作「鄰鄰」。

〔5〕「宵」，黃本、《陽春白雪》、毛本、《歷代詩餘》、文淵閣本《于湖詞》、文津閣本《于湖詞》、文瀾閣本《于湖詞》、吳抄本作「朝」。「露」，《百家詞》本、《南詞》本作「路」。

〔6〕「擬」，明紫芝漫抄本作「凝」。

西江月 桂州同僚餞別〔1〕

窻戶青紅尚濕，主人已作歸期。坐中賔客盡鄒枚，盛事它年應記〔2〕。
別酒深深但勸〔3〕，離歌緩緩休催。扁舟明日轉清溪〔4〕，好月相望千里。

【點校】

〔1〕「桂州同僚餞別」，陶本、明紫芝漫抄本、毛本、《歷代詩餘》、文淵閣本《于湖詞》、文津閣本《于湖詞》、文瀾閣本《于湖詞》作「同僚飲餞宜齋」。

〔2〕「它年應記」，陶本、明紫芝漫抄本、毛本、《歷代詩餘》、文淵閣本《于湖詞》、吳抄本作「他年誰繼」，文津閣本《于湖詞》、文瀾閣本《于湖詞》作「他年誰寄」，《百家詞》本、明張時行本、《南詞》本、明張弘開本、文津閣本《于湖集》作「他年應記」。

〔3〕「但」，陶本、明紫芝漫抄本、毛本、《歷代詩餘》、文淵閣本《于湖詞》、文津閣本《于湖詞》、文瀾閣本《于湖詞》、吳抄本作「頻」。

〔4〕「日」,《南詞》本作「月」。「清」,文津閣本《于湖詞》、文瀾閣本《于湖詞》作「前」。

西江月以隋索靖小字《法華經》及古器為老人壽〔1〕

漢鑄九金神鼎〔2〕,隋書小字蓮經〔3〕。剛風劫火轉青冥〔4〕,護守應煩仙聖〔5〕。　昨夢歸來帝所〔6〕,今朝壽我親庭。只將此寶伴長生,談笑中原底定。

【點校】

〔1〕「以隋索靖小字《法華經》及古器為老人壽」,陶本、毛本、文淵閣本《于湖詞》、文津閣本《于湖詞》、文瀾閣本《于湖詞》作「以寶鼎隋人寫小字蓮經,為揔得壽」,明張時行本、明張弘開本「以隋索靖字《法華經》及古器為老人壽」,吳抄本作「隋索靖小字《法華經》及古器為老人壽」。

〔2〕「神鼎」,陶本、毛本、文淵閣本《于湖詞》、文津閣本《于湖詞》、文瀾閣本《于湖詞》、吳抄本作「神缶」,《南詞》本作「鼎星」。

〔3〕「經」,明張時行本誤作「紅」。

〔4〕「火」,陶本、吳抄本作「去」。「冥」,陶本作「亘」。

〔5〕「仙」,《南詞》本作「先」。

〔6〕「歸」,陶本、毛本、文淵閣本《于湖詞》、文津閣本《于湖詞》、文瀾閣本《于湖詞》、吳抄本作「傳」。

西江月飲百花亭,為武夷樞密先生作〔1〕。亭望廬山雙劍峯,為惡竹所蔽,是夕盡伐去〔2〕。

落日鎔金萬頃,晴嵐洗劍雙鋒〔3〕。紫樞元是黑頭公,佳處因君愈重〔4〕。分得湖光一曲,喚回廬嶽千峯〔5〕。清尊今夜偶然同〔6〕,早晚商巖有夢〔7〕。

【點校】

〔1〕「密」,《百家詞》本原作「蜜」,墨筆改作「密」。

〔2〕「飲百花亭,為武夷樞密先生作。亭望廬山雙劍峯,為惡竹所蔽,是夕盡伐去」,《歷代詩餘》作「飲百花亭」。

〔3〕「鋒」,陶本、毛本、《歷代詩餘》、文淵閣本《于湖詞》、文津閣本《于湖詞》、文瀾閣本《于湖詞》、吳抄本作「峰」。

〔4〕「君」，陶本、毛本、《歷代詩餘》、文淵閣本《于湖詞》、文津閣本《于湖詞》、文瀾閣本《于湖詞》、吳抄本作「公」。

〔5〕「千」，明張時行本、明張弘開本作「十」。

〔6〕「清」，陶本、毛本、《歷代詩餘》、文淵閣本《于湖詞》、文津閣本《于湖詞》、文瀾閣本《于湖詞》、吳抄本作「一」。

〔7〕「夢」，陶本作「慶」。

西江月為樞密太夫人壽〔1〕

疇昔通家事契〔2〕，只今兩鎮交承〔3〕。起居樞密太夫人，綠鬢斑衣相映〔4〕。乞得神仙九醞〔5〕，祝教福祿千春。台星直上壽星明，長見門闌鼎盛〔6〕。

【點校】

〔1〕「樞」字上陶本、黃本、毛本、文淵閣本《于湖詞》、文津閣本《于湖詞》、文瀾閣本《于湖詞》有「劉」字。

〔2〕「事契」，《南詞》本作「契」，文淵閣本《于湖集》作「宿契」。「契」字下《南詞》本有一字空格。

〔3〕「只」，陶本、黃本、毛本、文淵閣本《于湖詞》、文津閣本《于湖詞》、文瀾閣本《于湖詞》作「即」。

〔4〕「鬢」，黃本、毛本、文淵閣本《于湖詞》、文津閣本《于湖詞》、文瀾閣本《于湖詞》作「髮」。「斑」，《南詞》本作「班」。「映」，《百家詞》本原作「應」，墨筆改為「映」。

〔5〕「九」，陶本作「元」，《百家詞》本原作「久」，墨筆改作「九」。「醞」，《南詞》本作「醒」。

〔6〕「長見門闌鼎盛」，《南詞》本作「長闌鼎盛」。

減字木蘭花江陰州治漾花池

佳人絕妙，不惜千金頻買笑。燕姹鶯嬌〔1〕，始遣清歌透碧霄〔2〕。　王人好事〔3〕，更倒一尊留客醉。我醉思家，月滿南池欲漾花。

【點校】

〔1〕「姹」，《百家詞》本原作「婉」，墨筆改為「姹」。

〔2〕「霄」，明張時行本原作「宵」，朱筆改作「霄」，明張弘開本作「宵」。

〔3〕「王」，《百家詞》本、明張時行本、《南詞》本、明張弘開本、《全宋詞》本作

「主」，《薈要》本、文淵閣本《于湖集》、文津閣本《于湖集》、文瀾閣本《于湖集》、抄閣本作「玉」。

減字木蘭花

一尊留夜，寶蠟烘簾光激射。凍合銅壺，細聽冰簷夜剪酥〔1〕。　清愁冉冉〔2〕，酒喚紅潮登玉臉。明日重看，玉界瓊樓特地寒。

【點校】

〔1〕「簷」，明紫芝漫抄本作「絃」。

〔2〕「愁」，毛本、文瀾閣本《于湖詞》、吳抄本作「秋」。

減字木蘭花

愛而不見，立馬章臺空便面。想像娉婷〔1〕，只恐丹青畫不成。　詩人老去，恰要鶯鶯相伴住〔2〕。試與平章〔3〕，歲晚教人枉斷腸〔4〕。

【點校】

〔1〕「娉」，《百家詞》本誤作「嫂」。

〔2〕「要」字上《南詞》本衍一「兩」字。

〔3〕「平」，明張時行本、明張弘開本作「評」。

〔4〕「枉」，《南詞》本作「空」。

減字木蘭花

阿誰曾見〔1〕，馬上墻陰通半面。玉立娉婷，一點靈犀寄目成。　明朝重去，人在橫溪溪畔住。喬木千章，搖落霜風只斷腸。

【點校】

〔1〕「曾」，《南詞》本作「會」。

減字木蘭花琵琶亭林守王倅送別〔1〕

江頭送客，楓葉荻花秋索索〔2〕。絃索休彈，清淚無多怕濕衫。　故人相遇，不醉如何歸得去〔3〕。我醉忘歸〔4〕，煙滿空江月滿堤。

【點校】

〔1〕「花」字下陶本、明紫芝漫抄本、毛本、文淵閣本《于湖詞》、文津閣本《于湖詞》、文瀾閣本《于湖詞》無小注。

〔2〕「索索」，陶本、毛本、明張時行本、《薈要》本、文淵閣本《于湖集》、文淵閣本《于湖詞》、文津閣本《于湖詞》、文瀾閣本《于湖集》、文瀾閣本《于湖詞》、抄閣本、吳抄本作「瑟瑟」。

〔3〕「得」字下《南詞》本脫「去」字。「歸得去」文瀾閣本《于湖集》、抄閣本作「言別去」。

〔4〕「醉」，陶本、明紫芝漫抄本、毛本、《薈要》本、文淵閣本《于湖詞》、文津閣本《于湖詞》、文瀾閣本《于湖詞》、吳抄本作「自」。

減字木蘭花二十六日立春〔1〕

春如有意，未接年華春已至。春事還新，多得年時五日春〔2〕。　春郊便綠，只向臘前春已足〔3〕。屈指元宵，正是新春二十朝〔4〕。

【點校】

〔1〕「二」字上陶本、明紫芝漫抄本、毛本、文淵閣本《于湖詞》、文津閣本《于湖詞》、文瀾閣本《于湖詞》、吳抄本有「臘月」二字。

〔2〕「五」，《百家詞》本作「伍」。「日」字下《南詞》本脫「春」字，有一字空格。

〔3〕「前」，陶本、明紫芝漫抄本、毛本、文淵閣本《于湖詞》、文津閣本《于湖詞》、文瀾閣本《于湖詞》、吳抄本作「殘」。

〔4〕「是」，《百家詞》本、《南詞》本作「月」。

減字木蘭花黃堅叟母生日〔1〕

慈闈生日〔2〕，見說今年年九十。戲綵盈門，大底孩兒七箇孫〔3〕。　人間喜事〔4〕，只這一般難得似〔5〕。願我雙親，都似君家太淑人〔6〕。

【點校】

〔1〕「黃堅叟母生日」，陶本、毛本、文淵閣本《于湖詞》、文津閣本《于湖詞》、文瀾閣本《于湖詞》、吳抄本作「上黃倅宅太淑（『淑』，毛本作「俶」）人壽」，明紫芝漫抄本作「上黃律宅太淑人壽」，《全宋詞》本作「黃堅叟母夫人」。「壽」字下吳抄本有「仙呂調」三字。《壽親養老新書》云：「張于湖孝祥帥潭州日，壽黃倅永存母淑人，《木蘭花》云云。」

〔2〕「闈」，《南詞》本作「幃」，毛本、文淵閣本《于湖詞》作「闌」。

〔3〕「孩兒」，明紫芝漫抄本作「兒孩」。「七」，《南詞》本作「九」。

〔4〕「喜」，《壽親養老新書》作「盛」，明紫芝漫抄本作「世」。

〔5〕「般」，《百家詞》本原作「船」，墨筆改作「般」。「難」，陶本、明紫芝漫抄本、毛本、文淵閣本《于湖詞》、文津閣本《于湖詞》、吳抄本作「誰」。

〔6〕「都」，明張時行本、明張弘開本作「俱」。「似」，文津閣本《于湖詞》、文瀾閣本《于湖詞》作「是」。「太」，《南詞》本作「大」。

減字木蘭花贈尼師，舊角奴也〔1〕。

吹簫汎月，往事悠悠休更說〔2〕。拍碎琉璃〔3〕，始覺從前萬事非〔4〕。
清齋淨戒，休作斷腸垂淚債〔5〕。識破囂塵，作箇消遙物外人〔6〕。

【點校】

〔1〕「贈尼師，舊角奴也」，陶本、明紫芝漫抄本、毛本、文淵閣本《于湖詞》、文津閣本《于湖詞》、文瀾閣本《于湖詞》作「贈尼」。「角奴」，《百家詞》本、《南詞》本、《薈要》本、文津閣本《于湖集》、文瀾閣本《于湖集》、抄閣本、清影宋抄本作「角妓」，明張時行本、明張弘開本、吳抄本作「角伎」，吳昌綬影宋刻本作「伯奴」，文淵閣本《于湖集》作「蕭妓」。

〔2〕「休」，陶本、明紫芝漫抄本、毛本、文淵閣本《于湖詞》、文津閣本《于湖詞》、文瀾閣本《于湖詞》、吳抄本作「那」。

〔3〕「拍碎」，陶本、毛本、文淵閣本《于湖詞》、文津閣本《于湖詞》、文瀾閣本《于湖詞》、吳抄本作「碎破」，明紫芝漫抄本作「辟破」。「琉璃」，《南詞》本作「硫璃」。

〔4〕「始」，陶本、明紫芝漫抄本、毛本、文淵閣本《于湖詞》、文津閣本《于湖詞》、文瀾閣本《于湖詞》、吳抄本作「陡」。

〔5〕「垂」，《南詞》本作「空」。「債」，文津閣本《于湖詞》、文瀾閣本《于湖詞》作「話」。

〔6〕「消」，文瀾閣本《于湖集》、文瀾閣本《于湖詞》、抄閣本作「逍」。

減字木蘭花

人間奇絕，只有梅花枝上雪。有箇人人〔1〕，梅樣風標雪樣新。　芳心不展，嫩綠陰陰愁冉冉。一笑相看，試薦冰盤一點酸。

【點校】

〔1〕「人人」，文瀾閣本《于湖集》、抄閣本作「佳人」。

減字木蘭花

枷花搦柳〔1〕，知道東君留意久。慘綠愁紅，憔悴都因一夜風。　　輕狂蝴蝶〔2〕，擬欲扶持心又怯。要免離披，不告東君更告誰〔3〕。

【點校】

〔1〕「搦」，明紫芝漫抄本作「搦」，《南詞》本作「弱」。

〔2〕「蝴蝶」，陶本、明紫芝漫抄本、毛本、文淵閣本《于湖詞》、文津閣本《于湖詞》、吳抄本作「胡蝶」。

〔3〕「君」，《百家詞》本作「風」。

清平樂殿廬有作〔1〕

光塵撲撲〔2〕，宮柳低迷綠〔3〕。鬪鴨闌干春詰曲〔4〕，簾額微風繡蹙。　　碧雲青翼無憑，困來小倚銀屏〔5〕。楚夢不禁春晚〔6〕，黃鸝猶自聲聲〔7〕。

【點校】

〔1〕「樂」字下陶本、《絕妙好詞》、明紫芝漫抄本、毛本、《歷代詩餘》、文淵閣本《于湖詞》、文津閣本《于湖詞》無小注。「廬有」旁吳抄本有小注「正宮」。

〔2〕「撲」字下陶本脫「撲」字，有一字空格。

〔3〕「低」，明張時行本、明張弘開本作「底」。

〔4〕「闌」，明紫芝漫抄本作「欄」。「詰」，《南詞》本作「諾」。

〔5〕「困」，《南詞》本作「同」。「銀」，陶本、《絕妙好詞》、明紫芝漫抄本、毛本、《歷代詩餘》、文淵閣本《于湖詞》、文津閣本《于湖詞》、文瀾閣本《于湖詞》、吳抄本作「雲」。

〔6〕「楚夢」，明張時行本、明張弘開本作「楚楚」。「不」，陶本、明紫芝漫抄本、毛本、《歷代詩餘》、文淵閣本《于湖詞》、文津閣本《于湖詞》、文瀾閣本《于湖詞》、吳抄本作「未」。

〔7〕「自」，《南詞》本作「是」。

清平樂楊侯書院聞酒所奏樂

油幢畫戟，玉鉉調春色。勲閥諸郎俱第一〔1〕，風流前輩敵〔2〕。　　玉人雙鞚華驪〔3〕，翠雲深處消搖〔4〕。有客留君東閣，時聞風下笙簫。

【點校】

〔1〕「勲」，《南詞》本誤作「動」。

〔2〕「輩」字下《南詞》本有一字空格。「敵」字上明張時行本、明張弘開本、文津閣本《于湖集》有「無」字。

〔3〕「驫」,《南詞》本作「驪」。

〔4〕「消遙」，文瀾閣本《于湖集》、抄閣本作「逍遙」。

清平樂梅〔1〕

吹香嚼蘂，獨立東風裏。玉凍雲嬌天似水〔2〕，羞殺夭桃濃李〔3〕。　如今見說闌干，不禁月冷霜寒〔4〕。壠上驛程人遠〔5〕，樓頭戍角聲乾〔6〕。

【點校】

〔1〕「梅」，陶本、毛本、明張時行本、明張弘開本、《歷代詩餘》、文淵閣本《于湖詞》、文津閣本《于湖詞》、文瀾閣本《于湖詞》作「詠梅」。「樂」字下《全芳備祖》、《廣群芳譜》、吳抄本無小注。

〔2〕「玉」，陶本、明紫芝漫抄本、毛本、《歷代詩餘》、文淵閣本《于湖詞》作「欲」，《全芳備祖》、《廣群芳譜》作「雪」，文津閣本《于湖詞》、文瀾閣本《于湖詞》作「霧」。「嬌」，陶本、毛本、《歷代詩餘》、文淵閣本《于湖詞》、文津閣本《于湖詞》、文瀾閣本《于湖詞》、吳抄本作「驕」。

〔3〕「濃」，陶本、《全芳備祖》、明紫芝漫抄本、毛本、《南詞》本、《歷代詩餘》、《廣群芳譜》、文淵閣本《于湖詞》、文津閣本《于湖詞》、文瀾閣本《于湖詞》、吳抄本作「穠」。

〔4〕「霜」，《全芳備祖》、《廣群芳譜》作「風」。

〔5〕「壠」，陶本、《全芳備祖》、明紫芝漫抄本、毛本、《歷代詩餘》、《廣群芳譜》、文淵閣本《于湖詞》、文津閣本《于湖詞》、文瀾閣本《于湖詞》、吳抄本作「嶺」。

〔6〕「樓」，陶本、《全芳備祖》、明紫芝漫抄本、毛本、《歷代詩餘》、《廣群芳譜》、文淵閣本《于湖詞》、文津閣本《于湖詞》、文瀾閣本《于湖詞》、吳抄本作「城」。

清平樂壽叔父

英姿慷慨，獨立風塵外。湖海平生豪氣在，行矣雲龍際會。　充庭蘭玉森森，一觴共祝脩齡。此地去天尺五，明年持橐西清。

清平樂

向來省戶〔1〕，謀國參伊呂。暫借良籌非再舉〔2〕，談笑肅清三楚。　良辰上客徜徉，奏篇猶記傳香〔3〕。此日一罇相屬〔4〕，它時同在巖廊〔5〕。

【點校】

〔1〕「戶」，陶本、明紫芝漫抄本、毛本、文淵閣本《于湖詞》、文津閣本《于湖詞》、文瀾閣本《于湖詞》、吳抄本作「左」。

〔2〕「籌」，陶本、毛本、文淵閣本《于湖詞》、文津閣本《于湖詞》、文瀾閣本《于湖詞》作「儔」。「非」，陶本、毛本、文淵閣本《于湖詞》、文津閣本《于湖詞》、文瀾閣本《于湖詞》作「匪」，明紫芝漫抄本作「所」。

〔3〕「猶」，陶本、毛本、文淵閣本《于湖詞》、文津閣本《于湖詞》、文瀾閣本《于湖詞》作「欲」。

〔4〕「罇」，陶本、毛本、文淵閣本《于湖詞》、文津閣本《于湖集》、文津閣本《于湖詞》、文瀾閣本《于湖詞》、吳抄本、《全宋詞》本作「尊」，明張時行本、《南詞》本、明張弘開本作「樽」。

〔5〕「它」，《南詞》本、文津閣本《于湖集》、文津閣本《于湖詞》、文瀾閣本《于湖詞》作「他」。「廊」，明紫芝漫抄本作「郎」。

點絳唇贈袁立道〔1〕

四到蘄州〔2〕，今年更是逢重九。應時納祐〔3〕，隨分開尊酒。　婁舞婆娑〔4〕，醉我平生友。休回首。世間何有〔5〕，明月疎疎柳。

【點校】

〔1〕「唇」字下陶本、明紫芝漫抄本、毛本、文淵閣本《于湖詞》、文津閣本《于湖詞》、文瀾閣本《于湖詞》無小注。「袁立道」，吳抄本作「袁道立」。

〔2〕「四」，明紫芝漫抄本、《南詞》本作「回」。

〔3〕「時」字上《南詞》本衍一「是」字。「祐」，陶本、明紫芝漫抄本、毛本、文淵閣本《于湖詞》、文津閣本《于湖詞》、文瀾閣本《于湖詞》作「佑」。

〔4〕「婁」，明紫芝漫抄本、毛本、明張時行本、《南詞》本、明張弘開本、《薈要》本、文淵閣本《于湖集》、文淵閣本《于湖詞》、文津閣本《于湖集》、文津閣本《于湖詞》、文瀾閣本《于湖集》、文瀾閣本《于湖詞》、抄閣本、吳抄本、《全宋詞》本作「屢」。

〔5〕「世間何有」，文津閣本《于湖詞》、文瀾閣本《于湖詞》作「黃花未有」。

點絳唇餞劉恭父〔1〕

綺燕高張〔2〕，玉潭月麗玻璃滿〔3〕。旆霞行卷〔4〕，無復長安遠〔5〕。　夏木陰陰〔6〕，路裊薰風轉。空留戀。細吹銀筦〔7〕，別意隨聲緩〔8〕。

【點校】

〔1〕「唇」字下陶本卷五、陶本拾遺、明紫芝漫抄本、毛本、文淵閣本《于湖詞》、文津閣本《于湖詞》、文瀾閣本《于湖詞》無小注。「劉恭父」旁吳抄本有小注「仙呂調」。

〔2〕「綺燕高張」，陶本拾遺、毛本、文淵閣本《于湖詞》、文津閣本《于湖詞》作「秩秩賓筵」。

〔3〕「潭」字上《南詞》本脫「玉」字，有一字空格。「月麗」，陶本拾遺、毛本、文淵閣本《于湖詞》、文津閣本《于湖詞》作「春漲」。「玻璃」，陶本拾遺作「波瓈」，毛本、文淵閣本《于湖詞》、文津閣本《于湖詞》作「玻瓈」。

〔4〕「行」，陶本拾遺、毛本、文淵閣本《于湖詞》、文津閣本《于湖詞》作「風」。「卷」，明紫芝漫抄本誤作「春」。

〔5〕「無復」，陶本拾遺、毛本、文淵閣本《于湖詞》、文津閣本《于湖詞》作「可但」。

〔6〕「木」，明紫芝漫抄本誤作「不」。「陰陰」，陶本拾遺、毛本、文淵閣本《于湖詞》、文津閣本《于湖詞》作「成陰」。

〔7〕「細」，《南詞》本作「留」。「筦」，文瀾閣本《于湖集》、抄閣本作「莞」。

〔8〕「緩」，明紫芝漫抄本作「遠」。

點絳唇〔1〕

萱草榴花〔2〕，畫堂永晝風清暑〔3〕。麝團菰黍，助泛菖蒲醑。　　兵辟神符〔4〕，命續同心縷。宜歡聚。綺筵歌舞，歲歲酬端午〔5〕。

【點校】

〔1〕「唇」字下明張時行本、明張弘開本有小注「端午」，吳抄本有小注「仙呂調」。

〔2〕「草」字上《南詞》本衍一「花」字。

〔3〕「晝」，《南詞》本誤作「畫」。「永晝」，文淵閣本《于湖集》作「晝永」。「暑」，《南詞》本誤作「署」。

〔4〕「辟」，明張時行本、明張弘開本作「避」，吳昌綬影宋刻本作「碎」。

〔5〕「端」，陶本、毛本、文淵閣本《于湖詞》、文津閣本《于湖詞》、文瀾閣本《于湖詞》、吳抄本作「重」。

卜算子〔1〕

雪月最相宜，梅雪都清絕。去歲江南見雪時，月底梅花發。　今歲早梅開，依舊年時月。冷艷孤光照眼明，只欠些兒雪。

【點校】

〔1〕「子」字下吳抄本有小注「高平調」。

訴衷情中秋不見月〔1〕

晚煙斜日思悠悠，西北有高樓。十分準擬明月〔2〕，還似去年遊。　飛玉斝〔3〕，卷瓊鈎〔4〕，喚新愁〔5〕。姮娥貪共，暮雨朝雲，忘了中秋。

【點校】

〔1〕「月」字下吳抄本有小注「商調」。

〔2〕「十」，明紫芝漫抄本誤作「千」。

〔3〕「飛」，陶本、明紫芝漫抄本、毛本、文淵閣本《于湖詞》、文津閣本《于湖詞》、文瀾閣本《于湖詞》、吳抄本作「揮」。

〔4〕「瓊」，陶本、明紫芝漫抄本、毛本、文淵閣本《于湖詞》、文津閣本《于湖詞》、文瀾閣本《于湖詞》、吳抄本作「銀」。

〔5〕「新」，文津閣本《于湖詞》作「起」。

訴衷情牡丹

亂紅深紫過羣芳，初欲減春光。花王自有標格，塵外鎖韶陽。　留國艷，問仙鄉〔1〕，自天香。翠帷遮日〔2〕，紅燭通宵，與醉千場〔3〕。

【點校】

〔1〕「問」，明張時行本作「門」。

〔2〕「帷」，《百家詞》本、明張時行本、明張弘開本作「幃」。

〔3〕「場」，陶本、毛本、文淵閣本《于湖詞》、文津閣本《于湖集》、文津閣本《于湖詞》、文瀾閣本《于湖詞》、吳抄本作「觴」。

好事近木犀〔1〕

一朵木犀花，珍重玉纖新摘。插向遠山深處，占十分秋色〔2〕。　滿園桃李鬧春風，漫紅紅白白。爭似淡粧嬌面〔3〕，伴蓬萊仙客〔4〕。

【點校】

〔1〕「犀」，文淵閣本《于湖集》作「樨」。

〔2〕「秋」，《南詞》本作「春」。

〔3〕「淡粧嬌面」，《南詞》本作「淡嬌粧面」。

〔4〕「客」，《南詞》本作「路」。

好事近冰花

萬瓦雪花浮〔1〕，應是化工融結。仍看牡丹初綻〔2〕，有層層千葉。　鏤冰剪水更鮮明，說道真奇絕。來報主人佳兆〔3〕，慶我公還闕。

【點校】

〔1〕「瓦」，《百家詞》本原作「為」，墨筆改作「瓦」。

〔2〕「初」，《南詞》本作「紅」。

〔3〕「兆」字上《南詞》本脫「佳」字。

南歌子仲彌性席上〔1〕

曾到蘄州不〔2〕，人人說使君〔3〕。使君才具合經綸〔4〕。小試邊城，早晚上星辰。　佳節重陽近，清歌午夜新〔5〕。舉杯相屬莫辭頻。後日相思，我已是行人。

【點校】

〔1〕「子」字下陶本、明紫芝漫抄本、毛本、《歷代詩餘》、文淵閣本《于湖詞》、文津閣本《于湖詞》、文瀾閣本《于湖詞》無小注。「上」字下吳抄本有「作」字。

〔2〕「不」，陶本、明紫芝漫抄本、毛本、《歷代詩餘》、文淵閣本《于湖詞》、文津閣本《于湖詞》、文瀾閣本《于湖詞》、吳抄本作「否」。「到」，《百家詞》本、《南詞》本誤作「州」。

〔3〕「人」字下明紫芝漫抄本脫「人」字，有一字空格。「說」，《南詞》本作「讒」。「使」，陶本、明紫芝漫抄本作「史」。

〔4〕「使」，陶本、明紫芝漫抄本作「史」。「才」，陶本、明紫芝漫抄本作「牙」。「具」，《南詞》本作「俱」。

〔5〕「清歌午夜新」，《百家詞》本誤作「清歌舞夜新」，文津閣本《于湖詞》、文瀾閣本《于湖詞》作「新歌午夜清」。

南歌子贈吳伯承〔1〕

人物羲皇上，詩名沈謝間〔2〕。漫郎元自謾為官〔3〕。醉眼瞢騰，只擬看湘山〔4〕。　　小隱今成趣〔5〕，鄰翁獨往還。野堂梅柳尚春寒〔6〕。且趁華燈，頻泛酒舡寬。

【點校】

〔1〕「子」字下明紫芝漫抄本、《歷代詩餘》無小注。「贈吳伯承」，陶本、毛本、文淵閣本《于湖詞》、文津閣本《于湖詞》、文瀾閣本《于湖詞》作「上吳提宮壽」，吳抄本作「上吳提宮壽。一作『贈吳伯承』轉調」。

〔2〕「間」，明紫芝漫抄本誤作「門」。

〔3〕「自」，陶本、明紫芝漫抄本、毛本、《歷代詩餘》、文淵閣本《于湖詞》、文津閣本《于湖詞》、文瀾閣本《于湖詞》、吳抄本作「是」。「謾」，陶本、毛本、明張時行本、明張弘開本、《歷代詩餘》、文淵閣本《于湖集》、文淵閣本《于湖詞》、文津閣本《于湖詞》、文瀾閣本《于湖詞》、吳抄本作「漫」。

〔4〕「湘」，陶本、明紫芝漫抄本作「相」，《百家詞》本作「湖」。

〔5〕「今」，陶本、明紫芝漫抄本、毛本、《歷代詩餘》、文淵閣本《于湖詞》、文津閣本《于湖詞》、文瀾閣本《于湖詞》、吳抄本作「真」。

〔6〕「野堂梅柳」，文瀾閣本《于湖集》、抄閣本作「野梅官柳」。

霜天曉角〔1〕

柳絲無力，冉冉縈愁碧〔2〕。繫我舡兒不住〔3〕，楚江上，晚風急〔4〕。　　棹歌休怨抑〔5〕，有人離恨極〔6〕。說與歸期不遠〔7〕。剛不信，淚偷滴。

【點校】

〔1〕「角」字下吳抄本有小注「越調」。

〔2〕「愁」，陶本、明紫芝漫抄本、毛本、文淵閣本《于湖詞》、文津閣本《于湖詞》、文瀾閣本《于湖詞》、吳抄本作「柔」，《花草粹編》作「秋」。

〔3〕「繫」，《百家詞》本誤作「擊」。

〔4〕「晚」，陶本、明紫芝漫抄本、毛本、文淵閣本《于湖詞》、文津閣本《于湖詞》、文瀾閣本《于湖詞》、吳抄本作「曉」。

〔5〕「抑」，明紫芝漫抄本誤作「柳」。

〔6〕「極」，《南詞》本作「急」。

〔7〕「與」，陶本、明紫芝漫抄本、毛本、文淵閣本《于湖詞》、文津閣本《于湖詞》、文瀾閣本《于湖詞》、吳抄本作「道」。

生查子〔1〕

遠山眉黛橫〔2〕，媚柳開青眼〔3〕。樓閣斷霞明，簾幙春寒淺〔4〕。　杯延玉漏遲〔5〕，燭怕金刀剪〔6〕。明月忽飛來〔7〕，花影和簾卷。

【點校】

〔1〕「生查子」，《草堂詩餘》、《古今詞統》作「生查子・春夜」。《草堂詩餘》署「秦少游」作，《古今詞統》、《詞綜》、《歷代詩餘》署「秦觀」作。唐圭璋校語云「案此首別又誤作秦觀詞，見《續選草堂詩餘》卷上」。

〔2〕「遠山眉黛橫」，《草堂詩餘》、《古今詞統》、《詞綜》、《歷代詩餘》作「眉黛遠山長」。

〔3〕「媚」，《草堂詩餘》、《古今詞統》、《詞綜》、《歷代詩餘》作「新」。

〔4〕「簾」，《草堂詩餘》、《古今詞統》、《詞綜》、《歷代詩餘》作「羅」。

〔5〕「延」，《草堂詩餘》、《古今詞統》、《詞綜》、《歷代詩餘》作「嫌」。

〔6〕「怕」，《草堂詩餘》、《古今詞統》、《詞綜》、《歷代詩餘》作「厭」。

〔7〕「明月」，《草堂詩餘》、《古今詞統》、《詞綜》、《歷代詩餘》作「月色」。

長相思

小樓重，下簾櫳。萬點芳心綠間紅，鞦韆圖畫中。　草茸茸，柳鬆鬆〔1〕。細卷玻璃水面風，春寒依舊濃。

【點校】

〔1〕「柳鬆鬆」，《南詞》本作「柳絮鬆鬆」。

憶秦娥元夕〔1〕

元宵節，鳳樓相對鰲山結〔2〕。鰲山結。香塵隨步〔3〕，柳梢微月〔4〕。　多情又把珠簾揭〔5〕，遊人不放笙歌歇。笙歌歇。曉煙輕散〔6〕，帝城宮闕。

【點校】

〔1〕「元夕」，陶本、明紫芝漫抄本、吳抄本作「上元遊西山作」，「作」字下吳抄本有小注「黃鐘宮」。

〔2〕「相」，文瀾閣本《于湖詞》作「湘」。

〔3〕「塵」，陶本、明紫芝漫抄本作「應」。「隨」，明紫芝漫抄本作「誰」。
〔4〕「梢」，《百家詞》本作「稍」。
〔5〕「又把」，陶本、明紫芝漫抄本、吳抄本作「人見」，黃本、毛本、《歷代詩餘》、文淵閣本《于湖詞》、文津閣本《于湖詞》、文瀾閣本《于湖詞》作「又見」。
〔6〕「曉」，明紫芝漫抄本、明張時行本、《南詞》本、明張弘開本作「晚」。

蒼梧謠餞劉恭父〔1〕

歸，十萬人家兒樣啼〔2〕。公歸去，何日是來時。

【點校】

〔1〕「蒼梧謠餞劉恭父」，陶本、毛本、文淵閣本《于湖詞》、文津閣本《于湖詞》、文瀾閣本《于湖詞》作「歸梧謠送劉郎」，明紫芝漫抄本作「歸梧謠送劉帥」，明張時行本、明張弘開本作「蒼梧謠餞劉恭父三首」，吳抄本作「歸梧謠餞劉恭父　高平調」。
〔2〕「萬」，明張時行本、明張弘開本作「里」。

蒼梧謠〔1〕

歸，獵獵薰風颭繡旗〔2〕。攔教住〔3〕，重舉送行盃。

【點校】

〔1〕「蒼梧謠」，陶本、明紫芝漫抄本、毛本、文淵閣本《于湖詞》、文津閣本《于湖詞》、文瀾閣本《于湖詞》、吳抄本作「歸梧謠」，《歷代詩餘》作「十六字令」。
〔2〕「颭」，陶本、明紫芝漫抄本、毛本、文淵閣本《于湖詞》、文津閣本《于湖詞》、文瀾閣本《于湖詞》、吳抄本作「卷」，《歷代詩餘》作「捲」。
〔3〕「攔」，《欽定詞譜》作「闌」。「教」，《百家詞》本原作「敬」，墨筆改作「教」。

蒼梧謠〔1〕

歸，數得宣麻拜相時。秋前後，公袞更萊衣。

【點校】

〔1〕「蒼梧謠」，陶本、明紫芝漫抄本、毛本、文淵閣本《于湖詞》、文津閣本《于湖詞》、文瀾閣本《于湖詞》、吳抄本作「歸梧謠」。

于湖詞彙校卷五　宋張孝祥撰　吳娟彙校

水調歌頭（以下據陶本《于湖先生長短句》卷一）

天上掌綸手，閫外折衝才。發蹤指示〔1〕，平蕩全楚息氛埃〔2〕。緩帶輕裘多暇，燕寢森嚴兵衛，香篆幾徘徊。襦袴見歌詠，桃李藉栽培。　紫泥封，天筆潤，日邊來。趣裝入覲，行矣歸去作鹽梅〔3〕。祖帳不須遮道，看取眉間一點，喜氣入尊罍。此去沙隄路〔4〕，平步上三台。

【點校】

〔1〕「蹤」，明紫芝漫抄本作「縱」。

〔2〕「氛」，明紫芝漫抄本作「氣」。

〔3〕「去」字下明紫芝漫抄本脫「作」字。

〔4〕「隄」，毛本作「隄」，文淵閣本《于湖詞》、文津閣本《于湖詞》、吳抄本、《全宋詞》本作「堤」。

水調歌頭〔1〕送謝倅之臨安

客裏送行客〔2〕，常苦不勝情〔3〕。見公秣馬東去〔4〕，底事卻欣欣〔5〕。不為青氈俯拾，自是公家舊物，何必更關心。且喜謝安石，重起為蒼生。　聖天子，方側席，選豪英。日邊仍有知已，應剡薦章間〔6〕。好把文經武略，換取碧幢紅旆，談笑掃胡塵〔7〕。勳業在此舉，莫厭短長亭。

【點校】

〔1〕「頭」字下明紫芝漫抄本無小注。

〔2〕「客」，毛本作「客」。

〔3〕「苦」，明紫芝漫抄本作「若」。

〔4〕「秣」，明紫芝漫抄本作「抹」。

〔5〕「事」，明紫芝漫抄本作「祀」。

〔6〕「間」，明紫芝漫抄本、文津閣本《于湖詞》、吳抄本作「聞」。

〔7〕「胡」，文淵閣本《于湖詞》作「征」，文津閣本《于湖詞》作「邊」。

木蘭花〔1〕

擁貔貅萬騎〔2〕，聚千里〔3〕，鐵衣寒。正玉帳連雲〔4〕，油幢映日〔5〕，飛箭天山。錦城啟方面重〔6〕，對籌壺、盡日雅歌閑〔7〕。休遣沙場虜騎〔8〕，尚餘疋馬空還。　那看更值春殘〔9〕。斟綠醑，對朱顏。正宿雨催紅，和風換翠，梅小香慳〔10〕。牙旗漸西去也，望梁州、故壘暮雲間〔11〕。休使佳人斂黛，斷腸低唱陽關〔12〕。

【點校】

〔1〕「木蘭花」，文淵閣本《于湖詞》作「木蘭花慢送張魏公」。「花」字下《事文類聚》有「送張魏公出師」六字，明紫芝漫抄本、毛本、文津閣本《于湖詞》、文瀾閣本《于湖詞》有小注「送張魏公」。

〔2〕「貔」，明紫芝漫抄本作「貂」。

〔3〕「聚」，《事文類聚》作「驟」。

〔4〕「帳」，明紫芝漫抄本作「悵」。

〔5〕「油」，文津閣本《于湖詞》作「碧」。

〔6〕「啟」，毛本、文淵閣本《于湖詞》、文津閣本《于湖詞》、文瀾閣本《于湖詞》、吳抄本、《全宋詞》本作「起」。

〔7〕「籌」字下明紫芝漫抄本脫「壺」字。

〔8〕「虜」，文淵閣本《于湖詞》作「游」，文津閣本《于湖詞》作「敵」。

〔9〕「看」，《事文類聚》作「堪」。

〔10〕「慳」，《事文類聚》作「樫」。

〔11〕「暮」，明紫芝漫抄本作「莫」。

〔12〕「低」字下明紫芝漫抄本有一字空格。「唱」，明紫芝漫抄本作「倡」。

雨中花〔1〕（以下據陶本《于湖先生長短句》卷二）

一舸淩風，斗酒酹江〔2〕，翩然乘興東游。欲吐平生孤憤，壯氣橫秋。浩蕩錦囊詩卷，從容玉帳兵籌。有當時橋下，取履仙翁，談笑同舟。　　先賢濟世，偶耳功名〔3〕，事成豈為封留。何況我、君恩深重，欲報無由。長望東南氣王，從教西北雲浮。斷鴻萬里，不堪回首，赤縣神州。

【點校】

〔1〕「雨中花」，吳抄本作「雨中花慢」。

〔2〕「斗」，明紫芝漫抄本作「十」。

〔3〕「耳」，文津閣本《于湖詞》作「爾」。

鷓鴣天

可意黃花人不知，黃花標格世間稀。園葵裛露迎朝日〔1〕，檻菊迎霜媚夕霏〔2〕。　芍藥好，是金絲，綠藤紅刺引薔薇。姚家別有神仙品〔3〕，似著天香染御衣。

【點校】

〔1〕「裛」，明紫芝漫抄本誤作「囊」，《歷代詩餘》作「浥」。

〔2〕「迎」，《歷代詩餘》作「經」，文津閣本《于湖詞》作「凝」。

〔3〕「別」，明紫芝漫抄本作「若」。

眼兒媚〔1〕

曉來江上荻花秋〔2〕，做弄箇離愁。半竿殘日，兩行珠淚，一葉扁舟。　須知此去應難遇，直待醉方休。如今眼底，明朝心上〔3〕，後日眉頭。

【點校】

〔1〕「媚」字下吳抄本有小注「中呂調」。唐圭璋校語云：「案此首別誤作賀鑄詞，見《陽春白雪》卷三。別又誤作明人鍾惺詞，見《古今別腸詞選》卷二。」

〔2〕「曉」，明紫芝漫抄本作「晚」。

〔3〕「明」，文津閣本《于湖詞》作「來」。

虞美人（以下據陶本《于湖先生長短句》卷三）

清宮初入韶華管，宮葉秋聲滿。滿庭芳草月嬋娟，想見明朝喜色、動天顏〔1〕。　持杯滿勸龍頭客，榮遇時難得。詞源三峽瀉瞿塘〔2〕，便是醉中空去、也無妨。

【點校】

〔1〕「明」，文津閣本《于湖詞》作「來」。

〔2〕「瀉」，明紫芝漫抄本作「寫」。

菩薩蠻林柳州生朝〔1〕

史君家枕吳波碧〔2〕，朱門鋪手搖雙戟〔3〕。也到嶺邊州，真成汗漫遊〔4〕。歸期應不遠，趁得東江煖〔5〕。翁媼雪垂肩，雙雙平地仙。

【點校】

〔1〕「林柳州生朝」毛本作「林柳州」，明紫芝漫抄本作「柳州生朝」字。

〔2〕「史君」，文淵閣本《于湖詞》作「使君」。「波」，明紫芝漫抄本作「山」。

〔3〕「戟」，明紫芝漫抄本作「戰」。
〔4〕「汗」，文瀾閣本《于湖詞》作「汙」。
〔5〕「東江」，明紫芝漫抄本作「江東」。

臨江仙

罨畫樓前初立馬，隔簾笑語相親。鉛華洗盡見天真。衫兒輕罩霧，髻子直梳雲。　　翠葉銀絲簪末利〔1〕，櫻桃澹注香唇〔2〕。見人不語解留人。數盃愁裏酒，兩眼醉時春。

【點校】

〔1〕「絲」字下毛本、《歷代詩餘》、文瀾閣本《于湖詞》脫「簪」字。「末利」，明紫芝漫抄本作「未利」，《歷代詩餘》作「茉莉」。
〔2〕「澹」，《歷代詩餘》作「淡」。

浣溪沙過臨川席上賦此詞（以下據陶本《于湖先生長短句》卷四）

我是臨川舊史君〔1〕，而今欲作嶺南人。重來遼鶴事猶新。　　去路政長仍酷暑，主公交契更情親。橫秋閣上晚風勻。

【點校】

〔1〕「史」，文淵閣本《于湖詞》作「使」。

浣溪沙同前

康樂亭前種此君，重來風月苦留人。兒童竹馬笑談新。　　今代孟公仍好客〔1〕，政成歸去眷方新〔2〕。十眉環坐晚粧勻〔3〕。

【點校】

〔1〕「公」，毛本、文淵閣本《于湖詞》、《全宋詞》本作「士」，文津閣本《于湖詞》、文瀾閣本《于湖詞》作「嘗」。
〔2〕「新」，明紫芝漫抄本作「親」。
〔3〕「晚」，明紫芝漫抄本作「曉」。

西江月

十里輕紅自笑，兩山濃翠相呼〔1〕。意行著腳到精廬〔2〕，借我繩床小住。
解飲不妨文字，無心更狎鷗魚。一聲長嘯暮煙孤，袖手西湖歸去。

【點校】

〔1〕「濃」，明紫芝漫抄本作「穠」。

〔2〕「到」，明紫芝漫抄本作「倒」。

憶秦娥

天一角，南枝向我情如昨〔1〕。情如昨。水寒煙淡，霧輕雲薄。　吹花嚼蕊愁無託，年華冉冉驚離索。驚離索。倩春留住，莫教搖落。

【點校】

〔1〕「南」，文津閣本《于湖詞》、文瀾閣本《于湖詞》作「高」。「向」，明紫芝漫抄本作「鄉」。

浣溪沙〔1〕

溢浦從君已十年，京江仍許借歸船。相逢此地有因緣。　十萬貔貅環武帳〔2〕，三千珠翠入歌筵。功成去作地行仙。

【點校】

〔1〕「沙」字下吳抄本有小注「黃鐘宮」。

〔2〕「貔」，明紫芝漫抄本作「貂」。

柳梢青〔1〕

碧雲風月無多，莫被名韁利鎖。白玉為車，黃金作印，不戀休呵。　爭如對酒當歌，人是人非恁麼〔2〕。年少甘羅，老成呂望，必竟如何〔3〕。

【點校】

〔1〕「青」字下吳抄本有小注「中呂宮」。

〔2〕「恁」，明紫芝漫抄本作「甚」。「恁」字上文津閣本《于湖詞》、文瀾閣本《于湖詞》有「說」字。

〔3〕「必」，《歷代詩餘》作「畢」。

卜算子（以下據陶本《于湖先生長短句》卷五）

萬里去擔簦，誰識新豐旅〔1〕。好事些兒說與郎，奴是姮娥侶。　若到廣寒宮，但道奴傳語。待我仙郎折桂枝〔2〕，揀箇高枝與。

【點校】

〔1〕「旅」，明紫芝漫抄本作「族」。

〔2〕「枝」，明紫芝漫抄本作「時」。

柳梢青〔1〕

草底蛩吟，煙橫水際，月澹松陰〔2〕。荷動香濃，竹深涼早，銷盡煩襟〔3〕。髮稀渾不勝簪，更客裏、吳霜暗侵。富貴功名，本來無意，何況如今。

【點校】

〔1〕唐圭璋校語云：「案此首又見袁去華《宣卿詞》。」

〔2〕「澹」，文淵閣本《于湖詞》作「淡」。

〔3〕「銷」，文津閣本《于湖詞》、文瀾閣本《于湖詞》作「消」。

瑞鷓鴣〔1〕

香佩潛分紫繡囊〔2〕，野塘波急拆鴛鴦〔3〕。春風灞岸空回首〔4〕，落日西陵更斷腸。　　雪下哦詩憐謝女，花間為令勝潘郎。從今千里同明月，再約圓時拜夜香〔5〕。

【點校】

〔1〕「鴣」字下吳抄本有小注「般涉調」。案：《歷代詩餘》誤署「張元幹」作。

〔2〕「佩」，毛本、文淵閣本《于湖詞》、文津閣本《于湖詞》、文瀾閣本《于湖詞》、吳抄本作「珮」。

〔3〕「拆」，明紫芝漫抄本、毛本、文淵閣本《于湖詞》、文津閣本《于湖詞》、文瀾閣本《于湖詞》、吳抄本作「折」。

〔4〕「灞」，明紫芝漫抄本作「灞」。

〔5〕「圓」，毛本、文淵閣本《于湖詞》、文津閣本《于湖詞》、文瀾閣本《于湖詞》、吳抄本、《全宋詞》本作「圜」。

青玉案送頻統轄行〔1〕

相春堂上聞鶯語，正花柳、芳菲處。有底尊前慵且舞。滿堂賓客，紫泥丹詔，袞袞煙霄路。　　君王天縱資仁武〔2〕，要尺箠、平驕虜〔3〕。思得英雄親駕馭。將軍行矣，九重虛寧，談笑清寰宇。

【點校】

〔1〕「案」字下明紫芝漫抄本無小注。「頻統轄」旁吳抄本有「正平調」三小字。

〔2〕「仁」，明紫芝漫抄本作「神」。

〔3〕「驕虜」，文津閣本《于湖詞》、文瀾閣本《于湖詞》作「蠻部」。

念奴嬌〔1〕（以下據陶本《于湖先生長短句》拾遺）

海雲四斂，太清樓、極目一天秋色。明月飛來雲霧盡，城郭山川歷歷。良夜悠悠，西風嫋嫋，銀漢冰輪側。雲霓三弄，廣寒宮殿長笛。　偏照紫府瑤臺，香籠玉座，翠靄迷南北。天上人間凝望處，應有乘風歸客。露滴金盤，涼生玉宇，滿地新霜白〔2〕。壺中清賞，畫簷高掛虛碧。

【點校】

〔1〕「嬌」字下吳抄本有小注「大石調」。

〔2〕「新」字下毛本、文淵閣本《于湖詞》脫「霜」字，毛本有一字空格，文淵閣本《于湖詞》有小注「闕」。「霜」，《歷代詩餘》作「生」。

念奴嬌

風帆更起，望一天秋色，離愁無數。明日重陽尊酒裏，誰與黃花為主。別岸風煙，孤舟燈火，今夕知何處。不如江月，照伊清夜同去。　船過采石江邊，望夫山下，酌水應懷古。德耀歸來雖富貴，忍棄平生荊布。默想音容，遙憐兒女，獨立衡皋暮〔1〕。桐鄉君子，念予憔悴如許。

【點校】

〔1〕「暮」，吳抄本作「莫」。

驀山溪〔1〕

雄風豪雨，時節清明近。簾幙起輕寒，煖紅爐、笑翻灰燼。陰藏遲日，欲驗幾多長，繡工慵，圍棊倦，香篆頻銷印。　茂林芳逕〔2〕，綠變紅添潤。桃杏意酣酣，占前頭、一番花信。華堂尊酒，但作艷陽歌，禽聲喜，流雲盡，明日春遊俊。

【點校】

〔1〕「溪」字下黃本、毛本、文淵閣本《于湖詞》、文津閣本《于湖詞》、文瀾閣本《于湖詞》有小注「春情」，吳抄本有小注「大石調」。

〔2〕「逕」，《古今詞統》、《歷代詩餘》、文淵閣本《于湖詞》、文津閣本《于湖詞》、文瀾閣本《于湖詞》、吳抄本、《全宋詞》本作「徑」。

拾翠羽〔1〕

春入園林，花信揔諸遲速〔2〕。聽鳴禽、稍遷喬木。夭桃弄色，海棠芬馥。風雨霽，芳徑草心頻綠。　　禊事纔過，相次禁煙追逐。想千歲、楚人遺俗。青旗沽酒，各家炊熟。良夜遊，明月勝燒紅燭〔3〕。

【點校】

〔1〕「羽」字下吳抄本有小注「大石調」。

〔2〕「諸」，《歷代詩餘》作「隨」。

〔3〕「紅」，毛本、《歷代詩餘》、文淵閣本《于湖詞》、文津閣本《于湖詞》、文瀾閣本《于湖詞》、《全宋詞》本作「花」。

蝶戀花秦樂家賞花〔1〕

爛爛明霞紅日暮。艷艷輕雲〔2〕，皓月光初吐。傾國傾城恨無語，彩鸞祥鳳來還去。　　愛花長為花留駐〔3〕。今歲風光，又是前春處。醉倒扶歸也休訴，習池人笑山翁語。

【點校】

〔1〕「花」字下吳抄本有「商調」二小字。

〔2〕「艷艷」，吳抄本作「灩灩」。

〔3〕「長」，毛本、文淵閣本《于湖詞》、文津閣本《于湖詞》、文瀾閣本《于湖詞》、吳抄本、《全宋詞》本作「常」。「駐」，毛本、文淵閣本《于湖詞》、文津閣本《于湖詞》、文瀾閣本《于湖詞》、吳抄本、《全宋詞》本作「住」。

漁家傲紅白蓮不可並栽，用酒盆種之，遂皆有花，呈周倅〔1〕。

紅白蓮房生一處，雪肌霞艷難為喻。當是神仙來紫府。雙稟賦，人間相見猶相妒。　　清雨輕煙凝態度，風標公子來幽鷺。欲遣微波傳尺素。歌曲悞，醉中自有周郎顧。

【點校】

〔1〕「倅」字下吳抄本有「般涉調」三小字。

夜蓮宮句景亭〔1〕

聽話危亭句景，芳郊迥、草長川永。不待崇岡與峻嶺。倚欄杆〔2〕，望無窮，心已領。　萬事浮雲影，最曠闊、鷺閑鷗靜。好是炎天煙雨醒。柳陰濃，芰荷香，風日冷。

【點校】

〔1〕「蓮」，毛本作「游」，文瀾閣本《于湖詞》、吳抄本、《全宋詞》本作「遊」。「遊」字下《全宋詞》本有校語云「原作『蓮』，據目錄改」。「亭」字下吳抄本有「般涉調」三小字。

〔2〕「欄杆」，《歷代詩餘》作「闌干」。

鷓鴣天詠桃花菊〔1〕

桃換肌膚菊換粧，只疑春色到重陽。偷將天上千年艷〔2〕，染卻人間九日黃〔3〕。　新艷冶，舊風光。東籬分付武陵香〔4〕。罇前醉眼空相顧〔5〕，錯認陶潛是阮郎。

【點校】

〔1〕「桃花菊」，毛本、《歷代詩餘》、文淵閣本《于湖詞》、文瀾閣本《于湖詞》、《全宋詞》本作「桃菊花」。唐圭璋校語云：「案《百菊集譜・拾遺》引『偷將天上』二句，作康與之詞。」

〔2〕「偷」，《歷代詩餘》作「解」。

〔3〕「染卻」，《歷代詩餘》作「翻作」。

〔4〕「東籬分付武陵香」，《歷代詩餘》作「東籬卻似武陵鄉」。

〔5〕「罇」，《歷代詩餘》、《全宋詞》本作「尊」。「空」，《歷代詩餘》作「偷」。

鷓鴣天送陳倅正字攝峽州〔1〕

人物風流冊府仙，誰教落魄到窮邊。獨班未引甘泉仗〔2〕，三峽先尋上水船。　斟楚酒，扣湘絃。竹枝歌裏意悽然。明時合下清猿淚〔3〕，閒日頻題采鳳牋〔4〕。

【點校】

〔1〕「峽州」，文津閣本《于湖詞》、文瀾閣本《于湖詞》作「陝西」。

〔2〕「仗」，吳抄本作「仗」。

〔3〕「明」，文津閣本《于湖詞》、文瀾閣本《于湖詞》作「閒」。

〔4〕「閒」，文津閣本《于湖詞》、文瀾閣本《于湖詞》作「靜」，吳抄本作「間」。「蘋」，《全宋詞》本作「須」。「采」，文津閣本《于湖詞》、文瀾閣本《于湖詞》作「綵」。

菩薩蠻回文

落霞殘照橫西閣，閣西橫照殘霞落。波淺戲魚多，多魚戲淺波。　手攜行客酒，酒客行攜手。腸斷九歌長，長歌九斷腸。

菩薩蠻回文

渚蓮紅亂風翻雨，雨翻風亂紅蓮渚。深處宿幽禽，禽幽宿處深。　澹粧秋水鑑〔1〕，鑑水秋粧澹〔2〕。明月思人情〔3〕，情人思月明〔4〕。

【點校】

〔1〕「秋」，《回文類聚》作「新」。

〔2〕「秋」，《回文類聚》作「新」。

〔3〕「思」，《回文類聚》作「似」。

〔4〕「思」，《回文類聚》作「似」。

菩薩蠻回文

晚花殘雨風簾捲，捲簾風雨殘花晚。雙燕語虛牕，牕虛語燕雙。　睡醒風愜意〔1〕，意愜風醒睡。誰與話情詩〔2〕，詩情話與誰〔3〕。

【點校】

〔1〕「醒」，《回文類聚》作「醉」。

〔2〕「話」，《回文類聚》作「語」。

〔3〕「話」，《回文類聚》作「語」。

菩薩蠻回文

白頭人笑花間客，客間花笑人頭白。年去似流川，川流似去年。　老羞何事好，好事何羞老。紅袖舞香風，風香舞袖紅。

南歌子過嚴關〔1〕

路盡湘江水，人行瘴霧間。昏昏西北度嚴關〔2〕，天外一簪初見、嶺南山。

北鴈連書斷，秋霜點鬢斑〔3〕。此行休問幾時還，唯擬桂林佳處、過春殘〔4〕。

【點校】

〔1〕「子」字下《詞綜》無小注。唐圭璋校語云：「案此首別又見向滈《樂齋詞》。」

〔2〕「北」，《詞綜》、《歷代詩餘》作「日」。「度」，文津閣本《于湖詞》、文瀾閣本《于湖詞》作「渡」。

〔3〕「秋」，《詞綜》作「新」。

〔4〕「唯」，《詞綜》、《歷代詩餘》作「準」。

燕歸梁〔1〕

風柳搖絲花纏枝，滿目韶輝〔2〕。離鴻過盡百勞飛〔3〕。都不似、燕來歸。

舊來王謝堂前地〔4〕，情分獨依依。畫梁雕拱啟朱扉〔5〕。看雙舞、羽人衣。

【點校】

〔1〕「梁」字下吳抄本有小注「高平調」。

〔2〕「目」，《歷代詩餘》作「月」。

〔3〕「百」，文淵閣本《于湖詞》作「伯」。

〔4〕「來」，《歷代詩餘》、文津閣本《于湖詞》、文瀾閣本《于湖詞》作「時」。

〔5〕「畫」，吳抄本作「盡」。「拱」，《歷代詩餘》、文淵閣本《于湖詞》作「栱」。

卜算子〔1〕

風生杜若洲，日暮垂楊浦〔2〕。行到田田亂葉邊，不見淩波女。　獨自倚危欄，欲向荷花語。無奈荷花不應人，背立啼紅雨。

【點校】

〔1〕「子」字下吳抄本有小注「高平調」。

〔2〕「暮」，吳抄本作「莫」。

點絳脣

秩秩賓筵，玉潭春漲波瓈滿〔1〕。旆霞風卷，可但長安遠。　夏木成陰，路裊薰風轉。空留戀，細吹銀管，別意隨聲緩。

【點校】

〔1〕「波」，毛本、文淵閣本《于湖詞》、文津閣本《于湖詞》、文瀾閣本《于湖詞》、《全宋詞》本作「玻」。

水調歌頭過岳陽樓作

湖海倦游客，江漢有歸舟。西風千里，送我今夜岳陽樓。日落君山雲氣，春到沅湘草木，遠思渺難收。徙倚欄干久〔1〕，缺月掛簾鈎。　雄三楚，吞七澤，隘九州。人間好處，何處更似此樓頭。欲吊沉纍無所，但有漁兒樵子，哀此寫離憂。回首叫虞舜，杜若滿芳洲。

【點校】

〔1〕「干」，毛本、文淵閣本《于湖詞》、文津閣本《于湖詞》、文瀾閣本《于湖詞》、吳抄本、《全宋詞》本作「杆」。

鷓鴣天春情〔1〕（據《中興以來絕妙詞選》卷二）

日日青樓醉夢中，不知樓外已春濃。杏花未遇踈踈雨〔2〕，楊柳初搖短短風。　扶畫鷁，躍花驄，湧金門外小橋東。行行又入笙歌裏，人在珠簾第幾重。

【點校】

〔1〕「天」字下《花草粹編》無小注。

〔2〕「遇」，《詞綜》作「濕」。

天仙子（據《全芳備祖》前集卷十八）

三月灞橋煙共雨，拂拂依依飛到處。雪毬輕颺弄精神，撲不住，留不住，常繫柔腸千萬縷。　只恐舞風無定據，容易著人容易去。肯將心緒向才郎〔1〕，待擬處，終須與，作個羅幃收拾取。

【點校】

〔1〕「緒」，《廣群芳譜》作「事」。

風入鬆蠟梅（據《永樂大典》卷二千八百十一梅字韻）

玉妃孤豔照冰霜，初試道家妝。素衣嫌怕姮娥妒，染成宮様鵝黃。宮額嬌塗飛燕，縷金愁立秋娘。　湘羅百濯蹙香囊，蜜露綴瓊芳。薔薇水蘸檀心紫，鬱金薰染濃香。萼綠輕移雲襪，華清低舞霓裳。

第二章　版本研究

第一節　「于湖詞」版本源流考

關於《于湖詞》的版本，學界已有討論。研究《于湖詞》單種版本的重要成果有彭國忠《張孝祥文集四十卷本版本述略》、楊傳慶《董康誦芬室校定本〈于湖先生長短句〉考識》、羅涵亓《影宋抄本〈于湖樂府〉述略》。研究《于湖詞》多種版本的重要成果有王兆鵬《宋代文學傳播探原》，蔣哲倫、楊萬里《唐宋詞書錄》、黃珮玉《張孝祥研究》。王兆鵬提及南宋 3 種張詞刻本：乾道七年（1171）刻五卷本、嘉泰元年（1201）刻詩文合集本、長沙坊刻《百家詞》本《于湖詞》一卷，並附說明。〔註 1〕蔣哲倫、楊萬里《唐宋詞書錄》臚列張孝祥文集（附詞）及詞集的古籍版本十餘種，但未對各本進行討論，更沒有梳理各本之間的關係。此外，《書錄》未著錄明抄《唐宋名賢百家詞》本、明崇禎六年（1633）張時行刊《張于湖集》八卷本、明崇禎十七年（1644）張弘開刊《張于湖集》本、明崇禎汲古閣刻《宋名家詞》本、《四庫全書薈要》本、傳抄《四庫全書》本等重要的《于湖詞》版本。《張孝祥研究》亦未提及《南詞》本、明張時行本及《四庫全書》系列諸本。

目前，學界對《于湖詞》的版本源流及各版本的特點、優劣尚未形成系統的認識。有鑒於此，筆者對《于湖詞》存世各本進行全面梳理，通校二十餘種《于湖詞》版本（除清李子仙影宋抄本、清董康校定本、劉梅真影宋抄本 3 種

〔註 1〕王兆鵬：《宋代文學傳播探源》，武漢：武漢大學出版社，2013 年，第 357 頁。

未能親見），討論版本優劣，釐清各本關係，認為《于湖詞》應當分為四大版本系統：宋乾道本系統、宋嘉泰本系統、《中興以來絕妙詞選》系統、明崇禎張時行本系統。

一、宋乾道本《于湖先生長短句》系統

宋乾道年間刊《于湖先生長短句》是此系統的祖本，原刻已佚，僅有影宋抄本傳世。諸影宋抄本中，瞿鏞舊藏影宋乾道《于湖先生長短句》本較為可靠，本文探討宋乾道本時主要參考此本。此系統包括 6 種《于湖詞》版本，分述如下：

（一）明紫芝漫抄《宋元名家詞》本

題《于湖先生長短句》，五卷，北京大學圖書館藏，《中華再造善本》據以影印。（簡稱「明紫芝漫抄本」）

明紫芝漫抄本，半頁九行，行十五字。白口，左右雙邊。版心下有「紫芝漫抄」四字。前有「于湖先生長短句目錄」，目錄上注明于湖詞的宮調及收詞數量。無序跋。內鈐「陳寶晉守吾父記」「李少微」印。此本收于湖詞 137 首，俗體字、簡體字較多，如「兒」多作「児」，「顧」多作「顧」。多數詞只有詞牌，沒有小題，僅作《水調歌頭》《念奴嬌》等。此本在收詞數量和詞作排列順序上與瞿鏞舊藏影宋乾道本前五卷一致，瞿本較此本多出拾遺一卷。明紫芝漫抄本當源於宋乾道本。

明紫芝漫抄本雖時代較早，但抄寫不精，其訛誤、脫文在于湖詞各本中最多。如卷一目錄《水調歌頭》誤作《小調歌頭》，卷一《木蘭花》「殢酒」誤作「帶酒」，卷一《念奴嬌》「三萬頃」誤作「三萬頭」。此外，脫文衍文嚴重。如卷一《水調歌頭・送劉帥趨朝》「玉書下，褒懿績，促曹裝」，「促曹裝」後明紫芝漫抄本連脫「帝宸天近，紅旆東去帶朝陽，歸輔五雲丹陛」三句。總體上看，明紫芝漫抄本是筆者所校《于湖詞》版本中脫訛最多、品質最次之本。

（二）清李子仙影宋抄《于湖先生長短句》本

五卷，拾遺一卷，中國台北「國家圖書館」藏。（簡稱「李子仙本」）

李子仙本半頁十行，行十八字。「卷首為墨筆繪『張子和觀察像』……卷首書後有孫原湘、張蓉鏡、楊希銓、吳憲澄手書題跋」〔註2〕。《國立中央圖書

〔註 2〕中國台北「國家」圖書館：《「國家」圖書館善本書志初稿・集部》，台北：「國家」圖書館，1996 年，第 285 頁。

館善本題跋真跡》詳錄此本題跋，孫原湘手跋曰：「于湖辭沉雄跌宕……此冊的係原本，洵可寶貴。惟舛訛處頗多，須一校正之耳。孫原湘識。」張蓉鏡手跋曰：「吳郡黃蕘圃先生以是冊贈先祖觀察公，為李子仙孝廉影宋抄本，首尾完整，行款字體，的係原刻面目。珍藏味經書屋閱廿餘稔矣！今秋家詒經堂主人見而愛玩不置，假錄副本始還。……嘉慶庚辰重陽前一日海虞張蓉鏡書於小琅嬛福地之南窗。」楊希詮手跋曰：「芙川張君攜張于湖雅詞過友琴書屋，暇日展誦一過，為校十餘字，末卷拾遺內《醜奴兒》闋『伯鸞德曜』已見卷五，又《點絳唇》闋『秩秩賓筵』與卷五『綺燕高張』云云小異。楊希詮記。」〔註3〕

由張蓉鏡跋語知，李子仙本原為黃丕烈舊藏，後贈予張蓉鏡祖父張燮（字子和）。

張金吾亦藏有一部影宋抄本〔註4〕，其《愛日精廬藏書志》載「《于湖先生長短句》五卷拾遺一卷，影寫宋刊本……此則猶是宋時原本，當與知音者共賞之」〔註5〕。然據張蓉鏡跋語「今秋家詒經堂主人見而愛玩不置，假錄副本始還」，「詒經堂主人」即張金吾，可知張金吾所藏影宋抄本當自李子仙本錄副。

（三）瞿鏞舊藏清影宋抄本

題《于湖先生長短句》，五卷，拾遺一卷，中國國家圖書館藏，《景刊宋金元明本詞》據以影刻。（簡稱「瞿本」）

瞿本半頁十行，行十八字。前有乾道辛卯（七年，1171）建安陳應行序，次「于湖先生長短句目錄」，目錄中各詞詞牌後皆注明宮調及數量，如「六州歌頭」下小注「大石調一首」。書末有乾道辛卯湯衡後序，稱是書由建安劉溫父所編。瞿鏞舊藏本〔註6〕內鈐「鐵琴銅劍樓」印，《景刊宋金元明本詞》據以

〔註3〕中國台北「中央」圖書館：《「國立中央」圖書館善本題跋真跡》，台北：「國立」中央圖書館，1982年，第3109～3113頁。

〔註4〕傅增湘稱「張金吾藏影宋刊本」，當指影寫宋刊本。其《藏園訂補郘亭知見傳本書目》卷十六下：「《于湖先生長短句》五卷拾遺一卷，宋張孝祥撰。張金吾藏有影宋刊本，有乾道辛卯陳應行、湯衡兩序。」北京：中華書局，2009年，第1607頁。

〔註5〕（清）張金吾：《愛日精廬藏書志》，上海：上海古籍出版社，2014年，第758頁。

〔註6〕瞿鏞《鐵琴銅劍樓藏書目錄》卷二十四：「《于湖先生長短句》五卷，拾遺一卷，影抄宋本。宋張孝祥撰，《宋史・藝文志》《直齋書錄解題》俱作一卷，此出乾道間刻本，有陳應行、湯衡序。毛氏《六十家詞》本先刻一卷，續刻二卷，章次俱不合。」北京：中華書局，1990年，第380頁。

影刻。《景刊宋金元明本詞・敘錄》云:「景宋本《于湖先生長短句》五卷拾遺一卷。光緒間,授經大理曾於京師得傳抄五卷附拾遺本,據汲古所刻為《補遺》一卷,以寄伯宛。當時猶未見《于湖集》宋槧,別獲舊抄一本,亦有缺卷。後始從瞿氏摹傳,此本較傳抄特為精整,足與集本互證也。宋本半頁十行,行十八字,目錄下題『狀元張孝祥安國撰』,每詞各注宮調,拾遺同。」〔註 7〕據《敘錄》可知,第一,光緒年間,董康曾在京師獲于湖詞傳抄五卷附拾遺本,他根據汲古閣所刻增加《補遺》一卷,並寄給吳昌綬。第二,陶湘影宋刻本據瞿氏藏本影刻,收入《景刊宋金元明本詞》。通過校勘,我們發現瞿本脫訛處,陶湘影宋刻本亦脫訛。陶湘影刻時僅將瞿本中湯衡後序提至卷首。

(四)翁斌孫舊藏清影宋抄本

題《于湖先生長短句》,五卷,拾遺一卷,中國國家圖書館藏。(簡稱「翁本」)

翁本半頁十行,行十八字。內鈐「翁斌孫印」「翁氏珍藏」印。翁本字體、版式、詞作排列順序均與瞿本同,僅陳應行序「紫微張公孝祥……辭采日星於群目」,「群目」瞿本作「群因」;「使天假之年,被之聲歌,薦之郊廟,當共《英》《莖》《韶》《護》間作而遞奏」,「當共」,瞿本作「當其」。二本大量使用﹅代表疊字。但《水調歌頭・桂林中秋作》:「去年明月依舊,還照我登樓,﹅下水明沙淨」,瞿本「登樓」一詞後缺此符號,有一字空格,當脫一「樓」字。此外,二本文字全同。又上文楊希詮跋稱李子仙影宋抄本拾遺中「《醜奴兒》闋『伯鸞德耀』已見卷五」,瞿本、翁本相同。

綜上,李子仙本、瞿本、翁本,三本同源。張金吾是嘉慶、道光時期常熟地區著名的藏書家,其書道光年間散出,同時期常熟瞿氏鐵琴銅劍樓藏書興起。今不見張金吾本,疑張金吾據李子仙影宋抄錄副之本歸瞿氏收藏,常熟翁氏又抄自瞿氏。

瞿本、翁本收錄張孝祥詞 174 首,其中 37 首宋嘉泰本未收,對于湖詞有保存之功。其目錄注明宮調,尤為可貴。正文中偶有雙行小注,起到解釋說明的作用,如卷五《南鄉子》「俱賢,便是朱張與少連」,「連」字下二本有雙行小注「少連謂刑監廟」。瞿氏、翁氏二本亦有不少缺點:1. 目錄與正文不一致,如目錄載卷一「滿江紅」下注「仙呂調四首」,正文卷一只收錄二首。目錄卷

〔註 7〕吳昌綬、陶湘:《景刊宋金元明本詞》,上海:上海古籍出版社,1989 年,第 4 頁。

四「浣溪沙」下注「黃鐘宮一首」，正文卷四卻收錄《浣溪沙》二首。目錄卷五《歸自遙》，正文卷五作《歸梧謠》。2. 脫文，如《望江南·題南岸銓德觀》「謀一笑，與君同」，宋嘉泰本系統、明張時行本系統均作「謀一笑，一笑與君同」。結合詞譜，瞿本、翁本均脫「一笑」二字。3. 倒文，如卷一《水調歌頭·與喻才子同登金山，江平如席，月白如晝》，「喻才子」當作「喻子才」。「喻子才」即「喻樗」，字子才，是張孝祥的忘年交。4. 訛文。此本訛文較多，僅舉二例。卷一《水調歌頭·桂林中秋作》「千里江山如晝，萬井笙歌不夜」，「如晝」，宋嘉泰本系統作「如畫」。卷三《踏莎行·宋漕生朝》，「宋漕」，宋嘉泰本系統、明張時行本系統均作「朱漕」。朱漕即朱元順，是張孝祥好友，張孝祥有多首贈朱漕的詩詞。此處瞿本、翁本誤。

（五）清董康誦芬室校定《于湖先生長短句》本

五卷，拾遺一卷，補遺一卷，南開大學圖書館藏。（簡稱「董康校定本」）

關於董康校定本，楊傳慶《董康誦芬室校定本〈于湖先生長短句〉考識》一文考校詳盡，足資參考。楊文錄有董康跋：「《于湖詞》刊入汲古閣《六十名家》四集，篇次已經移易。余舊藏懷麓堂本《南詞》中有《于湖詞》二卷，初以為汲古閣本所從出，未詳檢也。秋間坊友何厚甫以舊鈔《于湖先生長短句》五卷拾遺一卷售予，各調之下兼注宮調，蓋由宋乾道本傳錄者。取與《南詞》本互勘，始知乾道本佳處十之四，《南詞》本佳處十之六，校定命胥重錄篇帙，一循宋舊，而以《南詞》本字句之異標注於下。復從《南詞》本獲詞四十首，俱宋以來各名家選本未甄錄者，乃合汲古閣本六首為《補遺》一卷以附於後，于湖著作當以是本為最完備矣。光緒乙巳冬日武進董康呵凍書。」〔註8〕

由董康跋知：第一，何厚甫將所藏舊抄本《于湖先生長短句》售予董康。第二，董康認為《南詞》本與舊抄乾道本互有短長，《南詞》本略優於舊抄乾道本。第三，董康誦芬室曾過錄何厚甫藏舊抄本，並用《南詞》本校。

所謂董康校定本，即是以董康誦芬室過錄何厚甫藏舊抄本為底本，以《南詞》本為校本，將《南詞》本異文標注於底本上的全新版本。何厚甫藏舊抄本《于湖先生長短句》下落不明。《南詞》原編已佚，今僅存一抄本，北京大學

〔註8〕楊傳慶：《董康誦芬室校定本〈于湖先生長短句〉考識》，《文獻》，2017年，第4期，第123頁。

圖書館藏。據《北京大學圖書館藏「大倉文庫」書志》記載，《南詞》第二函有「《于湖詞》二卷，宋張孝祥撰」〔註 9〕。董康曾抄錄《南詞》十三種，現藏於中國國家圖書館，然此本無《于湖詞》二卷。

由董康《蒲江詞稿跋》「吳印臣孝廉影刻宋元名家詞集，以補琴川未竟之功，函來索余校定《于湖長短句》，並錄以寄」可知，董康曾應吳昌綬之請，將自己的校定本錄副，寄贈吳昌綬，作為《景刊宋元名家詞》的參考。可惜董康錄副本已下落不明，無從詳考。吳昌綬索求董康校定本《于湖先生長短句》，顯然是想將之刻入《景刊宋金元明本詞》。然吳昌綬最終所用之本乃宋嘉泰本系統的劉梅真影宋抄《于湖居士樂府》。

（六）清吳昌綬校抄《于湖先生長短句》本

五卷，拾遺一卷，中國國家圖書館藏。（簡稱「吳抄本」）

吳抄本，半頁十四行，行二十一字。封面題「于湖先生長短句，吳伯宛鈔校本」，字跡與正文一致，當為吳昌綬手題。內鈐「雙照樓夫婦珍玩」「仁和吳昌綬伯宛父印」「羅振常讀書記」，知此本經吳昌綬、羅振常遞藏。是本底本當為董康校定本的過錄本，經諸家批校後，由吳昌綬重抄重校。據楊傳慶描述，「《西江月（落日鎔金萬頃）》一闋，董康抄作『盧兵千峰』，吳直接以藍筆改『兵』為『岳』」。此處，吳抄本則直接抄作「盧岳千峰」。吳氏重抄後又重加校勘，但僅卷一的 24 首詞有吳昌綬校記及圈改，其餘五卷未見任何批校。卷一天頭保存了大量吳昌綬校勘記，如「集本『羶腥』作『兵戈』，『氊鄉』作『圍場』，『羽葆』作『翠葆』。改字之謬可想見其用意，姑志之，毋庸入校記也」。《水調歌頭·凱歌奉寄湖南安撫舍人劉公》，吳昌綬稱「集本凱歌上劉恭父」。通過筆者校勘，吳昌綬批校中所謂「集本」，文字獨與文瀾閣本《于湖集》接近。「集本」當源自文瀾閣本《于湖集》。

至此，我們基本理清了宋乾道本系統中諸本的關係：明紫芝漫抄本源自宋乾道本；李子仙本據宋乾道本影抄；瞿本錄副自李子仙本，曾經張金吾收藏；翁本又錄副自瞿本。董康校定本的底本為宋乾道本的輾轉傳抄本，又據《南詞》校定。應吳昌綬之邀，董康據其校定本錄副一本，贈予吳昌綬。朱祖謀、吳昌綬、呂景端在董康錄副本上加以批校，吳昌綬又在此本基礎上重抄重校，是為吳昌綬校本。

〔註 9〕北京大學圖書館：《北京大學圖書館藏大倉文庫書志》，北京：中華書局，2014 年，第 1707 頁。

通過對宋乾道本系統各本的考察，我們對已經亡佚的宋乾道本有了更深入的認識。宋乾道本早於宋嘉泰本，反映了《于湖詞》單行本較為原始的面貌。此外，宋乾道本保存了大量張孝祥詞作的宮調及 37 首不見於宋嘉泰本的詞作。宋乾道本詞牌後多附有解釋說明的小題，介紹詞作背景，具有較高的文學價值、史料價值，彌足珍貴。但白璧微瑕，乾道本偶有誤收，如《生查子．詠折疊扇》，實為朱翌詞，宋人已有考辨。宋陳鵠《耆舊續聞》卷一云：「正如《詠折疊扇》詞云『宮紗蜂趁梅，寶扇鸞開翅……』余嘗親見稿本於公家，今《于湖集》乃載此詞，蓋張安國嘗為人題此詞於扇故也。」〔註 10〕洪邁《容齋詩話》卷六亦載：「中書舍人新仲（翌）……有折疊扇詞云『宮紗蜂趕梅，寶扇鸞開翅……』公親書稿固存，亦因張安國書扇，而載《于湖集》中。」〔註 11〕這一失誤延及宋乾道本系統諸本，諸本皆收入此詞。

如此重要的宋乾道本，惜已亡佚，我們只能從宋乾道本系統諸本一窺其面貌。

二、宋嘉泰本《于湖居士文集》系統

宋嘉泰本系統包括 11 種《于湖詞》版本，分述如下：

（一）宋嘉泰間刻《于湖居士文集》四十卷本

中國台北「國家圖書館」藏，《四部叢刊》據以影印。其卷三十一至卷三十四題「樂府」，即「于湖詞」。（簡稱「宋嘉泰本」）

宋嘉泰本扉頁有袁克文丙辰（1916）三月題識，云此宋刊本清末流轉廠肆，為滿人完顏景賢所得，後售予袁克文。由於完顏景賢「裂毀舊裝」，袁克文「盡去襯紙，並裝六冊，加以舊青衣紙」。此本半頁十行，行十六字。白口，左右雙邊，版心上記字數，下記刻工姓名。刻工有陳榮、王祐新、劉大有、俞文俊、俞永成、劉處仁、陳良、朱正等。卷首有南宋寧宗嘉泰元年（1201）孝祥門人謝堯仁序，次同年孝祥堂弟張孝伯序。據序知，此本由孝祥堂弟張孝伯操持，孝祥門人王大成彙編而成，然序中未明確提及付梓一事。由「徵」「敦」「廓」等字皆缺末筆，知避諱至寧宗。

宋嘉泰本原為明內閣官書，內鈐「文淵閣印」。核明《文淵閣書目》卷九：

〔註 10〕（宋）陳鵠：《西塘集．耆舊續聞》，上海古籍出版社，2012 年，第 86 頁。
〔註 11〕（宋）洪邁：《容齋詩話》，上海：上海古籍出版社，2015 年，第 433 頁。

「張氏《于湖居士文集》一部六冊，全。」〔註 12〕明《內閣書目》卷三：「《于湖文集》六冊全，宋孝宗朝張孝祥著，凡四十卷。」〔註 13〕當即此書。傅增湘《藏園群書經眼錄》卷十四著錄有「宋刊本《于湖居士文集》四十卷」，「內鈐文淵閣印」，當即此本。傅增湘謂「盛昱遺書，歸袁寒雲」〔註 14〕，《四部叢刊》稱「上海涵芬樓借慈溪李氏藏宋刊本」影印。結合宋嘉泰本藏印「完顏景賢精鑒」「寒雲秘笈珍藏之印」「祁陽陳清華字澄中印」「張珩私印」，知此本經盛昱、完顏景賢、袁克文、李思浩、陳清華、張珩遞藏。

宋嘉泰本是張孝祥詞集現存最早的刻本，也是此系統的祖本，共收張孝祥詞 182 首，為于湖詞各本中收詞數量最多、內容最為完備之本。其中 44 首不見於宋乾道本系統《于湖先生長短句》，對保存張孝祥詞意義重大。此本中有少量雙行小注云「一本作某」，當為王大成所注，經筆者校勘，所謂「一本」，與《于湖先生長短句》相近。是本偶有訛誤，多係手民疏失，如卷三十三《定風波》「老子婆娑」誤作「老子婆婆」，卷三十三《浣溪沙》第二十六首「春晝長」誤作「春畫長」，卷三十四《減字木蘭花・江陰州治漾花池》「主人」誤作「王人」。脫文兩處：卷三十三《踏莎行・五月十三日月甚佳》「撲粉□綿，侵塵寶扇」，卷三十三《浣溪沙》第二十一首「醉眼定知非妙賞，□詞端為□」。調名有一處錯誤，卷二十二《洞仙歌・和清虛先生皇甫坦韻》無論從字數、平仄、用韻上均不符合《洞仙歌》詞譜，而與《驀山溪》合。《全宋詞》已改作《驀山溪・和清虛先生皇甫坦韻》，並在「韻」後加以小注「調名原誤作洞仙歌」，甚是。此外，宋嘉泰本還存在簡化原題，導致語義難解的情況。如卷三十一《水調歌頭・汪德邵無盡藏》，詞的題目只有 6 字，《于湖先生長短句》卻有 28 字：「汪德邵作無盡藏樓於棲霞之間，取玉局老仙遺意，張安國過，為賦此詞。」若不結合他本異文，難解宋嘉泰本題意。

（二）清影宋抄《于湖居士文集》四十卷本

中國國家圖書館藏，《中華再造善本》《宋集珍本叢刊》皆據以影印，卷三十一至卷三十四題「樂府」，即「于湖詞」。（簡稱「清影宋抄本」）

〔註 12〕（明）楊士奇等：《文淵閣書目》，上海：上海商務印書館，1937 年，第 113 頁。

〔註 13〕（明）孫傳能、張萱、秦焜等：《內閣藏書目錄》，《續修四庫全書》，第 917 冊，上海：上海古籍出版社影印遲雲樓抄本，2002 年，第 35 頁。

〔註 14〕傅增湘：《藏園群書經眼錄》，北京：中華書局，1983 年，第 1226 頁。

清影宋抄本版式、字數、頁碼、刻工姓名均與宋嘉泰本同，經校勘，文字亦與宋嘉泰本同，當據宋嘉泰本影摹。藏印有「啟迪寶藏」「完顏金啟迪號如孫字仲吉別號金精子寶藏書畫文章」「曾在周叔弢處」，知經完顏啟迪、周叔弢遞藏。此乃精抄本，品質甚佳，基本保存了宋嘉泰本于湖詞原貌，但偶有抄寫錯誤，如卷三十四《菩薩蠻・夜坐清心閣》「斷雲不隔東歸眼」，「眼」誤作「銀」。

（三）劉梅真影抄宋《于湖樂府》四卷本

四川省圖書館藏，標為卷三十一至卷三十四，題「樂府」，即「于湖詞」。（簡稱「劉梅真影宋抄本」）

據羅涵亓《影宋抄本〈于湖樂府〉述略》，劉梅真影宋抄本卷三十四末尾有「乙卯（1915）六月十六日寫訖，梅真」款識，為袁克文夫人劉梅真據宋嘉泰本于湖詞影寫，版式與宋嘉泰本同。此本未及見。

（四）《景刊宋金元明本詞》影刻劉梅真影抄宋刻《于湖居士樂府》四卷本

標為卷三十一至卷三十四，題「樂府」，即「于湖詞」。（簡稱「吳昌綬影宋刻本」）

吳昌綬影宋刻本卷三十四末尾亦有「乙卯六月十六日寫訖，梅真」款識，其後有袁克文題跋：「伯宛景刊宋元本詞，多從舊槧精鈔裁篇別出……克文近獲宋刻《于湖居士集》，為世間絕無之本。屬內子梅真手摹樂府四卷，貽以上版，備南宋大家之一。乙卯八月項城袁克文記。」〔註15〕由此可知，袁克文囑其妻劉梅真據家藏宋嘉泰本影抄「于湖詞」四卷，贈予吳昌綬，吳昌綬影宋刻本即是據劉梅真影宋抄本上版，為《景刊宋金元明本詞》之一，流傳很廣。

這個影刻本新增訛誤4處：卷三十二《鷓鴣天・平國弟生日》「平國弟」誤作「平國第」；卷三十四《菩薩蠻・與同舍遊湖歸》「吳波」誤作「具波」；卷三十四《西江月》第六首「靖康」誤作「靖東」；卷三十四《點絳唇》「兵辟神符」誤作「兵碎神符」。

清影宋抄本、吳昌綬影宋刻本均從宋嘉泰本出，這兩個影抄本和完顏氏、袁克文有關，影抄的時間可能接近。

〔註15〕吳昌綬、陶湘《景刊宋金元明本詞》，上海：上海古籍出版社，1989年，第236頁。

（五）明抄《唐宋名賢百家詞》本

作《于湖詞》二卷，天津圖書館藏。天津古籍出版社影印。（簡稱「《百家詞》本」）

《百家詞》本的底本，現藏天津圖書館，是一個稀見的孤本。半頁十二行，行二十字。紅格，白口，四周單邊。原書扉頁有墨筆題識：「此編未載編者姓氏，按《天一閣書目》：『《唐宋名賢百家詞》九十冊，紅絲欄鈔本，明吳訥輯並序。』宣統二年（1910）三月天津圖書館編目者識，備考。」核《天一閣書目》，知天一閣曾收藏過此本，清末已歸天津圖書館。此本收于湖詞 155 首，經筆者比勘，《百家詞》本大體相當於宋嘉泰本卷三十二至卷三十四，較宋嘉泰本詞四卷缺卷三十一的 28 首詞。此本有大量脫漏訛奪，如宋嘉泰本卷三十二《鵲橋仙・為老人壽》，《百家詞》本作《鵲橋仙・為》。又宋嘉泰本卷三十三《醜奴兒》：「逢人問道歸來也，日日佳期，管有來時。」《百家詞》本此句僅存一「時」字。此本品質不佳，在宋嘉泰本系統中屬末流。

（六）清彭元瑞知聖道齋舊藏明抄《南詞》本《于湖詞》二卷

北京大學圖書館藏。北京大學出版社影印。（簡稱「《南詞》本」）

《南詞》本共收 42 家詞，原藏日本大倉文庫，2013 年由北京大學圖書館購歸，2020 年北京大學出版社影印出版。是本收錄于湖詞 155 首，詞作數量、排列順序皆與《百家詞》本同，較宋嘉泰本亦缺卷三十一 28 首詞。凡《百家詞》本脫漏處，《南詞》本往往亦脫漏，當從《百家詞》本《于湖詞》出。《南詞》本對《百家詞》本的訛誤偶有修訂，或曾據明張時行本校改。如宋嘉泰本、《百家詞》本《滿江紅・思歸寄柳州》皆有「游官事，蕉中鹿」一句，「游官」當作「游宦」或「宦游」，泛指外出求官或作官。「蕉中鹿」乃化用「蕉鹿一夢」的典故，感慨官場浮沉不過是一場夢幻罷了。此處宋乾道本《于湖先生長短句》系統諸本皆作「游宦」，明崇禎張時行本《張于湖集》系統諸本皆作「宦遊」，《南詞》與張時行本同。明崇禎六年（1635）張時行已刻《張于湖集》八卷，《南詞》傳抄約在崇禎年間，疑《南詞》本曾參考張時行本。

雖然《南詞》本《于湖詞》對《百家詞》本《于湖詞》的訛誤有所校改，但亦新增不少訛誤。如《滿江紅》（秋滿蘅皋）：「紅葉題詩誰與寄，青樓薄倖空遺迹。」「薄倖」，諸本不誤，唯《南詞》本誤作「薄伴」。《鷓鴣天・餞劉恭父》：「袞衣空使斯民戀，綠竹誰歌入相同。」「戀」，諸本亦不誤，《南詞》本獨誤作「彎」。

除上述版本外，宋嘉泰本《于湖居士文集》系統還包括《四庫全書·于湖集》系列諸本：

（七）清摛藻堂《四庫全書薈要》本《于湖集》四十卷

卷三十一至卷三十四題「樂府」，即「于湖詞」。（簡稱「《薈要》本」）

（八）清文淵閣《四庫全書》本《于湖集》四十卷

卷三十一至卷三十四題「樂府」，即「于湖詞」。（簡稱「文淵閣本《于湖集》」）

（九）清文津閣《四庫全書》本《于湖集》四十卷

卷三十一至卷三十四題「樂府」，即「于湖詞」。（簡稱「文津閣本《于湖集》」）

（十）清文瀾閣《四庫全書》本《于湖集》四十卷

卷三十一至卷三十四題「樂府」，即「于湖詞」。（簡稱「文瀾閣本《于湖集》」）

（十一）傳抄《四庫全書》本《于湖集》四十卷

中國台北「國家圖書館」藏，卷三十一至卷三十四題「樂府」，即「于湖詞」。（簡稱「抄閣本」）

《薈要》本、文淵閣本《于湖集》、文津閣本《于湖集》、文瀾閣本《于湖集》皆半頁八行，行二十一字，分別於乾隆四十二年（1777）三月、乾隆四十六年十月、乾隆四十九年八月、乾隆五十一年九月進呈。

抄閣本與上述三本版式相同，前有「乾隆五十一年九月恭校上」之提要，內鈐「梅華草堂」「友年所見」「古書流通處」印，知此本為朱屺瞻舊藏。經校勘，抄閣本《四庫提要》及正文與文瀾閣本《于湖集》基本一致，提要落款「乾隆五十一年九月恭校上」，年月與文瀾閣本《于湖集》吻合，知抄自文瀾閣本。

從詞的數量、編排順序、文本特徵看，四庫諸本與宋嘉泰本為同一系統，但文字上與宋嘉泰本略有差異，因此底本並非宋嘉泰本。據《四庫採進書目》，兩淮鹽政李續曾進呈過「《于湖集》四十卷，十二本」〔註16〕，但未注明版本。

〔註16〕吳慰祖：《四庫採進書目·兩淮鹽政李呈送書目》，北京：商務印書館，1960年，第66頁。

清邵懿辰稱「《于湖集》四十卷，宋張孝祥撰……韓有《四庫》舊抄本」〔註17〕，莫友芝則云「韓氏有四庫所據舊抄本」〔註18〕，則韓應陛處當藏有據宋嘉泰本輾轉傳抄之本，且為庫本《于湖詞》的底本，然檢《雲間韓氏藏書題識彙錄·集類》《讀有用書齋書目表》均未見此書。

文淵閣本《于湖集》、文津閣本《于湖集》、文瀾閣本《于湖集》（從《文瀾閣目索引》及卷前《四庫提要》撰寫時間看，文瀾閣本《于湖集》非後期抄配之本，當為文瀾閣原本）較《薈要》本晚出，四本都避清諱，且遇「羶」「虜」等字皆諱改，但四者改動情況不完全一致，如卷三十一《六州歌頭》:「洙泗上，弦歌地，亦羶腥。」「亦羶腥」，《薈要》本作「血風腥」，文淵閣本《于湖集》作「亦紛爭」，文瀾閣本《于湖集》作「亦戈兵」，文津閣本《于湖集》同宋嘉泰本作「亦羶腥」；卷三十一《念奴嬌·張仲欽提刑行邊》:「虜馬秋肥雕力健。」「虜馬」，《薈要》本、文津閣本《于湖集》作「塞馬」，文淵閣本《于湖集》作「敵馬」，文瀾閣本《于湖集》作「宛馬」。此外，《薈要》本、文瀾閣本《于湖集》對非蔑稱的「氈鄉」一詞也進行改動，《薈要》本改作「蒼茫」，文瀾閣本《于湖集》改作「圍場」。值得注意的是，即便是同一閣所抄之《于湖詞》，諱改情況亦有不同。《六州歌頭》「亦羶腥」，文淵閣本《于湖詞》作「亦凋零」，《于湖集》本作「亦紛爭」。文津閣本《于湖詞》作「亦榛荊」，《于湖集》本作「亦羶腥」。蓋館臣分辦，失於照應。

四本中，文津閣本《于湖集》文字最接近宋嘉泰本原貌，脫訛較少，品質最佳，其次為文淵閣本《于湖集》、《薈要》本、文瀾閣本《于湖集》。文瀾閣本《于湖集》底本與其他三閣底本略有差異，如卷三十一《水調歌頭·金山觀月》「海氣夜漫漫」，文瀾閣本《于湖集》獨作「秋氣夜漫漫」。文淵閣本《于湖集》、文津閣本《于湖集》卷三十四《菩薩蠻·夜坐清心閣》「斷雲不隔東歸遠」，《薈要》作「斷雲不隔東歸懶」，文瀾閣本《于湖集》作「斷雲不隔垂楊阪」。文瀾閣本《于湖集》此二處異文與存世各本皆異，但總體來看文瀾閣本《于湖集》仍屬宋嘉泰本系統。

以上宋嘉泰本、清影宋抄本、劉梅真影宋抄本、吳昌綬影宋刻本、《百家

〔註17〕（清）邵懿辰：《增訂四庫簡明目錄標註》，上海：上海古籍出版社，1959年，第732頁。

〔註18〕莫友芝撰、傅增湘訂補：《藏園訂補郘亭知見傳本書目》，北京：中華書局，2009年，第1195頁。

詞》本、《南詞》本、《薈要》本、文淵閣本《于湖集》、文津閣本《于湖集》、文瀾閣本《于湖集》、抄閣本 11 種版本均屬一個系統。宋嘉泰本是此系統祖本，清影宋抄、劉梅真影宋抄本皆據宋嘉泰本影摹，吳昌綬影宋刻本又據劉梅真影宋抄本刊刻。《百家詞》本、《南詞》本源自宋嘉泰本後三卷。《薈要》本及諸閣本間接源自宋嘉泰本，抄閣本的底本是文瀾閣本《于湖集》。

宋嘉泰本系統祖本時代早、收詞數量多、訛誤脫文少，是研究于湖詞最重要的版本系統。

三、《中興以來絕妙詞選》系統

《中興以來絕妙詞選》系統包括 6 種《于湖詞》版本：

（一）宋黃昇編、淳祐九年（1249）劉誠甫刻《中興以來絕妙詞選》本

中國國家圖書館藏，《中華再造善本》據以影印。此本收張孝祥詞 24 首。（簡稱「黃本」）

黃昇，號玉林，又號花庵詞客，淳祐年間編《中興以來絕妙詞選》十卷，卷二收于湖詞 24 首，其中《鷓鴣天・春情》《憶秦娥・雪》《憶秦娥・梅》3 首不見於宋嘉泰本系統和宋乾道本系統，《驀山溪・春情》1 首不見於宋嘉泰本系統。黃本較為獨特，不屬於嘉泰、乾道二系統。如黃本《西江月・黃陵廟》「滿載一船明月，平鋪千里秋江」，宋嘉泰本作《西江月・阻風三峰下》「滿載一船秋色，平鋪十里湖光」，瞿本作《西江月》「滿載一船秋色，平鋪千里湖光」。黃本是繼宋嘉泰本之後，現存最早的宋本于湖詞。此外，收有 3 首既不見於《于湖詞》單行本，亦不見於文集本的張孝祥詞，今《全宋詞》即據以補張孝祥詞。

（二）明崇禎汲古閣刻《宋名家詞》本

題《于湖詞》，三卷，北京大學圖書館藏。此本為明末以來最通行之本。（簡稱「毛本」）

毛本，半頁八行，行十八字。白口，左右雙邊，版心下刻「汲古閣」三字。前有乾道辛卯（1171）建安陳應行序，次同年陳郡湯衡序，再次《于湖詞》目錄。目錄中各詞詞牌下注收詞數量，如「六州歌頭」下注「一調」。此本共收張孝祥詞 181 首，卷一末有毛晉跋：「玉林集中興詞家選二十有四闋，評云『舊有紫薇雅詞，湯衡為序。稱其平昔為詞未嘗著稿，筆酣興健，頃刻即成，無一

字無來處，如《歌頭》《凱歌》諸曲駿發蹈厲，寓以詩人句法者也』，恨全集未見耳。古虞毛晉記。」

「玉林」即黃昇，是《中興以來絕妙詞選》的編者。毛本卷一收于湖詞 28 首，正文中有毛晉校勘成果，如《木蘭花慢》「離思〇向誤作木蘭花令」，《雨中花慢》「長沙〇向失慢字，誤」，《水調歌頭》「舟過金山寺〇或作詠月〇或刻韓子蒼」。

筆者將毛本《于湖詞》卷一與宋劉誠甫刻黃本比勘，發現除《滿江紅・詠雨》（斗帳高眠）、《滿江紅・玩鞭亭》（千古淒涼）、《桃園憶故人・冬飲》（朔風弄月）、《醉落魄》（輕寒澹綠）4 首另有來源外，汲古閣本中其餘 24 首詞均來源於黃本。汲古閣本多收 4 詞，有 3 首源自宋乾道本系統及宋嘉泰本系統，其中《滿江紅・玩鞭亭》同時見於宋乾道本系統及宋嘉泰本系統；《醉落魄》見於宋乾道本系統；《桃園憶故人・冬飲》見於宋嘉泰本系統。另有《滿江紅》（斗帳高眠）為毛本獨收，但此詞並非張孝祥詞，《全宋詞》將此詞歸入無名氏，並附有按語「此首別又誤作張孝祥詞，見《類編草堂詩餘》卷三。別又誤作張先詞，見《花草粹編》卷四」〔註 19〕，則此詞當為《中興以來絕妙詞選》系統誤收。

毛本卷二、卷三，經筆者比勘，文字多與瞿本同，唯刪去了瞿本目錄，殆源出於乾道本系統。誠如陶湘所云：「汲古閣刻《于湖詞》，初只就《花庵詞選》所載二十四首，更摭四首益之，以備一家。後見全集，刪其重複，另編為兩卷以續之，故次序淆亂。」〔註 20〕明崇禎汲古閣本在文字上並無明顯優於各本之處，又有新增訛誤，如卷三《西江月》「醉如泥」誤作「醉如沉」，卷二《踏莎行》「離觴」誤作「離腸」。

此外，中國台北「國家圖書館」藏有汲古閣刻《宋名家詞》本《于湖詞》一卷，半頁八行，行十八字，字體、版式均與北大藏汲古閣本卷一同，卷一末亦有毛晉跋，但無湯衡序。內鈐「吳氏筠清館所藏書畫」印，知是本由吳榮光舊藏。

吳榮光舊藏《宋名家詞》一卷本《于湖詞》當為汲古閣早期刻本，北京大學藏《宋名家詞》三卷本《于湖詞》當是在一卷本基礎上，增刻湯衡序、卷二、卷三而成。

〔註 19〕唐圭璋：《全宋詞》，第三冊，北京：中華書局，1965 年，第 3741 頁。
〔註 20〕吳昌綬、陶湘：《景刊宋金元明本詞》，上海：上海古籍出版社，第 4 頁。

綜上所述，毛氏汲古閣三卷本來源不同，卷一主要源於黃昇編《中興以來絕妙詞選》，另有 4 首詞間接源於宋乾道本系統、宋嘉泰本系統。卷二、卷三源於乾道刻《于湖先生長短句》系統。

（三）清乾隆文淵閣《四庫全書》本

題《于湖詞》，三卷。（簡稱「文淵閣本《于湖詞》」）

汲古閣本刊行後，三卷本《于湖詞》得以廣泛流傳。文淵閣本《于湖詞》即以汲古閣本為底本，詞作排列次序、文字均與汲古閣本同，卷一末有毛晉跋。卷前《四庫提要》稱「此本為毛晉所刊，第一卷末即繫以跋，稱『恨全集未見』，蓋祇就《詞選》所載二十四闋，更摭四首益之，以備一家。後二卷則無目錄，亦無跋語，蓋已見全集，刪其重複，另編為兩卷以續之，而首卷則為重刊，故體例特異耳」。

（四）清乾隆文津閣《四庫全書》本

題《于湖詞》，三卷。（簡稱「文津閣本《于湖詞》」）

文津閣本《于湖詞》除卷一末無毛晉跋語外，卷前提要、正文內容與文淵閣本《于湖詞》基本一致，亦當出自毛本。

（五）清乾隆文瀾閣《四庫全書》本

題《于湖詞》，三卷，其中卷一、卷二為丁氏補抄，卷三為民國癸亥年（1923）補抄。（簡稱「文瀾閣本《于湖詞》」）

《壬子文瀾閣所存書目》載：「《于湖詞》三卷一冊，補抄。《總目》《簡明目錄》作『三卷』。閣抄少第三卷，《丁氏待訪目》不載，殆補抄後所重缺。」今杭州出版社影印《文瀾閣四庫全書》收《于湖詞》三卷，卷三版心下方皆有「癸亥補抄」四字，且卷三字體與卷一、卷二有明顯差異，確係民國補抄。經筆者比勘，文瀾閣本《于湖詞》三卷除卷一末無毛晉跋語外，卷前提要、正文內容與文淵閣本《于湖詞》基本一致，同源出於毛本。

（六）清光緒十四年（1888）錢塘汪氏振綺堂重刻汲古閣《宋名家詞》本

題《于湖詞》，三卷，北京大學圖書館藏。（簡稱「錢塘汪氏本」）

此本內鈐「王國維」印。內封面首頁右題「宋六十名家詞」，左題「光緒戊子中夏，黟黃士陵署」，次頁題「汲古閣原本，錢塘汪氏重校刊」。卷首有「宋名家詞總目」，目錄下有王國維朱批「于湖詞三卷，鈔自五卷本」。《于湖詞》

部分先有湯衡序、次陳應行序，再次「于湖詞目錄」。錢塘汪氏刊本較毛本有三處改進：一是補全目錄。毛本僅卷一有目錄，錢塘汪氏本三卷皆有目錄。二是調整跋語位置。毛晉跋語原在卷一末，汪氏重刊本移至卷三末，更為醒目。三是規範文字。汪氏重刊本對汲古閣本文字進行規範，如汲古閣本之「朙」，汪氏重刊本作「明」。

綜上，毛本源自《絕妙好詞》本，但兼採宋乾道本系統、宋嘉泰本系統。文淵閣本《于湖詞》、文津閣本《于湖詞》、文瀾閣本《于湖詞》皆以毛本為底本抄錄。錢塘汪氏本乃據汲古閣本重刻。

四、明崇禎張時行本《張于湖集》系統

此系統包含以下二本：

1. 明崇禎六年（1633）張時行刻《張于湖集》八卷，附錄一卷，傅增湘校，中國國家圖書館藏。（簡稱「明張時行本」）

2. 明崇禎十七年（1644）張弘開刊《張于湖集》八卷，附錄一卷，中國台北「國家圖書館」藏。（簡稱「明張弘開本」）

此二本間接源於宋嘉泰本，亦屬張孝祥詞的文集本，但分八卷，與宋乾道本系統六卷、宋嘉泰本系統四卷、毛本三卷均不同，且文字與上述三個系統有較大差異，故單列為一個系統。

明張時行本半頁九行，行二十字。白口，四周單邊，魚尾上題書名「張于湖集」，魚尾下方記卷名（如「樂府」）、頁碼。首頁有「張時行私記〔註21〕一篇，云該本由焦澹園於萬曆年間從內閣手抄而來，由張時行彙集為八卷並刊刻而成。明代《文淵閣書目》卷九著錄「張氏《于湖居士文集》一部六冊，全」，明《內閣書目》卷三著錄「《于湖文集》六冊全，宋孝宗朝張孝祥著，凡四十卷」。從卷數上看，明內閣所藏六冊本《于湖文集》與宋嘉泰四十卷本系統一致，並非焦竑所抄之內閣本。《文淵閣書目》另著錄一部張孝祥集：「《張紫薇集》一部三冊完全。」〔註22〕則焦竑所抄之明內閣本，或即《張紫薇集》。「張時行私記」後有全書目錄，目錄後有嘉泰元年（1201）謝堯仁序，次同年張孝伯序。此本收張孝祥詞 159 首。張時行本內鈐「沅叔手校宋本」「沅叔手校」「宗室盛昱收藏圖書印」，知此本為盛昱舊藏，傅增湘曾用宋本校勘。原書中

〔註21〕原作「張行時私記」，當為「張時行私記」之誤。

〔註22〕（明）楊士奇等：《文淵閣書目》，第 127 頁。

有傅氏朱筆批校，直接在原書上改字，如《浣溪沙·坐上十分客》，傅增湘將「分」改為「八」。傅氏還在各詞詞牌上方標注宋本卷頁，如《如夢令·木樨》，詞牌上方標「三十三，五十四」。核宋嘉泰本卷三十三第五十四首詞即《如夢令·木犀》。又《菩薩蠻·登浮玉亭》詞牌上方標「三十四，七」，確係宋嘉泰本卷三十四第七首詞。傅增湘《藏園訂補郘亭知見傳本書目》云：「《張于湖集》八卷，宋張孝祥撰，明焦竑訂。明崇禎六年張時行刊本，余有一帙，余據宋刊四十卷本校，補詩四十一首，又卷三十詞一卷，卷三十六尺牘一卷。」〔註23〕前文已述《藏園群書經眼錄》載傅氏曾獲觀袁克文舊藏宋嘉泰間刊四十卷本《于湖居士文集》，今檢傅氏批校，改動後文字均與宋嘉泰本同，故此本為傅增湘據宋嘉泰本校勘之本。

明崇禎十七年張弘開刊本字體、版式、詞作排列順序均與明張時行本同，卷首宋謝堯仁序，次張孝伯序，再次為明錢禧序，末署「甲申（1644）重九書於長干僧舍吳門錢禧」。錢禧序後為明楊侯胤「張于湖先生跋」，此後為全書目錄。內鈐「明善堂覽書畫印記」「安樂堂藏書記」「小李山房圖籍」「結一廬藏書印」等印。經筆者校勘發現，張弘開刊本與傅氏校改之前的文字相同。但張時行本與張弘開本大量字形有差異，且字體風格不同，明顯不是一個版本，也並未發現補版跡象。如張時行本《浣溪沙·餞鄭憲》「一時賓主看談鋒」，張弘開本「賓」作「賔」；張時行本《如夢令·木樨》，張弘開本「夢」作「夣」。張弘開本較張時行本晚出，當據張時行本重刻。

張時行本系統159首詞中，有154首見於宋嘉泰本，但詞作排列順序、文字內容均與宋嘉泰本有明顯差異，如張時行本《長淮歌詞》，宋嘉泰本作《六州歌頭》；張時行本《滿江紅·蕪湖玩鞭亭》，宋嘉泰本作《滿江紅·于湖懷古》。此外，張時行本較嘉泰本多收5首詞：《滿江紅·詠雨一作憶舊》（斗帳高眠）、《風入松慢》（東風巷陌暮寒驕）、《唐多令》（花下調箜篌）、《唐多令》（花下鈿箜篌）、《風入松慢·又一體》（東風巷陌暮寒驕）。《滿江紅·詠雨》前文已述，非于湖詞。《唐多令》（花下鈿箜篌）、《風入松慢·又一體》（東風巷陌暮寒驕）只有上闋，缺下闋，二詞上闋又見元張翥《蛻岩詞》卷下《唐多令·寄意箜篌曲》、《風入松·廣陵元夜病中有感》，疑為張翥詞誤入。此外，另有兩首完整的《風入松慢》（東風巷陌暮寒驕）、《唐多令》（花下調箜篌），二詞上闋同張翥詞，下闋不明來源。

〔註23〕莫友芝撰、傅增湘訂補：《藏園訂補郘亭知見傳本書目》，第1196頁。

張時行本系統脫文5處，如《菩薩蠻》第十四首「秋夕溥清露，玉繩耿耿銀潢注」，「秋夕溥清露」，宋嘉泰本系統皆作「冥蒙秋夕溥清露」，張時行本、張弘開本脫「冥蒙」二字。《踏莎行・壽黃叟併以送行》「黃叟」，各本均作「黃堅叟」。「黃堅叟」即「黃仁榮」，字「堅叟」，張時行、張弘開本脫一「堅」字。張時行本、張弘開本亦有不少訛文，如《菩薩蠻》第十七首「香閨」誤作「香圍」，《念奴嬌・欲雪呈朱漕元順》「天氣」誤作「天意」。但張時行本系統較宋嘉泰本系統文字亦有勝處，如填補了宋嘉泰本系統脫文。前文已述宋嘉泰本于湖詞中兩處脫文，此系統均不脫。再如張時行本系統文字偶有勝於宋嘉泰本系統者，如《菩薩蠻・贈箏妓》「匆匆鶯語囀，待寫昭君怨」，「寫」，宋嘉泰本作「寓」。「昭君怨」為詞牌名，宋楊萬里有《昭君怨・詠荷上雨》。「寓昭君怨」不通，當以「寫」字為是，義為倚聲填詞，如宋饒節《倚松詩集》「清商自寫昭君怨」，宋洪晧《鄱陽集・漁家傲》「琵琶莫寫昭君怨」，皆其義。

張時行本乃焦竑從明內閣抄出，可能源於《張紫薇集》。張弘開本乃據張時行本重刻。此系統雖然晚出，亦有不少脫訛，但具有校勘價值，可補嘉泰本系統之失。

五、古代版本源流小結

以上對于湖詞宋嘉泰本系統、宋乾道本系統、《中興以來絕妙詞選》系統、明張時行本系統進行了梳理，其版本源流，可圖示如下：

于湖詞版本源流圖

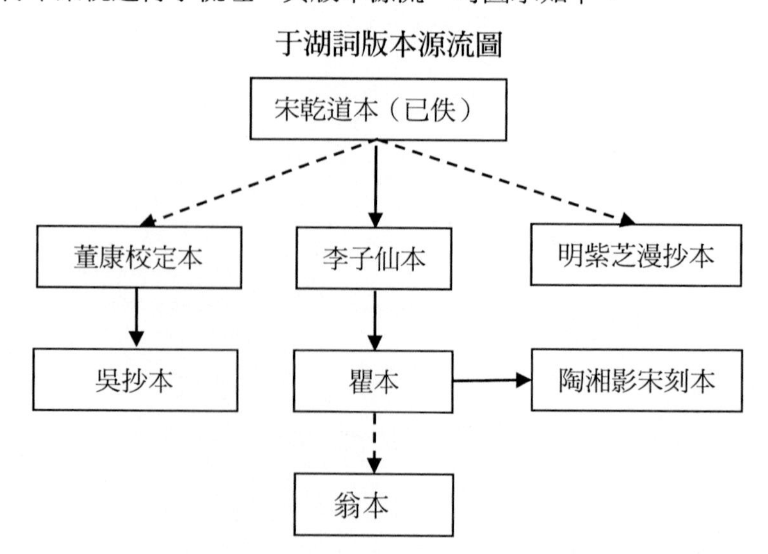

1. 宋乾道本《于湖先生長短句》系統

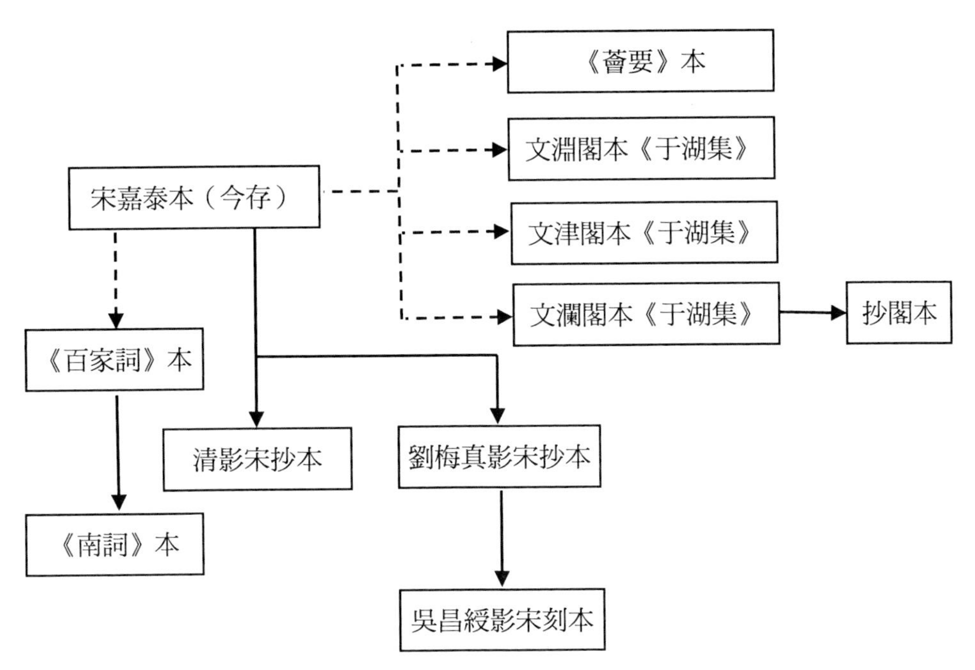

2. 宋嘉泰本《于湖居士文集》系統

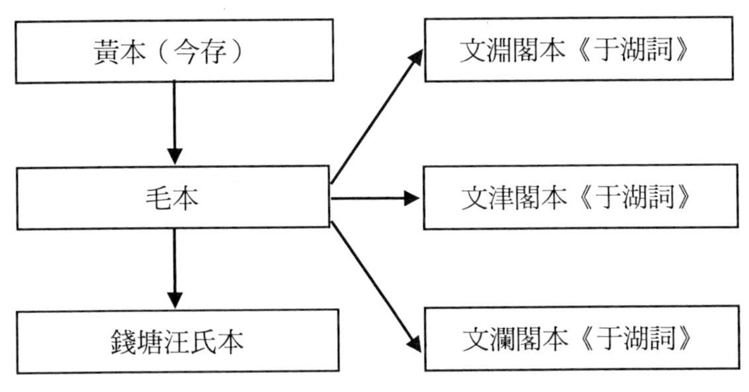

3.《中興以來絕妙詞選》系統

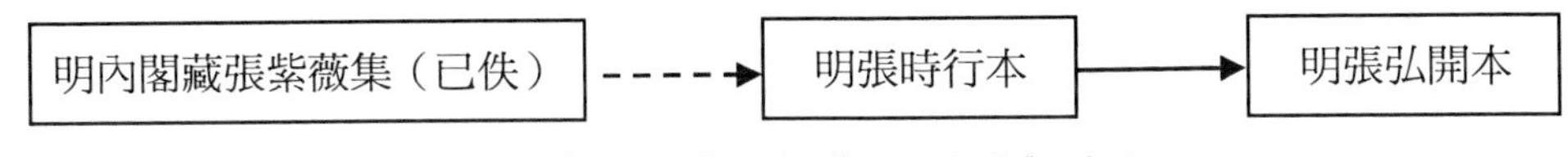

4. 明崇禎張時行本《張于湖集》系統

宋嘉泰本系統與宋乾道本系統是《于湖詞》最為重要的版本系統，二者互為補充，各有優劣。宋嘉泰本系統收詞數量多，內容完備，脫訛較少，較宋乾道本系統多收 44 首于湖詞。宋乾道本系統原刻已佚，可貴之處在於保留了于湖詞的宮調，較宋嘉泰本系統多收 37 首于湖詞。就兩個系統而言，宋乾道本系統反映了于湖詞早期的面貌，此系統中清影宋抄諸本品質佳，明紫芝漫抄本則脫訛嚴重。宋嘉泰本系統較為精良，其中宋嘉泰本尚存，乃經校勘後編定之本，然簡省詞題情況嚴重，致語義時有不通。《百家詞》本脫訛尤多，品質最差。四庫諸《于湖集》本「于湖詞」皆源於宋嘉泰本，文津閣本《于湖集》最接近宋嘉泰本，文瀾閣本《于湖集》則略有差異。《中興以來絕妙詞選》系統保留了 3 首未見於上述二系統的于湖詞，有保存之功。毛本乃兼採黃本與乾道本、嘉泰本而成。四庫諸《于湖詞》本又以毛本為底本。明張時行本系統源於明內閣藏《張紫薇集》，明張弘開本則據明張時行本重刻。此系統較以上三個系統晚出，文字亦有脫訛，且誤收 5 首他人詞作。但文字亦有勝處，有校勘價值。

六、當代整理本

當代有于湖詞整理本 4 種：

（一）《全宋詞》本《張孝祥詞》

唐圭璋編，1965 年中華書局出版。

《全宋詞》所收「張孝祥詞」依據《于湖居士文集》及《于湖先生長短句》，但並未標明具體版本。通過校勘筆者發現，《全宋詞》本「張孝祥詞」實是在宋嘉泰本及陶湘影宋刻本的基礎上校改而成，另有二首來源於《全芳備祖》前集，一首來源於《永樂大典》。且《全宋詞》本在宋嘉泰本與陶湘影宋刻本有差異時，多依陶湘影宋刻本。陶湘影宋刻本固不乏勝處，但俗字頗多，源於坊本，不及宋嘉泰本可靠。《全宋詞》倚重陶本，尚可商榷。《全宋詞》整理者對其所據底本進行文字校改，但並未以任何形式加以說明，這一方法並不妥當。如《全宋詞》中張孝祥詞《西江月》第三首「冉冉寒生碧樹」，題目《西江月》，宋嘉泰本系統作《西江月・重九》，此詞應作於農曆九月初九，即重陽節，故詞中有「與君相遇更天涯，拚了茱萸醉把」之句，古有九月九日佩茱萸驅邪避惡的習俗，與文題合。《全宋詞》本注明該詞據《于湖居士文集》卷三十四，即宋嘉泰本系統，卻刪去了嘉泰本系統中「重九」二字，改同陶湘影宋刻本系統，是刪所不當刪。又《鷓鴣天・送陳倅正字攝峽州》「明時合下清猿淚，閑日須題采鳳箋」，「須」，宋乾道本系統皆作「頻」。此詞是張孝祥送陳倅赴峽州任職之作，摯友離別，心情沉重。「落魄」「意淒然」「清猿淚」更烘托了悲涼的氛圍。「采鳳箋」在這裡當代指書信，詞人提醒好友要經常書信往來，自當以「頻」為是。《全宋詞》本注明據《于湖先生長短句》拾遺，卻改字作「須」。實際上《于湖先生長短句》在內的各本皆作「頻」，此處《全宋詞》自相抵牾。《全宋詞》本「張孝祥詞」據以校勘的版本不夠全面，宋刊《中興以來絕妙詞選》、《百家詞》本、明紫芝漫抄本、明張時行本等有特色的本子沒有納入參校範圍。

（二）《于湖居士文集》

徐鵬點校，2009 年上海古籍出版社出版。

徐鵬點校本《前言》曰：「現以《四部叢刊》影印慈溪李氏藏宋刊本為底本，校以乾道本《于湖先生長短句》、《宋名家詞》本《于湖詞》、《百家詞》本《于湖詞》、雙照樓校寫本《全芳備祖詞抄》、《永樂大典》等。」〔註 24〕乾道本《于湖先生長短句》已佚，不知徐先生如何得見？又《宋名家詞》本、《百家詞》本《于湖詞》均未注明版本，不明所據。《宋名家詞》本屬於宋乾道本系統，《百家詞》本屬於宋嘉泰本系統，而徐氏並未加以區分。

（三）《張孝祥詞校箋》

宛敏灝校箋，2010 年中華書局出版。

宛敏灝《校箋》本《前言》曰：「《于湖詞》今傳兩宋本：其一為乾道七年（1171）建安劉溫父所編之《于湖先生長短句》，另一種是嘉泰元年（1201）張孝伯在南昌編印的《于湖居士文集》樂府四卷。後者流傳較廣，前者至今僅有《影印宋金元明本詞》一種……為使此宋本多得流傳，本箋特採作底本而校以集本《樂府》、天津影印鈔本《百家詞》及汲古閣《名家詞》等。」〔註 25〕宛先生所謂「劉溫父所編之《于湖先生長短句》」即本文所稱「宋乾道本」，「《影印宋金元明本詞》」即本文所稱「陶湘影宋刻本」。宛先生選擇陶湘影宋刻本作為底本，並稱劉溫父所編《于湖先生長短句》僅存此一本。實際上，乾道本系統有明紫芝漫抄本、毛本、李子仙影宋抄本、瞿本、翁本、董康為吳昌綬錄副本、吳抄本、陶湘影宋刻本，遠不止陶湘影宋刻本一種存世，而陶本乃據瞿本影刻。若宛先生選擇李子仙影宋抄本或瞿本為底本，可能更有利於「使此宋本多得流傳」。

〔註 24〕徐鵬：《于湖居士文集》，上海：上海古籍出版社，2009 年，第 10 頁。

〔註 25〕宛敏灝：《張孝祥詞校箋》，北京：中華書局，2010 年，第 30 頁。

（四）《張孝祥集編年校注》

辛更儒校注，2016年中華書局出版。

辛更儒《校注》本《凡例》稱：「本書以《四部叢刊》初編所收的影印宋刊本《于湖居士文集》為底本，以明崇禎六年張時行刊本《張于湖集》校其全集……以宋乾道七年刊本《于湖先生長短句》五卷和拾遺一卷、宋人所編詞選如《中興以來絕妙詞選》（即《花庵詞選》後集十卷）、《全芳備祖》、《類編草堂詩餘》等校其詞。」〔註26〕辛先生所用校本與徐先生類似，開列版本不全，對于湖詞版本源流沒有明確梳理。

以上 4 種整理本對于湖詞的整理研究起到了巨大的推進作用，值得我們充分肯定。但稍有遺憾的是，4 種整理本均沒有對于湖詞的版本源流作出全面、系統的歸納分析。由於版本源流梳理不清，可能會對不同版本間異文判斷產生不利影響。根據本文的調查，筆者認為整理于湖詞當以宋嘉泰本原本為底本，並據宋乾道本系統的李子仙影宋抄本校補，酌校毛本、明崇禎張時行本等，可得圓滿。

第二節　《全宋詞》本「于湖詞」校議

《全宋詞》是宋詞整理的集大成之作，經唐圭璋、王仲聞兩位學者先後數十年辛勤整理，可謂既精且博。但是限於主觀客觀原因，仍不免智者千慮之一失。上文已粗略述及《全宋詞》本于湖詞底本來源及其擅改底本文字而不加說明之弊。

下文將結合具體校勘實例，從《全宋詞》文字之訛誤、改字之可議、底本校本之權衡等方面對《全宋詞》本「張孝祥詞」進行詳細討論，旨在從一個側面揭示其存在的問題，為正確使用《全宋詞》以及今後完善《全宋詞》提供一定的參考。

一、《全宋詞》文字之訛誤

根據《全宋詞》本「張孝祥詞」小注，我們得知《全宋詞》本「張孝祥詞」絕大部分來源於《于湖居士文集》四卷本、《于湖先生長短句》五卷拾遺一卷本。另有二首來源於《全芳備祖》前集、一首來源於《永樂大典》。「張孝祥詞」

〔註26〕辛更儒：《張孝祥集編年校注》，北京：中華書局，2016年，第1頁。

第二十八首《轉調二郎神》詞末有小注：「以上《于湖居士文集》卷三十一。」第六十七首《畫堂春・上老母壽》詞末有小注：「以上《于湖居士文集》卷三十二。」第一百二十首《如夢令・木犀》詞末有小注：「以上《于湖居士文集》卷三十三。」第一百八十一首《蒼梧謠》詞末有小注：「以上《于湖居士文集》卷三十四。」這部分詞作皆遵宋嘉泰本次序，文字也多與宋嘉泰本同，以下不再詳舉。《于湖居士文集》本「張孝祥詞」後，《全宋詞》的編者又對照《于湖先生長短句》，刪其重複，補其遺漏。這部分詞作次序、文字多與陶本《于湖先生長短句》同。詞末同樣有注：「以上《于湖先生長短句》卷×。」

通過校勘，筆者發現。《全宋詞》本「張孝祥詞」在底本的基礎上對詞中某些字句進行了改動，其間是者固多，而謬誤亦所不免。為行文方便，下文摘句皆依中華書局本《全宋詞》。

1.《水調歌頭・送劉恭父趨朝》：「玉書下，褒懿績，促曹裝。」「玉書」，宋嘉泰本作「璽書」。

案：「璽書」，秦以後專指皇帝的詔書，「玉書」也有天子詔書之義，二詞可通。此處當作「璽書」。張孝祥《水調歌頭・凱歌上劉恭父》「聞道璽書頻下，看即沙堤歸去，帷幄且從容」可與之互證。《全宋詞》將「璽書」改為「玉書」，殆據陶本改，實則宋嘉泰本不誤，不必改。

2.《臨江仙》：「試問宜樓樓下竹。」「試問」，宋嘉泰本作「問訊」。

案：「問訊」指問候、慰問。張孝祥詞《西江月・丹陽湖》「問訊湖邊春色，重來又是三年」可與之互證。「試問」乃試著提出問題，嘗試性地問，其後應接一個問句，如孝祥《臨江仙》「試問梅花何處好」？《全宋詞》本改「問訊」為「試問」，與陶本同，殆依陶本。似是而實非。

3.《減字木蘭花・黃堅叟母夫人》，「黃堅叟母夫人」，宋嘉泰本作「黃堅叟母生日」，陶本作「上黃倅宅太淑人壽」。

根據宋嘉泰本、陶本小題，結合詞中「慈闈生日，見說今年年九十」一句，知本詞應是一首賀壽詞，乃張孝祥為黃倅母親祝壽而作。《全宋詞》本將小題改作「黃堅叟母夫人」，與各本皆異。「母夫人」是對別人母親的尊稱，這樣從題目中就不能反映出這首詞的「祝壽」主題。《全宋詞》本改宋嘉泰本「生日」二字為「夫人」，有臆改之嫌。

4.《菩薩蠻・諸客往赴東鄰之集》，「諸客往赴東鄰之集」，宋嘉泰本作「諸客赴東鄰之集」，陶本作「諸客往赴東鄰之集，戲作此小詞」。

《全宋詞》依宋嘉泰本，又據陶本增一「往」字，但卻不取陶本「戲此小詞「五字。實則有無「往」字意義並無差別，嘉泰本與陶本屬不同版本系統，《全宋詞》本此詞既以宋嘉泰本為底本，當遵其舊，刪「往」字是也。

5.《西江月》（冉冉寒生碧樹），宋嘉泰本作《西江月・重九》。

重九是重陽節的別稱，二九相重，故稱「重九」。詞中有「與君相遇更天涯，拚了茱萸醉把」一句，知當作於重陽節。《全宋詞》注明該詞據《于湖居士文集》卷三十四，即宋嘉泰本，卻刪去了嘉泰本「重九」二字，改同陶本，是刪所不當刪。

6.《浣溪沙》（康樂亭前種此君）詞有「今代孟士仍好客，政成歸去眷方新」一句。「孟士」，陶本作「孟公」。

案：「孟公」指西漢陳遵，字「孟公」。《漢書・游俠傳・陳遵傳》記載「遵嗜酒，每大飲，賓客滿堂，輒關門，取客車轄投井中，雖有急，終不得去」。孝祥以「孟公轄」的典故，表現重回故地時，主人款待之盛情。自當以「孟公」為是。此處毛本、文淵閣本《于湖詞》、《全宋詞》本皆作「孟士」，《全宋詞》不依底本陶本，而據毛本改字，殊誤。此例可知唐圭璋編《全宋詞》本張孝祥詞時曾參考過毛本，並據以校改文字。

7.《二郎神・七夕》：「喬□橘州風浪穩。」「喬」下一字宋嘉泰本、陶本皆作「口」（kǒu）字。「喬口」「橘州」均是古地名，位於今湖南省境內。杜甫《酬郭十五受判官》有「喬口橘洲風浪促，繫帆何惜片時程」句，「喬口」「橘州」與張孝祥此詞義同。《全宋詞》本「喬」下一字獨作方框。殆因「口」與方框「□」形似，造成訛誤。

8.《木蘭花》第三首「錦城起方面重，對籌壺、盡日雅歌閑。」「錦城」指成都，「方面」指「地方」，「重」是重要崗位。「起方面重」，指擔任成都這個重要地方的長官。「起」，陶本作「啟」，義自可通。唯崇禎毛晉刻本作「起」，當是音近之訛。《全宋詞》本亦作「起」，當是據毛本改。這一改動是不可取的。

此外，《全宋詞》中還有一處明顯的失校。《定風波》「老子婆婆成獨冷」一句，「婆婆」，陶本作「婆娑」。「老子婆娑」謂男子曠達不羈，如宋辛棄疾《沁園春・弄溪賦》：「徘徊久，問人間誰似，老子婆娑。」作「婆婆」顯然於義不合。《全宋詞》本作「婆婆」，乃延續宋嘉泰本之失。《全宋詞》中的「張孝祥詞」基本上是以宋嘉泰本為底本，以陶本為校本。此處宋嘉泰本誤，而陶本不誤，自應據陶本校改，並加以說明，《全宋詞》並未訂正，是一處失校例。

二、《全宋詞》改字之可議

古書版本不同，文字或異，其可兩通者有之，不能辨別是非者亦有之，兩存可也，不必改甲從乙。《全宋詞》之改字，即不乏可議者，條舉如下。

1.《六州歌頭》：「常南望、羽葆霓旌。」「羽葆」，宋嘉泰本作「翠葆」。《全宋詞》本作「羽葆」，同陶本，殆依陶本改。「翠葆」「羽葆」代指天子，義均可通。《全宋詞》本此首既以《于湖居士文集》為底本，則「翠葆」不必改「羽葆」。

2.《念奴嬌·欲雪呈朱漕元順》：「狐兔成車，笙歌震地，歸踏層城月。」「震」，宋嘉泰本作「隱」，黃本作「殷」。《全宋詞》本同陶本。

案：「隱」通「殷」，有震動義。如《史記·司馬相如列傳》：「車騎雷起，隱天動地。」依詞義，「震地」「隱地」「殷地」三者均通，此處都形容歌聲高亢。《全宋詞》本此詞既以嘉泰本為底本，自應從嘉泰本作「隱」，不必改「隱地」為「震地」。

3.《水龍吟·望九華山作》：「悵世緣未了，怱怱又去。」「怱怱」，陶本誤作作「忽忽」，宋嘉泰本作「匆匆」。《全宋詞》本改「匆匆」為「怱怱」，同毛本，殆依毛本改。「匆匆」「怱怱」表「倉促、急急忙忙」時，義自可通。「怱怱」也有倏忽、急速的意思。如宋王安石《驊騮》：「怒行追疾風，怱怱跨九州。」此處當作「匆匆」，張孝祥詞中另有三首可互證。《踏莎行》：「不藥身輕，高談心會。怱怱我又成歸計。」《浣溪沙·餞鄭憲》：「問君歸計莫怱怱。」《菩薩蠻·贈箏妓》：「怱怱鶯語囀。」以上三例，「怱怱」，各本均作「匆匆」，唯《全宋詞》本作「怱怱」。根據校勘我們可知，「匆匆」改「怱怱」為毛本所為。張詞中涉及「匆匆」一詞的共四處，其三處各本均作「匆匆」，知「匆匆」為張孝祥用字習慣，毛本作「怱怱」，當係臆改，《全宋詞》的四處均改作「怱怱」，從毛本，殊不可取。

4.《浣溪沙·母氏生辰，老者同在舟中》。小題中「生辰」二字，宋嘉泰本作「生朝」。《全宋詞》本作「生辰」，同陶本。「生朝」「生辰」均可指生日，如宋劉克莊《朝中措·元質侍郎生日》：「恰為仙佛做生辰，公又紱麒麟。」辛棄疾《漁家傲》詞序：「因其生朝，姑摭二事為詞以壽之。」《全宋詞》本當依其底本宋嘉泰本作「生朝」，不必改「生辰」。

5. 陶本在目錄上注明了于湖詞的宮調，十分可貴。而《全宋詞》編者並未保留陶本所載宮調，遺漏了詞學上的寶貴資料。陶本作為《全宋詞》的主校本，受到王仲聞先生的重視，正如王仲聞先生在《全宋詞審稿筆記》中所說：「陶本最可貴者，為注有宮調，可惜只在目錄上載明，以致《全宋詞》把宮調全部遺漏未錄。」王先生曾建議將「陶本所注宮調錄在各詞調名之下」，唐圭璋先生也曾作「同意」批覆。可惜最終二位先生的意見並未得到貫徹實行，實屬遺憾。未來如若對《全宋詞》進行修訂工作，可考慮增錄之。

三、小結

通過與各本詳校，並對異文加以分析，我們可以對《全宋詞》本于湖詞作如下的判斷：

第一，《全宋詞》雖注明了于湖詞依據《于湖居士文集》及《于湖先生長短句》，但並未標明具體版本。通過校勘我們發現，《全宋詞》本于湖詞是在宋嘉泰本及陶本的基礎上校改而成，並且在宋嘉泰本與陶本有差異的字詞問題上，多依陶本，不知是偶然之舉還是刻意為之。陶本固不乏勝處，但俗字頗多，源於坊本，不及宋嘉泰本可靠。《全宋詞》過於相信陶本，才導致了以上的某些失誤。

第二，《全宋詞》本于湖詞底本主體部分為宋嘉泰本，而以陶本為校本。宋嘉泰本未收之詞，則依陶本為底本。《全宋詞》整理者對其所據底本進行文字校改，但並未以任何形式加以說明，這一方法並不妥當。如果不是我們通校各本，則不能明白以上誤改以及不必改的情況，誤導讀者自所難免。因此，改字不出校記，這種做法違背了古籍整理原則。

第三，《全宋詞》本「張孝祥詞」除使用宋嘉泰本、陶本外，還參校過毛氏汲古閣本，並偶據改字。所改往往不當。

第四，《全宋詞》本「張孝祥詞」據以校勘的版本不夠全面，例如宋刊《中興以來絕妙詞選》、明天一閣抄《百家詞》、明抄《宋元名家詞》都有特色。校本不全面，對判斷是非帶來偏差，從而影響了校勘品質。

第五，《全宋詞》本于湖詞的校勘存在多處錯誤及值得商榷之處，《全宋詞》應當進行修訂，增加校本，每首詞注明不同出處，並增加校勘記。

第三章　辨偽與用韻研究

第一節　張孝祥「于湖詞」真偽考辨

張孝祥「于湖詞」比較通行的近人整理本有唐圭璋編《全宋詞》、徐鵬校點《于湖居士文集》、聶世美校點《于湖詞》、宛敏灝《張孝祥詞校箋》、辛更儒《張孝祥集編年校注》等。然而張孝祥部分詞作的真偽問題仍有爭議，如唐圭璋已指出《滿江紅・詠雨》《憶秦娥・雪》《憶秦娥・梅》是偽作，但後來的整理者未接受這一意見；又如《全宋詞》中《錦園春》（醉痕潮綠）詞同時見於張孝祥及盧祖皋名下，自相齟齬。

宋詞的整理研究，經過長期努力，已經取得全面系統的成果，如何把這一大批古典文學瑰寶的整理再進一步細化、精密化，是一個值得認真討論的問題，這篇關於張孝祥詞真偽問題的考辨即是一種嘗試。

一、張孝祥、盧祖皋詞考辨

《全宋詞》第四冊據《彊村叢書》收錄盧祖皋《錦園春三犯》二首，分別題《賦牡丹》《賦海棠》，其中《賦海棠》詞作：

> 醉痕潮玉。愛柔英未吐，露叢〔註1〕如簇《解連環》。絕豔矜春，分流芳金谷《醉蓬萊》。風梳雨沐。耿空抱〔註2〕、夜闌清淑《雪獅兒》。杜老情疏，黃州賦〔註3〕冷，誰憐幽獨《醉蓬萊》。玉環睡醒未

〔註1〕「叢」，張孝祥名下《錦園春》作「花」。
〔註2〕「耿空抱」，張孝祥名下《錦園春》作「偏只欠」。
〔註3〕「賦」，《錦園春》作「恨」。

足。記傳榆試火，高照宮燭《解連環》。錦幄風翻，渺春容難續《醉蓬萊》。迷紅怨綠。漫惟有、舊愁相觸《雪獅兒》。一舸東遊，何時更約，西飛鴻鵠《醉蓬萊》。〔註4〕

其上闋「醉痕潮玉」至「誰憐幽獨」十句又見《全宋詞》第三冊張孝祥詞，題《錦園春》，顯為重出之詞。唐圭璋先生對這首詞的重出問題沒有表態。徐鵬《于湖居士文集》（下簡稱《文集》）、聶世美《于湖詞》、宛敏灝《張孝祥詞校箋》（下簡稱《校箋》）將《錦園春》作為張孝祥詞收錄，是默認該詞為張孝祥所作。周玉魁《詞調叢考（續篇）》稱「今考此詞，實乃截取盧祖皋《錦園春三犯・賦海棠》一首之上片，又妄分作雙疊，誤作張孝祥詞。……《全宋詞》亦據以補入張孝祥詞中，實皆大誤」〔註5〕。這裡沒有作詳細論證，很難對這一糾紛作徹底了斷。辛更儒可能也注意到了這一分歧，其《張孝祥集編年校注》（下簡稱《校注》）未收錄《錦園春》一詞，無疑是默認該詞並非張孝祥所作。總之，關於這首詞作者的歸屬問題，眾說紛紜，迄無定說。要想徹底解決這一問題，還要究其根本，從這兩首詞的文本來源入手。

從詞作來源上看，《錦園春》既不見於張孝祥全集《于湖居士文集》，亦不見於其詞別集《于湖先生長短句》。將《錦園春》歸於張孝祥名下，始於宋陳景沂所編《全芳備祖》。清康熙年間王奕清、陳廷敬等奉敕編撰《欽定詞譜》，即據《全芳備祖》收入張孝祥《錦園春》，詞末有按語稱「此詞《于湖集》不載，舊譜亦遺之，今從《全芳備祖》採入」〔註6〕，似對鈎稽此詞頗為得意。《全宋詞》亦據《全芳備祖》將此詞歸入張孝祥名下，並注云：「《全芳備祖前集》卷七《海棠門》。」《全芳備祖》是一部專門載錄植物資料的類書，包羅萬象，其中包括大量詩詞，是後世學者輯佚的重要材料。但其中的詩詞真偽摻雜，存在不少「張冠李戴」的現象，僅錢鍾書《宋詩紀事補正》就訂補誤題作者50多處，劉蔚《〈全芳備祖〉文獻疏失舉證》又發現誤題70餘處。足見《全芳備祖》所錄詩詞不盡可靠，以《全芳備祖》作為收錄張孝祥《錦園春》詞的唯一依據，不無隱患。

盧祖皋名下的《錦園春三犯》上下闋俱全，當然不是從《全芳備祖》中收入的，而另有來源。現存最早的盧祖皋詞集版本是宋黃昇編、淳祐九年（1249）

〔註4〕唐圭璋編：《全宋詞》，第四冊，北京：中華書局，2009年，第2410頁。
〔註5〕周玉魁：《詞調叢考（續篇）》，《中國韻文學刊》，1997年第2期，第32頁。
〔註6〕王奕清、陳廷敬《欽定詞譜》，中國書店影印清康熙五十四年內府刻本，第一冊，1983年，第329頁。

劉誠甫刻《中興以來絕妙詞選》本，僅收錄盧祖皋詞 24 首，不包含《錦園春三犯・賦海棠》。但《絕妙詞選》云盧祖皋「有《蒲江詞稿》行於世」，可知盧祖皋詞在《絕妙詞選》之外尚有別集。《絕妙詞選》是詞選集，編選標準較為嚴苛。以張孝祥詞為例，現今可知的張孝祥詞作有 222 首，《絕妙詞選》僅選 24 首，大致相當於全部詞作的十分之一。因此《絕妙詞選》只能體現詞人詞作的最高水平，而不能反映詞人詞作的全貌。《絕妙詞選》所選盧祖皋詞中沒有《錦園春三犯》，並不能說明《錦園春三犯》不是盧祖皋所作，《錦園春三犯》完全可能見於盧祖皋詞別集《蒲江詞稿》。

《蒲江詞稿》原本已不得見，但舊題明天順六年（1462）李東陽所輯《南詞》中有盧祖皋《蒲江詞稿》一卷，收詞 96 首。《南詞》所據多為善本，其序云「從故藏書家得珍秘繕本，載宋元諸名家所作詞凡六十四家，計八十七卷，目曰《南詞》，藏於家塾」，可見其底本精良。《南詞》本《蒲江詞稿》很有可能就是宋本《蒲江詞稿》的衍生本，清人朱祖謀即云《南詞》本「疑即黃叔暘所謂『有《蒲江詞稿》行於世』者」。《南詞》今僅存清彭元瑞知聖道齋舊藏明紫芝漫抄本、中國國家圖書館藏董康誦芬室抄本。知聖道齋本共收 42 家詞，原藏日本大倉文庫，2013 年北京大學圖書館購歸，並於 2020 年由北京大學出版社影印出版。董康本僅有 13 家，是自知聖道齋本選抄而來，無張孝祥、盧祖皋詞。因此知聖道齋本無疑是現存最完整的《南詞》傳本。今檢北京大學出版社影印本《南詞》，發現其中既收有張孝祥《于湖詞》二卷，又有盧祖皋《蒲江詞稿》一卷，而《錦園春》不見於《于湖詞》，僅見於《蒲江詞稿》。經比勘，《于湖詞》二卷源出宋嘉泰本《于湖居士文集》，底本精善。且在《南詞》本《于湖詞》中並未發現偽作，亦未見與其他詞人詞作歸屬問題上的糾紛。

通過以上文本來源的追溯，已能初步認定《錦園春》原有上下兩闋，收入盧祖皋《蒲江詞稿》。宋陳景沂編纂《全芳備祖》時誤將盧祖皋《錦園春》詞上闋收入張孝祥名下，這一失誤延及康熙《欽定詞譜》及《全宋詞》。而詞人寫作偏好及詞作編排上的線索，則有助於最終認定這一結論。《錦園春》是較為常見的詞牌，但在這一詞牌之下使用三犯手法的詞卻不常見。《南詞》本《蒲江詞稿》中所收兩首採用三犯手法的《錦園春》，吟詠對象皆是花卉，且二詞連排，明顯是一組詞。而《全芳備祖》所收張孝祥《錦園春》同樣採取了三犯手法，但僅相當於盧祖皋二首中《賦海棠》之上闋。又檢張孝祥全集、詞別集，均未見《錦園春》詞，亦無其他採用三犯手法的詞。由此更知《全芳備祖》所收張孝祥《錦園春》是盧祖皋詞之半闋。

既然《全宋詞》據《全芳備祖》所收張孝祥《錦園春》是偽作，那麼《全宋詞》盧祖皋名下的《錦園春》又是否可靠呢？《全宋詞》本盧祖皋詞末注「以上《彊村叢書》本《蒲江詞稿》」，可知此詞來源。朱祖謀《彊村叢書》中收入盧祖皋《蒲江詞稿》一卷，《彊村叢書》目錄「盧祖皋《蒲江詞稿》一卷」下方有「知聖道齋藏明鈔本」八小字，《蒲江詞稿》末又有朱祖謀跋稱「《蒲江詞稿》一卷，南昌彭氏知聖道齋藏明鈔《南詞》本」，可知《彊村叢書》本《蒲江詞稿》所據當為知聖道齋本《南詞》。但《彊村叢書》本、知聖道齋本《蒲江詞稿》並非完全相同，當經朱祖謀校改，而《錦園春》詞就在朱祖謀改動之列。

知聖道齋《南詞》本《蒲江詞稿》目錄記有「《錦園春》二首」，正文分別題作《錦園春・賦牡丹三犯》《錦園春・賦海棠》。《彊村叢書》本目錄作「《錦園春三犯》二」，正文分別題作《錦園春三犯・賦牡丹》《錦園春三犯・賦海棠》。書末朱祖謀《蒲江詞稿校記》云：「《錦園春三犯》，原本『三犯』二字在『牡丹』下。」所謂「三犯」，即一曲用三個宮調，王易《中國詞曲史》解釋甚詳：「盧祖皋《蒲江詞》中，《錦園春三犯》……其調兩用《醉蓬萊》，合《解連環》《雪獅兒》而成，故稱三犯。」〔註 7〕朱祖謀將《南詞》本《錦園春》小題「賦牡丹三犯」中的「三犯」移置詞牌名「錦園春」之後，並與「錦園春」一樣採用大字刊刻，這一改動變亂了盧祖皋原詞詞牌名，橫生出《錦園春三犯》這一並不存在的詞牌，毫無根據。《全宋詞》編纂之時雖不得見知聖道齋本《南詞》，但朱祖謀校記已經如實記述了改動《錦園春》詞牌名之事，可惜《全宋詞》並未據此更正詞牌名，而是徑從《彊村叢書》，誤作《錦園春三犯》。

簡言之，《全宋詞》之失有二：其一，誤據《全芳備祖》將盧祖皋《錦園春・賦海棠》上闋收入張孝祥名下；其二，誤據《彊村叢書》將盧祖皋《錦園春・賦牡丹三犯》題名改作《錦園春三犯・賦牡丹》，將盧祖皋《錦園春・賦海棠》題名改作《錦園春三犯・賦海棠》。而徐鵬《文集》、聶世美《于湖詞》、宛敏灝《校箋》均將盧祖皋《錦園春・賦海棠》上闋收入張孝祥名下，當是受到《全宋詞》的誤導所致。辛更儒《校箋》則未收入盧詞上闋，頗為審慎，值得稱道。

〔註 7〕王易：《中國詞曲史》，北京：中國書籍出版社，2017 年，第 83 頁。

二、張孝祥、朱熹詞考辨

徐鵬《文集》據《宋名家詞》本《于湖詞》卷一收錄張孝祥《憶秦娥・雪》《憶秦娥・梅》二詞：

> 雲垂幕，陰風慘澹天花落。天花落，千林瓊玖，滿空鸞鶴。征車渺渺穿華薄，路迷迷路增離索。增離索，楚溪山水，碧湘樓閣。
>
> 梅花發，寒梢挂著瑤台月。瑤台月，和羹心事，履霜時節。野橋流水聲嗚咽，行人立馬空愁絕。空愁絕，為誰凝竚，為誰攀折。

《全宋詞》第三冊朱熹詞據《宋元十五家詞》本「晦庵詞」亦收錄二詞，題《憶秦娥・雪梅二闋懷張敬夫》，並有案語稱「此二首《中興以來絕妙詞選》卷二誤作張安國（張孝祥字安國）詞」〔註8〕。同冊張孝祥存目詞部分，《全宋詞》則直接指出二詞為「朱熹作，見《晦庵詞》」〔註9〕。

《宋元十五家詞》乃清江標所輯《宋元名家詞》十五種，今存光緒二十一年（1895）湖南思賢書局刻本。江標序稱：「此彭文勤知聖道齋鈔宋元人詞，皆出汲古閣未刊本。余在京師從況夔生中書轉鈔得之，共二十二家……到湘後，聞思賢書局刻書甚精，乃出此帙以示張雨珊先生，遂去臨桂王氏四印齋已刻者不重出，共得十五家，名之曰《宋元名家詞》。」所謂「汲古閣未刊本」，即毛晉汲古閣刻《宋名家詞》六十種之外毛氏舊藏但未刊行的宋元人詞集，共有二十二種，清人習稱「汲古閣未刻詞」。「汲古閣未刻詞」先經揆敘收藏，後彭元瑞得見，謄抄一部，即知聖道齋本《汲古閣未刻詞》。清末江標得以從況周頤（字夔生）處借抄知聖道齋抄本，並以此為據編刻《宋元名家詞》15 種，其中即有朱熹《晦庵詞》。知聖道齋抄本《汲古閣未刻詞》原藏日本大倉文庫，今藏北京大學圖書館，2020 年北大出版社影印出版。經筆者比勘，知聖道齋抄《汲古閣未刻詞》本《晦庵詞》與江標《宋元名家詞》本《晦庵詞》基本一致，最大的不同在於江標本在知聖道齋本基礎上進行了補遺，而所補兩首詞恰恰就是《憶秦娥》雪、梅二詞。江標於《憶秦娥》下小字注曰「雪、梅二闋懷張敬夫，從《朱子全集》增入」，可知江標本中的《憶秦娥》並不來自朱熹詞別集，而是源出朱子文集系統。因此，《全宋詞》所收朱熹《憶秦娥》的源頭，實際上是朱子文集。

徐鵬《文集》較《全宋詞》晚出，但沒有接受唐圭璋的意見。它與《全宋

〔註8〕唐圭璋編：《全宋詞》，第三冊，第 1676 頁。

〔註9〕唐圭璋編：《全宋詞》，第三冊，第 1720 頁。

詞》分歧形成的根源，是二者所據詞集不同。因此考察這兩首詞作者的關鍵，仍在於文本溯源。

《憶秦娥》二首並不見於張孝祥別集《于湖居士文集》《于湖先生長短句》，徐鵬將《憶秦娥》二首歸於張孝祥名下的根據是明毛氏汲古閣編刻的《宋名家詞》，該書是明末以來于湖詞最通行的版本。經筆者考察，毛本《于湖詞》三卷有兩個來源，卷一源於宋黃昇編、淳祐九年劉誠甫刻《中興以來絕妙詞選》，卷二、卷三則源於宋乾道本《于湖先生長短句》。《中興以來絕妙詞選》所收張孝祥詞中已有《憶秦娥》二首，汲古閣《宋名家詞》本《于湖詞》卷一因之，徐鵬又據汲古閣本卷一收入。因此，徐鵬《文集》所收張孝祥《憶秦娥》的源頭，實際上是《中興以來絕妙詞選》。

據黃昇自序，《絕妙詞選》淳祐己酉（九年，1249）編成，由其友劉誠甫付梓。但在此之前的宋淳熙、紹熙年間，福建地區刊刻《晦庵先生文集》（即朱熹文集，以下簡稱「宋閩本」）卻將二詞作為朱熹詞收錄，題《憶秦娥・詠梅雪長沙道中作》。宋閩本今存中國台北「故宮博物院」，是現存朱熹文集最早的版本。宋本朱熹文集除閩本外，還有浙本，藏於中國國家圖書館（見圖一），《中華再造善本》已經影印。宋浙本卷十「樂府」部分所收朱熹詞十六首中並無《憶秦娥》二首，但卷五「詩」中卻有此二詞。卷五正文中二詞詞牌及小題已漫漶不可識，然據卷前目錄可知二詞題作《雪梅二闋奉懷敬夫》，且目錄中「敬夫」二字後有雙行小注云：「二闋合次樂府，以有後詩，仍舊編附此。」今檢浙本卷五《雪梅二闋奉懷敬夫》二首之後有詩《題二闋後自是不復作矣》，當即目錄小注中所謂「後詩」。《題二闋後自是不復作矣》表明了朱熹對填詞的態度，他把詞當作淆亂正道的靡靡之音，下決心不再填詞了，而引發此詩的就是《雪梅二闋奉懷敬夫》二首。浙本將二詞置於此詩之前，目的是說明朱熹作此詩之背景。同樣的情況還有《水調歌頭・聯句問訊羅漢》，宋浙本亦將此詞收錄卷五「詩」中，注明「此篇合次樂府，姑仍舊編附此」。可見，宋浙本與宋閩本頗有差異。但它們都將「梅」「雪」二詞作為朱熹詞收錄，無疑進一步說明「梅」「雪」二詞是朱熹所作。

簡言之，《憶秦娥》二首並不見於張孝祥別集《于湖居士文集》《于湖先生長短句》，最早將二詞歸入張孝祥名下的是《中興以來絕妙詞選》。而在《詞選》產生之前，兩個宋本朱熹文集已將二首詞收入朱熹名下。《詞選》將二詞歸於張孝祥，當是編選時誤收。

從《憶秦娥》的具體內容中，亦可得到二詞作者的線索。《憶秦娥》中多有「征車」「路迷」「行人立馬」等暗示旅途之語，「剡溪山水，碧湘樓閣」一句更是作者借用王徽之雪夜乘舟至剡溪拜訪友人戴逵的典故，懷念與友人在潭州（今湖南長沙）湘水邊的樓閣上暢談的場景。宋閩本《憶秦娥》詞題作「詠梅雪長沙道中作」，宋浙本《憶秦娥》詞題作「雪梅二闋奉懷敬夫」，知此詞當是作者離開長沙途中懷念張栻所作。

張栻，字敬夫，號「南軒」，後避諱改字「欽夫」，長期主講於長沙嶽麓書院、城南書院。張孝祥（1132～1170）、朱熹（1130～1200）皆與張栻（1133～1180）有交，三人間常有詩詞唱和，如朱熹有《南歌子・次張安國韻》，張孝祥有《南鄉子・送朱元晦行，張欽夫、邢少連同集》。

那麼懷念張栻的到底是朱熹還是張孝祥呢？張栻《南嶽唱酬序》云：「乾道丁亥秋，新安朱熹元晦來訪予湘水之上，留在閱月，將道南山以歸，迺始偕為此遊，而三山林用中擇之亦與焉。粵十有一月庚午，自潭城渡湘水。」〔註10〕可知乾道三年（1167）秋朱熹曾來長沙拜訪張栻，並於十一月離開。張孝祥於乾道三年五月奉命知潭州，其《送野堂老人序》有「乾道丁亥六月，余來長沙」句，可知六月張孝祥到達長沙赴任。乾道四年八月，張氏又改知荊南府、荊湖北路安撫使，離開長沙赴湖北荊州上任。乾道三年、四年，朱熹、張孝祥相繼離開長沙，從情理上看皆有懷念張栻的可能。但朱熹離開時是十一月，張孝祥離開時是八月，而《憶秦娥》第一首詞首句即作「雲垂幕，陰風慘澹天花落」，「天花」即飛雪，證明作者與張栻離別時是冬季。長沙地處南方，八月下雪的可能性極小，十一月下雪較合情理，因此作詞懷念張栻的當是朱熹而非張孝祥。

此外，宋人的零星記載中亦可為《憶秦娥》詞作者的判斷提供旁證，宋人王柏《跋文公梅詞真跡》稱：「今又獲拜觀文公先生懷南軒之句，曰：『和羹心事，履霜時節。』」〔註11〕而「和羹心事，履霜時節」恰為《憶秦娥・梅》中之句。

綜合文本溯源、詞作內容、時人記載，我們可以斷定《憶秦娥》二首是朱熹所作，與張孝祥無關。徐鵬《文集》將《憶秦娥》歸於張孝祥，尚可商榷。

〔註10〕（宋）張栻撰，鄧洪波校點：《張栻集・南軒先生文集》，長沙：嶽麓書社，2017年，第623頁。

〔註11〕（宋）王柏：《魯齋王文憲公文集》卷十一，民國《續金華叢書》本，第11頁a。

圖 1　中國國家圖書館藏宋浙江刻本《晦庵先生朱文公文集》

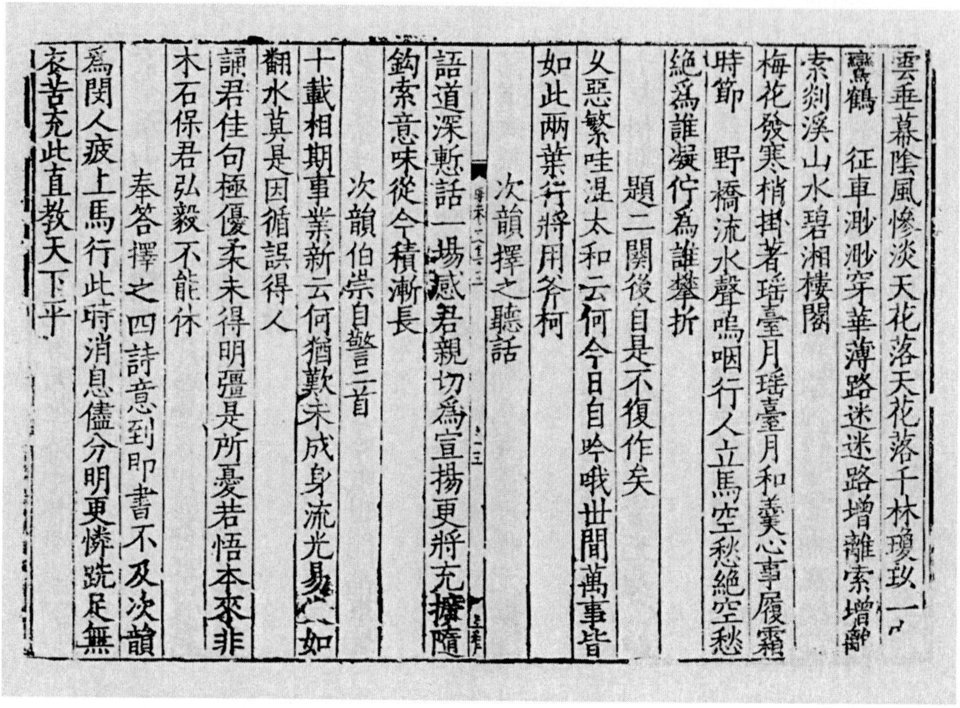

雲垂幕陰風慘淡天花落天花落千林瓊玖一[illegible]
鸞鶴　征車渺渺穿華薄路迷迷路增離索增[illegible]
索剡溪山水碧湘樓閣
梅花發寒梢掛著瑶臺月瑶臺月和羹心事履霜
時節　野橋流水聲嗚咽行人立馬空愁絕空愁
絕爲誰凝佇爲誰攀折
題二闋後自是不復作矣
久惡繁哇混太和云何今日自吟哦世間萬事皆
如此兩葉行將用斧柯
次韻擇之聽話
語道深慚話一場感君親切爲宣揚更將充擴隨
鈎索意味從今積漸長
次韻伯崇自警二首
十載相期事業新云何猶歎未成身流光易[illegible]如
翻水莫是因循誤得人
誦君佳句極優柔未得明彊是所憂若悟本來非
木石保君弘毅不能休
奉答擇之四詩意到即書不及次韻
爲閔人疲上馬行此時消息儘分明更憐跣足無
衣苦充此直教天下平

三、張孝祥與朱翌詞考辨

宛敏灝《校箋》據《于湖先生長短句》收錄《生查子・詠摺疊扇》一首，然宋人稱此非于湖詞。宋陳鵠《耆舊續聞》卷一云：「正如《詠摺疊扇》詞云『宮紗蜂趁梅，寶扇鸞開翅……』余嘗親見稿本於公（朱翌）家，今《于湖集》乃載此詞，蓋張安國嘗為人題此詞於扇故也。」洪邁《容齋詩話》卷六亦云：「中書舍人新仲翌……有《摺疊扇》詞云『宮紗蜂趕梅，寶扇鸞開翅……』公親書稿固存，亦因張安國書扇，而載《于湖集》中」。可見，此詞早在宋朝就被人誤作于湖詞，蓋張孝祥曾題此詞於扇面之故。

宛敏灝《校箋》目錄中未錄此詞，然其正文卷三卻又將此詞作為于湖詞收錄。考《校箋》底本陶湘影宋刻《于湖先生長短句》，發現《長短句》的目錄、正文皆誤收此詞。《校箋》誤收此詞，當是承陶湘之誤。

四、張孝祥詞與無名氏詞考辨

徐鵬《文集》、辛更儒《校注》皆收《滿江紅・詠雨》一詞：

斗帳高眠，寒窗靜，瀟瀟雨意。南樓近，更移三鼓，漏傳一水。

點點不離楊柳外，聲聲只在芭蕉裏。也不管滴破故鄉心，愁人耳。

無似有，遊絲細。聚復散，真珠碎。天應分付與，別離滋味。

破我一床蝴蝶夢，輸他雙枕鴛鴦睡。向此際別有好思量，人千里。

《全宋詞》將此詞歸於無名氏，唐圭璋《詞學論叢．宋詞互見考》則云：「此首無名氏詞，見至正本《草堂詩餘》。陳鍾秀本誤作張孝祥詞，後之選本並承其誤。」〔註 12〕

《草堂詩餘》乃南宋何士信選編，共四卷，主要收錄宋代詞作，間或有唐、五代詞。是書現存最早刊本為元至正十一年（1351）雙璧陳氏刻本，藏中國台北「國家圖書館」。然元刻本（圖 2）此詞下方未署詞人名，唐圭璋先生所云嘉靖十七年（1538）陳鍾秀校刊本（圖 3）亦未署作者名。

圖 2　中國台北「國家圖書館」藏元至正本《增修箋注妙選群英草堂詩餘》二卷

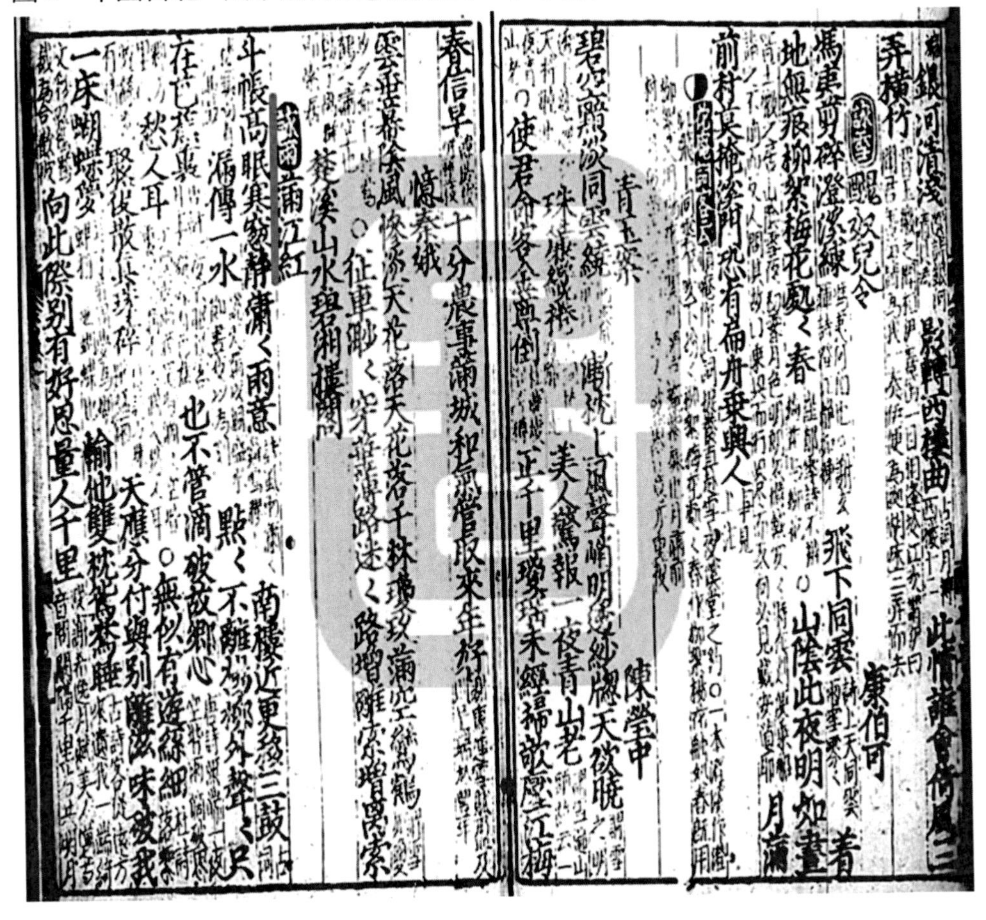

〔註 12〕唐圭璋：《詞學論叢》，上海：上海古籍出版社，1986 年，第 459 頁。

圖 3　中國國家圖書館藏本嘉靖十七年陳鍾秀校刊《精選名賢詞話草堂詩餘》二卷

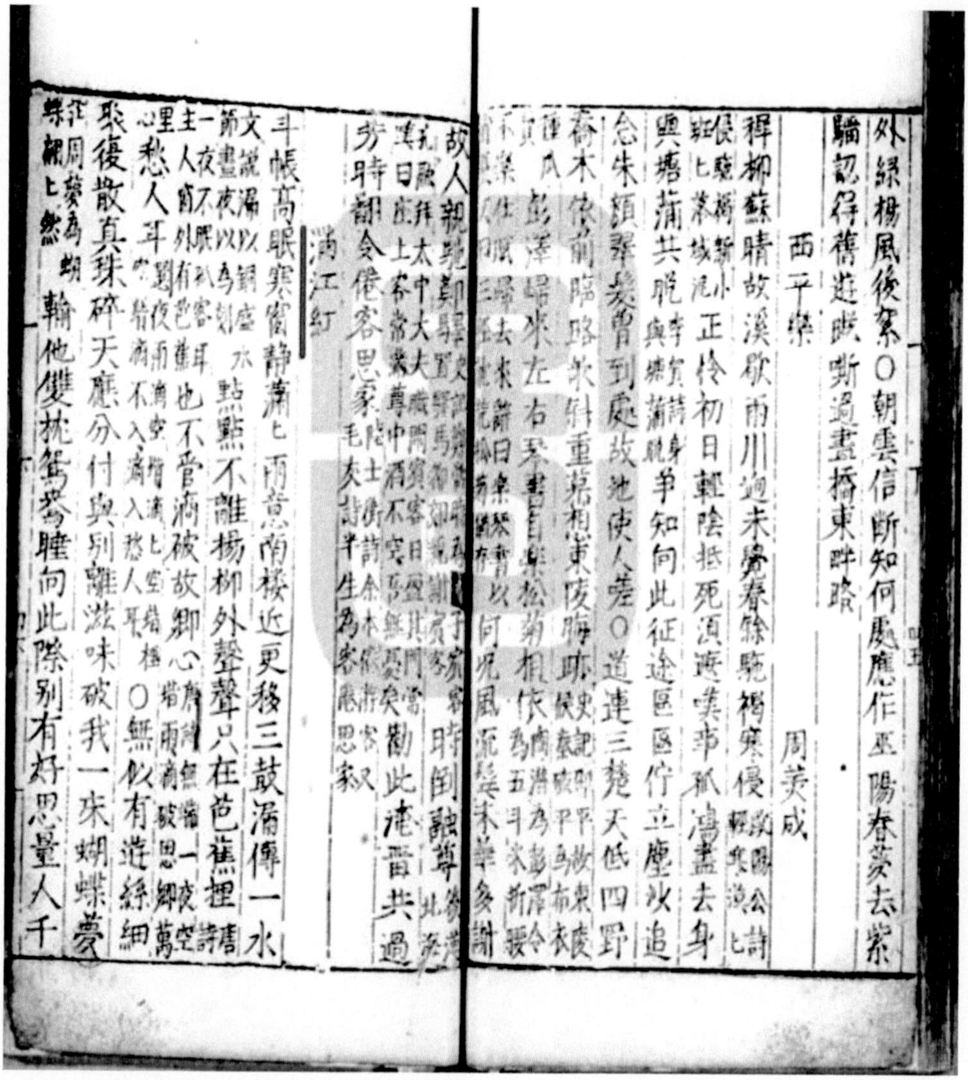

經筆者考校，國家圖書館藏嘉靖二十九年（1550）顧從敬編刻、開雲山農校正本《類編草堂詩餘》（圖 4）「詠雨」下方即題有「張安國」三字，首次將此詞誤歸於張孝祥名下。嘉靖末年楊慎評點、閔瑛璧刻朱墨套印本《草堂詩餘》等諸本亦沿其誤。

此後，明萬曆陳耀文編《花草粹編》，明末汲古閣刻《宋名家詞》、清朱彝尊編《詞綜》皆將此詞歸入張孝祥名下，徐鵬《文集》即據《宋名家詞》本《于湖詞》收錄。辛更儒《校注》稱此詞「僅見《類編草堂詩餘》卷三」，殆據明嘉靖二十九年後的《草堂詩餘》收錄。辛氏又韻：「此詞所寫乃行旅途中過鄂州南樓聽雨。于湖乾道三年夏赴潭州途中當經過鄂州，或有此作。然詞中『斗帳』『不管滴破故鄉心』、『破我一床蝴蝶夢』諸語，又頗與此行不類。蓋于湖此赴湖南，乃赴帥任，非士子尋常之游，且其父母兄弟皆隨行也。然于湖別無夏日過鄂州之經歷，以疑莫能定，故次於本年赴湖南諸作之末。」似此詞作於張孝祥赴潭州任途中過鄂州之時。然「南樓」作為古樓名，在唐宋時期見於多地，張孝祥赴任的目的地潭州亦有南樓，杜甫《舟中夜雪有懷盧十四侍御弟》詩云「暗度南樓月，寒深北渚雲」，仇兆鼇注云「是南樓即在潭州」。辛先生據《草堂詩餘》後期版本斷定《詠雨》是張孝祥所作，並據此推斷其創作歷程，略顯武斷。

唐圭璋雖然沒有準確判斷出此詞誤歸於張孝祥的準確時間，但明確指出此詞前人「誤作張孝祥詞」。徐鵬、辛更儒二位先生在整理張孝祥詞作時，未能吸取唐先生的正確意見，略顯遺憾。《全宋詞》將《滿江紅・詠雨》歸入無名氏，聶世美校點《于湖詞》、宛敏灝《張孝祥詞校箋》將此詞剔除，皆可稱道。

圖 4　中國國家圖書館藏明嘉靖二十九年顧從敬編刻、開雲山農校正《類編草堂詩餘》二卷

秋望　趙元積
慘結秋陰西風送絲絲雨濕凝望眼征鴻幾字暮投沙磧欲往鄉關何處是水雲浩蕩連南北但脩眉一抹有無中遥山色〇天涯路江上客腸已斷頭應白空搔首興嘆莫年離隔欲待忘憂除是酒奈酒行欲盡愁無極便挽將江水入樽罍澆胸臆

詠雨　張安國
斗帳高眠寒窗靜瀟瀟雨意南樓近更移三鼓漏傳一水點點不離楊柳外聲聲只在芭蕉裏也不管滴破故鄉心愁人耳〇無似有游絲細聚復散真珠碎天應分付與別離滋味破我一床蝴蝶夢輸他雙枕鴛鴦睡向此際別有好思量人千里

幽居　呂居仁
東里先生家何在山陰溪曲對一川平野數椽茅屋昨夜岡頭新雨過門前流水清如玉抱小橋回合柳參天搖新綠〇疎籬下叢叢菊虛簷外蕭蕭竹嘆古今得失是非榮辱須信人生歸去好世間萬事何時足問此春春醞酒何如今朝熟

五、結語

綜合以上四個典型案例，筆者認為文本溯源、內容考辨、史料輯考是詞作辨偽比較有效的方法，其中又以文本溯源較為重要。所謂文本溯源，就是探究一首詞作最早見於何書何本，在之後的流傳中又發生了怎樣的變化。從詞作載體版本的角度，宋本等早期版本較為可信。從詞作載體類型的角度，則應重視詞人別集，審慎採用選集和類書。如《中興以來絕妙詞選》《全芳備祖》皆有宋本存世，但《全芳備祖》是來源雜蕪的類書，存在大量詞作「張冠李戴」的現象。《中興以來絕妙詞選》雖是宋刻宋人選集，但編選時存在不少竄亂的偽作。

內容考辨是詞作辨偽的輔助手段。一首詞作總是在特定的時間、空間內產生，透過詞作中暗含的時空信息，有時可以得到詞作作者的線索。這些線索雖然大多不能直接揭示真實作者，但卻有可能幫助我們判斷一首詞作不是某人所作，起到排除的作用。如《憶秦娥》是在雪天懷念張栻所作，而張孝祥與張栻分別時尚在八月，不可能下雪，我們就更加相信該詞並非張孝祥所作。

史料輯考亦是詞作辨偽的輔助手段之一。一些詞作在產生之後會引起時人的重視，作為吟詠、記載的對象融入同時詩作、筆記等史料之中，這些同時之人的直接記載有時對於判斷詞作作者十分重要。如宋人王柏《跋文公梅詞真跡》中便記錄了《憶秦娥》中的一句，並稱是「文公先生懷南軒之句」，是證明《憶秦娥》是朱熹所作的有力旁證。

隨著古籍數字化與古籍數據庫建設的快速發展，大量新材料不斷進入文學研究者的視野。借助這些新材料，我們既可以廣泛鉤稽遺文佚詩，亦可對已知文學作品的真偽問題進行全新的審視，而這一切都將逐漸重塑文學文獻及文學史研究的生態。我們期待看到更多文學辨偽的個案實踐與理論探討，不斷夯實古典文學研究的根基。

第二節　張孝祥詩詞用韻研究

中國語音史的研究，主要的材料有兩類，一是字典式的韻書，如《廣韻》《集韻》《禮部韻略》等。二是大量存世的韻文，其中又以詩詞為大宗。韻書的規定，被認為是檢驗詩詞作品是否合乎規範的標尺，但是，研究結果發現不合尺規的情況並不少見，這說明韻書的規定有時候只是「應然」，不一定完全遵守。而詩詞實際的用韻情況，才是弄清楚詩人用韻真實體系的真正途徑，我們可以認為是「實然」。「應然」和「實然」之間實際差異如何是不可回避的問題，而這一問題的解決需要大量細緻的個案研究。本文選擇南宋張孝祥的詩詞用韻研究，主要目的是從一個具體作家作品的角度窺見南宋詩詞用韻的實況。

張孝祥是南宋高宗紹興二十四年殿試第一，是南渡詞壇向中興詞壇過渡的代表人物之一，他的詩詞效仿蘇軾而自成一家。不僅是南宋文學創作的表率，亦是詩詞格律方面的表率。本文研究張孝祥詩詞用韻，旨在對中國語音史的研究準備個案的例證。

關於張孝祥詩詞用韻的個案研究，目前學界還沒有專門的成果，但是對於宋詞用韻的整體研究已經出現了若干有分量的成果，例如魯國堯先生的《論宋詞韻及其與金元詞的比較》、劉曉南先生的《宋代文士用韻與宋代通語及方言》、魏慧斌先生的《宋詞用韻研究》。關於宋詩用韻的地域研究有呂玲娣《宋代安徽詩人用韻研究》等論文。這些成果顯然應當涵蓋張孝祥詩詞用韻的情況，但是由於它們規模宏大，是否能取代張孝祥詩詞用韻的個案研究還有待檢驗。所以，有必要對張孝祥詩詞用韻情況做一個專門研究。

本文對於韻腳的研究，採用的方法是傳統的系聯法，將古體詩、近體詩、詞三種體裁分別系聯，製作韻譜，整理韻部系統，再通過對張孝祥詩詞用韻若干問題的討論考察張孝祥用韻的獨特面貌。以張孝祥詩詞韻腳字為例，討論音韻學與校勘學相結合的考訂方法，利用音韻學知識幫助勘正韻腳字，為詩詞字句的考訂提供思路。音韻學層面發現張孝祥詩詞入聲韻尾-p，-t，-k 混押程度嚴重（如《念奴嬌・過洞庭》中「色葉澈說雪闊客夕」相押），尤侯部唇音字有的和魚模部相押（如《蝶戀花・送姚主管橫州》以「去路語雨羽母堵舉」互押）等現象。這些獨特現象對於南宋詩詞用韻研究及宋代通語研究具有參考價值。在南宋階段，除了利用一些專書，主要應該依賴存世量較大的詩詞等韻文材料。張孝祥詩詞用韻的個案研究，對南宋詩詞用韻的整體研究具有一定的幫助。

一、張孝祥古體詩的韻部系統

張孝祥詩詞作品可以分為古體、近體、文、詞四大類。其中古體包括古賦、樂章、古詩；近體包括絕句、律詩；文包括頌、銘、贊、辭。通過比較研究我們發現頌、銘、贊、辭四類韻文押韻較寬，與古體詩接近，且只涉及 27 首，42 個韻段，韻段太少不能自成一部，因此將文歸入古體詩部分。這樣張孝祥詩作就分為古體詩、近體詩兩個部分。張孝祥古體詩共 141 首（含《歷陽典錄》卷七收入的 1 首），分為 235 個韻段。將這些韻段進行窮盡式的系聯，我們可以把張孝祥古體詩分為十五部。

其中第一部至第五部為陰聲韻，第六部至第十三部為陽聲韻，第十四部至第十五部為入聲韻。

下面先列韻字表，再對各部進行具體分析。韻字右側數字表示該韻腳字在張孝祥詞中出現的總次數。

（一）陰聲韻

1. 魚模部（包括《廣韻》魚虞模麌姥語厚韻）

平聲

魚韻：書 7、廬 3、裾 2、渠 2、除 2、如 1、噓 1、餘 1、居 1、徐 1、魚 1、蹰 1、舒 1、輿 1

模韻：胡 3、呼 1、枯 1、酥 1、徒 1、圖 1、摹 1、蘆 1、烏 1

虞韻：儒 2、娛 1、虞 1、吁 1、區 1、無 1、腴 1

上聲

麌韻：雨 8、舞 1、乳 1、縷 1、僂 1

姥韻：苦 9、土 1、鼓 1、普 1、櫓 1、祖 1

語韻：汝 2、語 1、許 1、鼠 1、暑 1、阻 1

厚韻：畝 1

張孝祥古體詩共押該部 24 次，魚獨用 2 次，模獨用 2 次，魚模同用 4 次，虞模同用 8 次，魚虞同用 4 次，魚虞模同用 2 次，魚虞模侯同用 1 次，魚虞模尤同用 1 次。

尤侯部唇音字兩次與該部通押。如古詩《湖湘以竹車激水》「雨櫓苦鼓普畝乳僂汝」相叶，賦《金沙堆》「步負腐數去喻」相押。

2. 咍部（包含《廣韻》咍脂韻）

平聲

咍韻：來 2、開 1

脂韻：祇 1

張孝祥古體詩押該部 6 次，齊獨用 1 次，咍獨用 1 次，咍脂同用 1 次，夬佳同用 1 次，佳皆同用 1 次，咍皆同用 1 次。止攝脂韻字入該部 1 次，如樂章《降神》:「祇來」相押。

3. **支微部**（包含《廣韻》支脂之微齊灰止旨紙祭霽至未薺寘志韻）

平聲

支韻：知3、兒3、馳3、碑2、奇2、宜2、池2、移1、隨1、枝1、卑1、彌1、虧1、離1

之韻：之8、癡4、詩3、時3、萁2、期2、治1、欺1、嬉1、茲1

微韻：圍4、稀4、飛4、非3、微3、衣2、威2、肥2、依2、揮2、輝2、違2、歸2、菲1、妃1、祈1、巍1、扉1、暉1、希1、徽1、欷1、薇1、璣1、騑1、威1

脂韻：遺2、夷2、饑1、維1、私1、悲1、龜1、錐1、齎1、椎1、綏1

齊韻：齊3、西1、梯1、枅1、犀1、黎1、齎1、醯1、圭1、攜1、溪1、鷖1

灰韻：灰1

上聲

止韻：起6、子4、始3、里3、士2、齒2、已2、理1、史1、趾1、止1、耳1、喜1、裏1

旨韻：履3、指2、美2、雉2、幾1、死1、水1

紙韻：泚2、紙2、爾1

薺韻：米1、洗1、柢1、底1

去聲

祭韻：制2、歲1、憩1、幣1

志韻：記2、意2、忌1

霽韻：計2、惠2、第1

至韻：醉3、地2、邃2

未韻：味3、氣2、費2、謂2、畏2

寘韻：施2、騎2

張孝祥古體詩共押該部39次，支獨用2次，微獨用2次，之獨用1次，灰脂同用1次，支之同用8次，脂之同用5次，齊之同用3次，支齊同用2次，之祭同用1次，支脂之同用3次，之齊祭同用1次，支之微同用1次，脂之齊同用2次，支脂齊祭同用1次，支脂之微同用1次，支脂之齊同用1次，支脂之微齊同用1次，支脂之微齊灰同用1次，支脂之微齊祭同用2次。

灰韻系合口字押入本部 2 次。例：古詩《福嚴》「奇梯灰威微枅遺萁圍齊犀酰賚稀飛非池之」通押。《讀中興碑》「祟罪」同用

4. **蕭宵部**（包含《廣韻》皓笑小號韻）

上聲

皓韻：老 2、早 2、槁 1、草 1、倒 1、掃 1、皁 1、道 1

小韻：小 1

去聲

笑韻：笑 2

號韻：好 1

張孝祥古體詩共押該部 5 次，豪獨用 2 次，蕭豪同用 1 次，蕭宵同用 1 次，蕭宵肴豪同用 1 次。

5. **尤侯部**（包含《廣韻》尤侯幽有厚麌宥韻）

平聲

尤韻：謀 1、丘 1、留 1、羞 1

侯韻：樓 2

幽韻：幽 1

上聲

有韻：手 6、有 4、久 4、酒 3、朽 2、首 2、牖 1、友 1、九 1、玖 1、阜 1、卣 1、莠 1、帚 1、肘 1、否 1

厚韻：畝 1、後 1、斗 1、口 1

麌韻：取 1

去聲

宥韻：壽 1

張孝祥古體詩共押該部 13 次，尤侯同用 4 次，尤獨用 7 次，尤虞同用 1 次，尤侯幽同用 1 次。

遇攝「虞」韻字雜入該部 1 次。銘《陳季陵借軒銘．並序》：「取有」相押。

（二）陽聲韻

6. **侵部**（包含《廣韻》侵韻）

侵韻：音 2、心 1、陰 1

張孝祥古體詩共押該部 4 次，侵獨用 3 次，侵真同用 1 次。

《壽芝頌代揔得居士上鄭漕・並序》:「任鎮」相叶,「任」為深攝「侵」韻系字,「鎮」為臻攝「真」韻系字,侵部與真文部通押。

7. 寒桓部(包含《廣韻》寒桓刪翰換韻)

平聲

寒韻:寒 3、安 3、彈 2、鞍 2、肝 2、干 1、刊 1、漫 1、灘 1、乾 1

桓韻:盤 4、湍 2、冠 2、官 1、完 1、瘢 1、摶 1

刪韻:鬘 1

去聲

翰韻:看 2、案 1、汗 2、岸 1

換韻:漫 3、觀 1、半 1、玩 1、亂 1、斷 1、判 1、灌 1

張孝祥古體詩共押該部 8 次,寒獨用 1 次,寒桓同用 6 次,寒桓刪同用 1 次。

寒桓刪同用例:古詩《勸農》:寒干湍冠鬘安鞍盤肝官瘢。

8. 先仙部(包含《廣韻》仙先元鹽韻)

仙韻:然 5、椽 4、川 3、偏 2、便 2、鋋 2、旃 2、圓 2、連 2、宣 2、仙 2、篇 2、船 1、鞭 1、泉 1、廛 1、禪 1、鐫 1、拳 1、躔 1、氈 1、騫 1、甄 1、旋 1、筵 1、傳 1、詮 1、鮮 1、攣 1、荃 1

先韻:天 6、邊 4、年 4、煙 4、巔 3、顛 3、前 3、賢 3、眠 2、淵 2、肩 1、妍 1、懸 1、先 1 、縣 1、憐 1、牽 1、韉 1、阡 1

元韻:言 1、園 1、援 1、源 1、原 1

鹽韻:瞻 1

張孝祥古體詩共押該部 17 次,先獨用 2 次,仙獨用 2 次,先仙同用 8 次,先仙元同用 3 次,先仙鹽同用 1 次,元先同用 1 次。

臻攝「元」韻字押入該部 4 次。如古詩《贈尹童子夢龍》「言天椽顛源」相叶。咸攝「鹽」韻字押入該部 1 次。古詩《賦王唐卿廬山所得靈璧石》「憐旃然氈瞻前」通押。

9. 刪山部(包含《廣韻》刪山寒元韻)

刪韻:還 2、顏 2、鬟 2、菅 2、斑 2、灣 1、訕 1、彎 1、潸 1、寰 1、關 1、斑 1、環 1

山韻:山 2、慳 2、間 1

寒韻：難 1

元韻：翻 1

張孝祥古體詩共押該部 4 次，刪山同用 2 次，刪山寒同用 1 次，刪元同用 1 次。

刪山部與寒桓部通押 1 次，《贈陳監廟》：間灣鬟慳斑訕難菅彎。元韻押入該部 1 次，《贈白雲道人贊》「翻斑」通押。

10. 真文部（包含《廣韻》真魂文諄痕欣侵韻）

真韻：人 4、臣 3、濱 2、津 2、頻 2、新 2、親 2、鄰 1、民 2、塵 1、鱗 1、垠 1、神 1、真 1、辰 1、珍 1、陳 1、嗔 1、身 1、紳 1

魂韻：渾 3、尊 3、溫 2、盆 2、門 1、昏 1、孫 1、奔 1、昆 1、閽 1

文韻：雲 4、分 4、君 4、文 3、氛 2、焚 2、軍 1、群 1

諄韻：春 3、醇 1、踆 1、薰 1、聞 1、淪 1

痕韻：根 1

元韻：原 1

欣韻：勤 3

侵韻：斟 1

張孝祥古體詩共押該部 19 次，真獨用 3 次，文獨用 1 次，諄獨用 1 次，魂獨用 1 次，真諄同用 3 次，真魂同用 1 次，魂痕同用 1 次，真文同用 3 次，文欣同用 2 次，真諄元魂同用 1 次，真文侵魂同用 1 次，真文欣同用 1 次。

深攝「侵」韻押入該部 1 次，古詩《與趙、李二同年夜飲，有懷石使君惠叔》「人君斟新頻津文氛閽尊」通押。

11. 庚青部（包含《廣韻》庚青清文登耕韻）

庚韻：明 4、鳴 4、橫 2、迎 2、行 1、卿 1、驚 1、評 1、平 1、撐 1

青韻：青 4、星 4、萍 2、靈 2、刑 2、霆 2、冥 1、亭 1、瓶 1、庭 1、丁 1、銘 1、醒 1、寧 1、腥 1、溟 1、扃 1、瓴 1、屏 1、硎 1

真韻：賓 1

清韻：傾 3、城 2、聲 2、纓 2、情 2、清 2、成 2、征 1、誠 1、晴 1、旌 1、名 1、程 1

文韻：君 2

蒸韻：矜 1、升 1、冰 1

登韻：登 3

耕韻：耕 1

張孝祥古體詩共押該部 16 次，青獨用 2 次，清獨用 1 次，庚清同用 3 次，庚登同用 1 次，青文同用 1 次，庚清青同用 2 次，清青登同用 1 次，庚清青登同用 2 次，庚文真清同用 1 次，庚耕清蒸同用 1 次，庚清青蒸登同用 1 次。

曾攝「登」韻「蒸」韻系韻字無獨用例，均與庚青部它韻同用。如《喜晴賦呈常守葉夢錫》：誠矜迎明行耕清城。

12. **陽唐部**（包含《廣韻》陽唐韻）

陽韻：觴 3、陽 2、央 2、裳 2、香 2、望 2、涼 2、芳 1、忘 1、昌 1、鄉 1、張 1、狂 1、床 1、長 1、方 1

唐韻：蒼 2、瑺 2、藏 1、康 1、堂 1、光 1、荒 1、琅 1、行 1

張孝祥古體詩共押該部 12 次，陽獨用 6 次，陽唐同用 6 次。

13. **東鍾部**（包含《廣韻》東鍾冬韻）

東韻：風 6、公 4、空 3、翁 2、宮 1、蒙 1、通 1、功 1、紅 1、韸 1、窮 1、工 1、瞳 1

鍾韻：龍 3、容 3、茸 1、凶 1、恭 1、鐘 1、鏞 1、峯 1、重 1、松 1

冬韻：儂 1

張孝祥古體詩共押該部 16 次，東獨用 7 次，東鍾同用 8 次，東冬同用 1 次。

（三）入聲韻

14. **屋燭部**（包含《廣韻》屋燭德韻）

屋韻：熟 5、穀 5、肉 4、屋 4、粥 3、僕 3、目 3、讀 2、斛 2、宿 2、木 2、速 2、祿 2、復 2、卜 1、哭 1、竹 1、逐 1、福 1、轂 1、滀 1、牧 1、菽 1、複 1、菊 1、碌 2、覆 1、服 1

燭韻：玉 5、束 4、燭 2、足 1、俗 1、辱 1、曲 1、涤 1

德韻：北 2

張孝祥古體詩共押該部 15 次，屋獨用 9 次，燭獨用 1 次，屋燭同用 3 次，屋燭德同用 2 次。

15. **薛職部**（包含《廣韻》薛屑末葉怗業月沒麥陌德職昔質術鐸藥緝）

薛韻：折 4、別 3、雪 2、熱 2、說 2、鷩 1、裂 1、絕 1、舌 1、滅 1

屑韻：節 4、鐵 3、結 3、嵲 1、挈 1、穴 1、咽 1、血 1

末韻：闊 2、活 1

葉韻：葉 3、楫 1、睫 1、懾 1、妾 1、躡 1

怗韻：浹 2、愜 1、喋 1、帖 1、疊 1

業韻：業 1、劫 1、脅 1

月韻：月 5、闕 1、發 1

沒韻：兀 1

麥韻：隔 4

陌韻：澤 2、戟 2、白 2、迫 1、客 1、格 1、宅 1、伯 1

德韻：墨 2、德 2、得 2、刻 2、北 1、賊 1

職韻：息 4、極 3、直 3、食 2、力 2 、尺 2、色 2、翼 1、殛 1、側 1

昔韻：石 3、斁 1、辟 1、睪 1、昔 1、奕 1、擲 1、擇 1、跡 1、籍 1、癖 1、益 1

質韻：日 5、筆 2、質 1、失 1、逸 1、密 1、室 1

術韻：出 1、律 1

鐸韻：落 2、閣 2、鶴 2、泊 1、作 1、鑿 1、惡 1

藥韻：腳 3、著 1

覺韻：握 2、學 1

緝韻：立 2、笈 1、濕 1、翕 1、粒 1、拾 1、蟄 1

張孝祥古體詩入聲韻混用頻繁，-p、-d、-k 韻尾混押，可見張孝祥語言系統中，入聲韻已經趨向合流。通過研究我們發現，張孝祥古體詩純押-t 韻尾共 5 個韻段，純押-k 韻尾 12 個韻段，純押-p 韻尾 1 個韻段。-tp 韻尾混押 3 次，-tk 韻尾混押 10 次，-kp 韻尾混押 1 次，-tpk 韻尾混押 2 次。

-tpk 韻尾混押例：《題蔡濟忠所摹御府米帖》「戟直拾逸擇笈密跡籍墨得筆力出濕立癖失息食」通押。賦《金沙灘》「澤色翼葉兀宅」同用。

二、張孝祥近體詩的韻部系統

近體詩押韻較為嚴格，包括律詩和絕句。《于湖居士文集》收錄張孝祥近體詩 309 首，筆者又從《永樂大典》補入「船齋」1 首，「寄方帥」2 首。將張孝祥現存 312 首近体詩韻腳系聯，同一個韻攝中合用情況較多的韻合併為一部，舉平以賅上去。由於近體詩入聲韻韻段極少，若某入聲韻部沒有韻段出現，我們根據其相配陽聲韻與他部通押的情況確定分合，以探究張孝祥近体詩用韻規律。

（一）陰聲韻

1. 歌戈部（包含《廣韻》歌戈韻）

歌韻：多 9、何 8、歌 5、河 2、挲 1、柯 1、哦 1、蘿 1

戈韻：波 8、摩 2、坡 2、窠 2、戈 1、和 1、過 1、磨 1

張孝祥近體詩共押該部 14 次，歌戈同用 11 次，歌獨用 2 次，戈獨用 1 次。

2. 麻部（包含《廣韻》麻佳韻）

麻韻：家 5、霞 5、花 5、華 2、嘉 2、茶 2、丫 1、槎 1、虵 1、紗 1

佳韻：涯 1

張孝祥近體詩共押該部 9 次，麻獨用 8 次，麻佳同用 1 次。麻佳同用例：《喜歸作》「花涯家霞」同叶。

3. 魚部（包含《廣韻》魚韻）

魚韻：書 8、居 4、渠 3、如 3、踈 3、車 3、除 2、儲 1、餘 1

張孝祥近體詩押該部 11 次，魚獨用 10 次，魚虞同用 1 次。魚虞同用例：《題胡敦約山行圖》「迂驢」通押。

4. 虞模部（包含《廣韻》虞模姥麌韻）

模韻：圖 3、都 1、吳 1、烏 1

虞韻：珠 2、驅 2、符 1、儒 1、夫 1、迂 1、隅 1

姥韻：浦 1

麌韻：雨 1

張孝祥近體詩押該部 6 次，虞模同用 6 次。與《廣韻》遇攝魚獨用，虞模同用的情況相符。

5. 咍部（包含《廣韻》咍韻）

咍韻：來 11、開 10、哉 3、薹 3、臺 2、萊 1、哀 1、埃 1

張于湖近體詩共押該部 13 次，咍獨用 13 次。

6. 灰部（包含《廣韻》灰韻）

灰韻：回 3、梅 3

張孝祥近體詩共押該部 4 次，灰獨用 3 次，灰脂同用 1 次。灰脂同用例：《贈朱元晦所書凱歌卷後》「醉對」同用。《廣韻》灰韻和咍韻同用，而張孝祥近體詩未見同用例。

7. 支脂部（包含《廣韻》支之脂韻）

支韻：隨3、知3、枝2、離2、碑2、奇2、垂2、卑1、宜1、麾1、吹1、池1

之韻：詩12、辭1、旗1、思1、時1、其1、箕1

脂韻：眉3、遲3、悲1、誰1、姿1、錐1、墀1

紙韻：是1

志韻：餌1

張孝祥近體詩押該部20次，支獨用1次，之獨用3次，脂獨用1次，支之同用7次，支脂同用2次，脂之同用2次，支脂之同用4次。《廣韻》支脂之韻同用，張孝祥近體詩符合《廣韻》同用規律。

8. 微部（包含《廣韻》微韻）

微韻：衣5、歸5、微3、霏2、圍2、闈1、暉1、磯1、非1、飛1、欷1

張孝祥近體詩押該部7次，微獨用6次，微脂同用1次。《廣韻》微韻字獨用，考察張孝祥詞作，脂微已有合流。

9. 齊部（包含《廣韻》齊韻）

齊韻：題2、攜2、奎2、齊1、稽1、西1、圭1、堤1、悽1、隮1、犀1、泥1、迷1、霓1、低1、黎1、提1、閨1、睽1、鷖1、啼1

張孝祥近體詩共押該部2次，齊獨用2次。

10. 豪肴部（包含《廣韻》蕭宵豪肴韻）

豪韻：高3、袍2、槽1、韜1、旄1、曹1、桃1、騷1、毫1、號1

肴韻：茅1、梢1、郊1　蕭韻：蕭1　宵韻：瓢1

張孝祥近體詩共押該部6次，豪獨用3次，肴獨用1次，豪肴同用1次，蕭宵同用1次。《廣韻》效攝豪獨用，肴獨用，蕭宵同用。張孝祥近體詩豪韻與肴韻同用1次，《罷歸呈同官》其二「高茅曹騷」通押。

11. 尤侯部（包含《廣韻》尤侯幽韻）

尤韻：秋9、留7、流5、舟5、州5、謀4、愁4、收4、洲2、裘2、游2、疇2、牛1、儔1、求1、優1、桴1、丘1、休1、羞1、篘1、搜1、浮1、不1

幽韻：幽2

侯韻：頭4、侯1、樓1、投1

張孝祥近體詩共押該部 28 次，尤獨用 18 次，尤侯同用 7 次，尤虞同用 1 次，尤幽同用 2 次。

其中尤虞同用 1 例：《借魏元理畫》「無不」相押，「不」為尤侯部唇音字。

（二）陽聲韻

12. 侵部（包含《廣韻》侵韻）

侵韻：心 7、深 5、音 4、尋 3、吟 1、斟 1、襟 1、陰 1、沉 1

張孝祥近體詩共押該部 9 次，侵獨用 9 次。

13. 寒桓部（包含《廣韻》寒桓韻）

寒韻：寒 3、難 2、安 1

桓韻：官 3、寬 3、盤 1、鸞 1

張孝祥近體詩押該部 4 次，桓獨用 1 次，寒桓同用 3 次。《廣韻》山攝元韻字與臻攝魂韻痕韻同用，寒桓同用，刪山同用，先仙同用。張孝祥近體詩山攝字與《廣韻》同用情況相合。

14. 刪山部（包含《廣韻》山刪韻）

山韻：山 14、間 12、閑 7

刪韻：還 6、關 5、顏 3、灣 2、班 1、攀 1、鬟 1

張孝祥近體詩共押該部 17 次，山獨用 5 次，刪山同用 12 次。

15. 仙先部（包含《廣韻》仙先韻）

仙韻：川 11、船 8、編 8、鮮 7、仙 5、鞭 5、傳 4、然 4、篇 3、羶 2、禪 2、錢 2、廛 2、椽 2、泉 2、緣 2、聯 1、旋 1、虔 1、鐫 1、躔 1

先韻：天 13、賢 9、年 6、邊 6、煙 5、眠 4、千 3、顛 2、田 2、淵 1、堅 1、牋 1、絃 1、前 1、巔 1、鵑 1

張孝祥近體詩共押該部 41 次，先獨用 6 次，仙獨用 7 次，先仙同用 28 次。

16. 真諄部（包含《廣韻》真諄韻）

真韻：人 11、新 6、身 5、塵 4、珍 3、津 3、陳 2、神 2、親 2、辰 1、困 1、闉 1、頻 1、民 1

諄韻：春 10、綸 2、均 1、諄 1

文韻：縕 1

張孝祥近體詩共押該部 20 次，真獨用 7 次，真諄同用 12 次，真文同用 1

次。《廣韻》臻攝真諄韻同用，文欣同用，魂痕元同用。「文」韻字與真韻字通押 1 次。

17. 文部（包含《廣韻》文韻）

文韻：君 3、雲 2、熏 2、紜 2、裙 1、醺 1、分 1

張孝祥近體詩押該部 6 次，文獨用 6 次

18. 魂元部（包含《廣韻》魂元韻）

魂韻：魂 2、昏 2、尊 1、奔 1、論 1、門 1、村 1

元韻：園 3、言 2

張孝祥近體詩共押該部 5 次，魂獨用 2 次，魂元同用 3 次。

19. 庚清部（包含《廣韻》庚清韻）

庚韻：明 5、平 3、驚 2、京 2、兄 1、鳴 1、盟 1、評 2、衡 2、迎 1、烹 1、行 1

清韻：城 8、纓 5、程 4、輕 2、聲 2、傾 1、名 1、晴 1、情 1、清 1

靜韻：請 1、領 1

張孝祥近體詩共押該部 18 次，庚獨用 4 次，清獨用 2 次，庚清同用 12 次。《廣韻》梗攝庚耕清同用，青獨用，張孝祥近體詩因循《廣韻》分合規律。

20. 青部（包含《廣韻》青韻）

青韻：亭 6、青 6、星 4、庭 2、屏 2、馨 2、醒 2、鈴 2、丁 1、刑 1、經 1、萍 1、汀 1、冥 1

徑韻：罄 1、定 1、聽 1、濘 1

張孝祥近體詩共押該部 10 次，青獨用 10 次。

21. 陽唐部（包含《廣韻》陽唐漾韻）

陽韻：香 6、腸 3、長 2、芳 2、方 2、房 2、涼 2、床 1、鄉 1、裝 1、坊 1、莊 1、陽 1、央 2、望 1、嘗 1、忘 1

唐韻：行 1、榔 1、光 1、岡 1

漾韻：漾 1、漲 1

張孝祥近體詩共押該部 16 次，陽獨用 12 次，陽唐同用 4 次。《廣韻》宕攝陽唐同用。

22. **覃談部**（包含《廣韻》覃銜談韻）

覃韻：涵 2、南 2

銜韻：巖 1、監 1、巉 1

談韻：藍

張孝祥近體詩共押該部 3 次，覃獨用 2 次，談銜同用 1 次。《廣韻》覃談同用，咸銜同用。

23. **東鍾部**（包含《廣韻》東鍾冬韻）

東韻：風 13、中 12、空 9、通 7、公 6、同 5、窮 4、翁 4、紅 4、蓬 3、宮 3、東 2、虹 2、籠 2、工 2、戎 1、功 1、鴻 1、濛 1、雄 1、洪 1

鍾韻：峯 4、重 3、封 3、鍾 2、龍 2、胸 1、舂 1、松 1、濃 1、蹤 1

冬韻：宗 2、儂 1

張孝祥近體詩共押該部 35 次，東獨用 26 次，鍾獨用 5 次，東鍾同用 1 次，東冬同用 1 次，冬鍾同用 2 次。《廣韻》通攝東獨用，冬鍾同用。張孝祥近體詩中東冬鍾三韻已經趨於合流，可以互相押韻了。

（三）入聲韻

入聲韻段在張孝祥近體詩中只有兩例。

屋燭合用 1 例：七言絕句《和蔡濟中上》其二「玉禿」通押；

燭獨用 1 例：五言絕句《次東坡先生韻》其七「綠曲」相叶。

張孝祥近體詩的用韻可以總結為以上二十三部，近體詩獨用情況比較普遍，少數與它韻合用。各部較古體詩、詞更獨立，兩部混押的情況少見。近體詩押韻以押平聲韻為主，通過近體詩韻譜情況可知近體詩的用韻窄，分韻細，基本能反映出張孝祥詩詞最為嚴格的音韻面貌，為詞韻、古體詩寬韻的合併提供參考。

下面對張孝祥近體詩出韻及借韻情況分析。「借韻」指五、七言近體詩，如首句入韻而借用可以通押的旁韻。「出韻」則指作韻文押韻時越出規定的韻部。考察律詩的「借韻」及「出韻」情況有利於我們了解張孝祥時代的語音情況，反映當時語音的實際面貌。現將張孝祥近體詩「出韻」和「借韻」的韻目及次數，以及據此系聯的韻部情況統計於下表：

表一　陰聲韻

本韻	歌戈	麻	魚	尤侯幽	支脂之	微	灰咍		豪
借韻	戈 1	佳 2		侯 2	微 2 支 1	齊 1 支 1		灰 1	宵 1
出韻		佳 1	虞 1	虞 1		脂 1	脂 1		肴 1
韻部	歌戈	麻	魚	尤侯	支脂	微	灰	咍	豪肴

表二　陽聲韻

本韻	東	冬鍾	陽唐	庚清	青	刪山	仙先	真諄	魂元	覃談
借韻	鐘 4	東 3	唐 1	青 1	庚 2	寒 2 刪 3	先 5 仙 1	文 4	元 1	
出韻								文 1		銜 1
韻部	東鍾		陽唐	庚清	青	刪山	仙先	真諄	魂元	

相較古體詩與詞，張孝祥近體詩押韻最為嚴格，儘出韻 8 次。明代謝榛《四溟詩話》記載：「七言絕律，起句借韻，謂之『孤雁出群』，宋人多有之。」王力先生通過研究，進一步表明「『起句借韻』不但七言詩有，五言詩也有……不但宋人多有之，晚唐已經成為風尚」。〔註 13〕考察張孝祥 312 首近體詩，首句入韻的有 164 首，其中 39 首借用鄰韻，占其近體詩總數的 12.5%。雖然，近體詩不要求首句入韻，但張孝祥一半以上的近體詩皆入韻，乃其近體詩創作的特色之一。

三、張孝祥詞的韻部系統

本文採用絲聯繩引法，對張孝祥 222 首詞，共 343 個韻段進行了窮盡式的系聯。認為張孝祥詞用韻可歸為十六部：1. 歌戈部，2. 麻部，3. 魚模部，4. 來灰部，5. 支齊部，6. 蕭宵部，7. 尤侯部，8. 侵部，9. 寒先部，10. 真文部，11. 庚陵部，12. 陽唐部，13. 東鍾部，14. 屋燭部，15. 德質部，16. 德月部。

其中第 1 部至第 7 部為陰聲韻，第 8 部至第 13 部為陽聲韻，第 14 部至第 16 部為入聲韻。下面先列韻字表，再對各部進行具體分析。韻字右側數字表示該韻腳字在張孝祥詞中出現的總次數，韻腳字依在張詞中使用次數由多到少排列。

〔註 13〕王力：《王力談詩詞格律》，南京：江蘇人民出版社，2019 年，第 295 頁。

考察張孝祥的詞，其上聲和去聲的押韻情況跟平聲基本一致，所以合併在一起說，舉平以賅上去入，入聲則單獨統計。

（一）陰聲韻

1. **歌戈部**（包含《廣韻》歌戈果韻）

平聲

歌韻：多 2、歌 2、何 2、呵 1

戈韻：波 1

上聲

果韻：麼 1、鎖 1。

于湖詞共押該部 3 次，其中歌戈同用 2 次，歌獨用 1 次。

2. **麻部**（包含《廣韻》中的麻馬禡佳韻）

平聲

麻韻：家 6、霞 4、華 4、花 3、沙 3、麻 1、槎 1、瓜 1

上聲

馬韻：把 1、馬 1

去聲

禡韻：夜 1、射 1

佳韻：涯 1

于湖詞共押該部 6 次，其中麻獨用 5 次，麻佳同用 1 次，如《于湖居士文集》中《西江月・重九》韻腳字「花華馬家涯把」通叶。周祖謨先生《宋代汴洛語音考》指出唐五代宋時「佳涯罷話」已入麻韻系。

3. **魚模部**（包含《廣韻》虞魚模語麌姥遇御暮厚韻）

平聲

魚韻：書 2、裾 2、踈 1、車 1、渠 1、魚 1、漁 1、廬 1

模韻：壺 4、孤 3、都 1、酥 1、吳 1、湖 1

虞韻：扶 1、無 1、呼 1、珠 1、駒 1、區 1、儒 1

上聲

語韻：語 7、渚 4、侶 3、舉 2、許 2、與 2、女 1、醑 1、楚 1、暑 1、黍 1、呂 1、旅 1、寧 1

麌韻：雨 8、縷 4、舞 3、主 3、府 1、武 1、取 1、宇 1

姥韻：浦 2、堵 1、吐 1、古 1、午 1、戶 1、虜 1、

去聲

御韻：去 14、處 10、馭 1、絮 1、攄 1

遇韻：住 9、數 7、樹 4、句 1、雨 1、付 1、注 1、遇 1、駐 1、喻 1、賦 1、聚 1、羽 1

暮韻：路 6、露 3、訴 2、渡 2、暮 2、步 1、布 1、妬 1、度 1、鷺 1、素 1、悞 1、顧 1

張詞共押本部 36 次，其中 2 次摻入流攝厚韻字。

魚獨用	虞獨用	模獨用	魚虞同用	魚模同用	虞模同用	魚虞模同用
1 次	1 次	2 次	12 次	2 次	5 次	13 次

《廣韻》魚獨用，虞模同用。魚模合部的情況出現在晚唐五代時期，考察張孝祥詞作，我們發現魚模部與某些尤侯部唇音字相押，如《蝶戀花・送姚主管橫州》以「去路語雨羽母堵舉」為韻腳。《蝶戀花・懷于湖》以「樹數絮去住處畝許」相押。根據魏慧斌對宋詞用韻的研究：「尤侯韻唇音字與魚模部合叶是宋代的語音特徵」（除湖南地區）〔註 14〕。

4. 來灰部（包含《廣韻》中的咍灰卦怪泰代齊韻）

平聲

咍韻：來 2、開 1、才 1、埃 1、臺 1

灰韻：徊 1、培 1、梅 1、罍 1、回 1

去聲

卦韻：債 1

怪韻：戒 1

泰韻：慨 1、外 1、會 1

代韻：在 1

齊韻：圭 1

于湖詞押本部 5 次，其中咍獨用 1 次，齊灰同用 1 次，咍灰同用 1 次，佳皆同用 1 次，泰代同用 1 次。

〔註 14〕魏慧斌：《宋詞用韻研究》，陝西人民教育出版社，2009 年 9 月第 1 版，第 103 頁。

本部與支齊部關係密切，如《虞美人・代季弟壽老人》中，韻腳字「圭回」通押。

5. 支齊部（包含《廣韻》中的微脂之支紙旨止至寘志未齊薺霽祭泰韻）

平聲

微韻：歸13、飛4、幃3、衣3、稀2、圍2、依2、譏1、蝛1、暉1、非1、霏1、輝1、扉1、薇1　脂韻：伊3、誰3、遲2、眉1、姨1、肌1

之韻：時9、期4、旗2、欺1、絲1、詩1

支韻：枝4、知3、璃2、巵1、宜1、披1

上聲

紙韻：倚1、是1、綺1、蘂1

旨韻：水6、死1、視1、指1、比1

止韻：喜5、裏3、里2、起1、齒1、耳1、似1、李1

去聲

至韻：醉5、至3、地2、寐1、悴1、二1、淚1

寘韻：睡2、瑞1

志韻：意5、記3、事2

未韻：貴3、氣1、未1

平聲

齊韻：啼3、迷2、堤2、攜1、西1、泥1、溪1（以下都是蟹攝字）

灰韻：梅1、摧1、枚1、催1、盃1

上聲

薺韻：洗1

去聲

霽韻：計3、繫2、睇1

祭韻：世2、歲2、衛1、袂1、際1

隊韻：對2、珮1

泰韻：會2

于湖詞共押該部46次。

表一

類別	之獨用	微獨用	脂獨用	支脂同用	脂之同用	支微同用	之微同用	脂微同用	之支同用	支脂之同用	支之微同用	合計
次數	2次	2次	1次	2次	5次	4次	4次	1次	1次	2次	1次	25次

表二

類　別	齊獨用	齊、祭、泰與止攝諸韻同用	合計
次　數	1次	20次	21次

表三　灰韻系字泰韻（合口）字在張孝祥詞韻中出現的次數情況統計表

	灰　韻									隊　韻			泰韻（合口）	
	回	徊	培	梅	罍	摧	枚	催	盃	對	珮	慨	外	會
來灰部		1	1	1	1							1	1	1
支齊部	1			1		1	1	1	1	2	1			2

由上表可見本部與來灰部關係密切，灰系字7次與本部字相押，如《水調歌頭》「才埃徊培來梅罍臺」相押。部分灰泰韻合口字押入支齊部，如《浣溪沙》「姨期欺梅宜」通叶，《踏莎行》「至喜對會計貴」通押。清代戈載的《詞林正韻》把灰韻系字和泰韻合口字與支脂之微齊諸系歸為同部，應該是有其客觀依據的。

魯國堯先生認為「灰韻系字及泰韻合口字與支微部（本文支齊部）相叶的現象，北宋詞人少，南宋詞人多。尤其是平聲字，北宋詞人幾乎都不與支微部字相叶，而南宋詞人漸與支微部字相叶了。」〔註15〕從張孝祥的用韻情況來看，似乎印證了這一點。另外張孝祥詞灰韻系字、泰韻合口字與來灰部字7次相押，與支齊部字11次相押，體現了灰韻系字及泰韻合口字由來灰部向支齊部發展的趨勢。

〔註15〕魯國堯：《宋代福建詞人用韻考》，《語言學文集：考證、義理、辭章》，上海人民出版社2008年7月第1版，第131頁。

6. 蕭宵部（包含《廣韻》豪蕭宵篠小晧笑韻）

平聲

蕭韻：簫 2、蕭 1、苕 1、驍1

宵韻：綃 1、消 1、遙 1、招 1、橋 1、搖 1　嬌 1、霄 1、宵 1、朝 1

上聲

篠韻：裊 1

小韻：小 4、詔 1、渺 1、照 1

晧韻：好 4、老 2、惱 1、早 1

去聲

笑韻：妙 2、鞘 1、醮 1、嶠 1、笑 1

于湖詞共押該部 12 次，蕭宵同用 3 次，宵獨用 4 次，豪獨用 3 次，宵豪同用 2 次。豪韻上聲字「好」「早」跟蕭宵部的宵韻上聲字在一起押韻，豪韻有混入蕭宵部的趨勢。

7. 尤侯部（包含《廣韻》尤侯有厚宥候韻）

平聲

尤韻：游 11、州 10、秋 10、愁 8、舟 8、流 7、浮 6、留 5、收 5、悠 4、憂 3、洲 2、猶 2、裯 1、旒 1、籌 1、由 1、休 1、颼 1

侯韻：樓 9、頭 7、鉤 4、鷗 4、篝 2、謳 1

上聲

有韻：酒 4、柳 3、壽 2、手 2、友 1、否 1、牖 1、久 1、九 1、首 1、不 1、有 1

厚韻：口 1

去聲

宥韻：祐 1、瘦 1

候韻：透 2、後 1、候 1

尤侯合部自漢代以來皆如此。于湖詞共押該部 28 次，尤侯同用 18 次，尤獨用 9 次，侯獨用 1 次。

部分尤侯系唇音字與魚模部、尤侯部合用情況

韻腳字	韻	開合	與魚模部合用次數	與尤侯部合用次數
母	厚	唇	1	

畝	厚	唇	1	
浮	尤	唇		6
不	有	唇		1
否	有	唇		1

由此可見，尤侯系唇音字既可以和魚模部同用，也可以和尤侯部同用。根據不同的合用情況，我們認為把「母、畝」歸入魚模部，把「浮不否」歸入尤侯部比較恰當。

（二）陽聲韻

1. **侵部**（包含《廣韻》侵寑韻）

平聲

侵韻：深5、林4、心3、沉3、音3、陰3、金2、侵2、簪2、斟2、禁2、尋1、吟1、襟1、今1、禽1

上聲

寑韻：枕1、錦1

于湖詞共押該部7次，侵獨用7次。

2. **寒先部**（包含《廣韻》寒桓山刪先仙元凡銜添產獮阮琰緩忝豏襇諫換線翰霰願闞鑑豔韻）

平聲

寒韻：寒10、看4、殘3、丹2、闌2、欄2、彈2、干1、乾1、壇1、珊1、單

山韻：山9、間9、閑1、慳1

桓韻：冠2、端2、團2、鸞1、般1、酸1、官1、寬1

刪韻：顏5、還4、斑3、班2、關2、寰1、灣1

先韻：年10、前4、煙3、絃3、眠2、賢2、天2、邊2、氈1、妍1、蓮1、田1、肩1、牋1

仙韻：仙11、舡7、川6、然5、連3、翩2、圓2、傳2、娟2、筵2、鮮1、蟬1、聯1、錢1、涎1、甄1、緣1

元韻：言1、垣1、園1

凡韻：帆1

銜韻：衫1

添韻：添 1

鹽韻：簾 1、纖 1、厭 1

上聲

產韻：眼 2、盞 1

獮韻：剪 3、淺 2、捲 2、卷 1、軟 1、展 1

阮韻：晚 4、遠 2、返 1

琰韻：歛 2、冉 2

緩韻：管 3、滿 2、斷 2、煖 1、緩 1、伴 1、暖 1

忝韻：點 2

豏韻：臉 1

去聲

諫韻：慣 1、慢 1

換韻：斷 3、換 2、伴 1、亂 1、畔 1、喚 1、筭 1、半 1、漫 1

線韻：轉 2、戀 1、院 1、扇 1、顫 1、囀 1

翰韻：看 2、岸 1、旦 1、漢 1

霰韻：面 3、見 2、片 1、霰 1

願韻：怨 2、勸 1

闞韻：澹 1

鑑韻：鑑 1

豔韻：歛 1

于湖詞共押該部 61 次，元韻押入該部 10 次。元韻屬臻攝字，可見張詞中臻攝、山攝字關係密切。《廣韻》規定寒桓、刪山、先仙分別同用，元與真文部魂痕同用，而在張詞中，卻未見元與真文部同用例，推斷張孝祥用韻中元韻已經與魂痕距離較遠，而接近山攝的寒先韻了。

3. 真文部（包含《廣韻》真諄文魂隱稕問震清映韻）

平聲

真韻：人 13、新 9、親 4、塵 3、真 2、辰 2、麟 1、困 1、宸 1、濱 1、神 1、頻 1

諄韻：春 8、勻 3、椿 1、鈞 1、論 1、綸 1、唇 1

文韻：君 5、雲 2

魂韻：門 1、孫 1

上聲

隱韻：近 1

去聲

稕韻：潤 2、俊 1

問韻：韻 2

震韻：陣 1、鬢 1、燼 1、印 1、信 1

清韻：清 1

映韻：映 1

張詞共押該部 20 次，真諄文同用 6 次，真諄同用 6 次，真獨用 2 次，諄文同用 1 次，真清同用 1 次，魂真同用 1 次，真諄欣同用 1 次。另有兩次分別與梗攝「清」韻、及梗攝」映「韻相押，可見真文部與庚陵部在張詞中可以通押（真文部（《廣韻》收 n 尾）、庚陵部（《廣韻》收 ng 尾），張詞中存在前鼻音韻尾與后鼻音韻尾混用的現象，可能受到詞人方音的影響。如《如夢令》「映潤陣韻韻鬢」通押，《菩薩蠻》「人清」通押。

4. 庚陵部（包含《廣韻》庚耕清青蒸梗靜迥徑勁證映諄真侵欣裯震韻）

平聲

庚韻：平 3、橫 1、明 7、鳴 1、驚 1、京 1、兵 2、迎 1、行 2、生 3、英 1

耕韻：箏 1

清韻：聲 4、成 3、情 3、旌 1、傾 2、清 3、輕 1、城 2、精 1、瀛 1

青韻：腥 1、零 1、齡 4、經 1、青 4、庭 4、星 2、冥 1、屏 1、亭 1

蒸韻：凝 1、膺 1、承 1、憑 1

上聲

梗韻：影 2、冷 2、省 1、景 1、永 1

靜韻：靜 2、嶺 1、領 1

迥韻：艇 1

去聲

徑韻：經 1、定 1、徑 1、醒 1

勁韻：聖 1、盛 1

證韻：興 1

映韻：鏡 1、映 1、競

平聲

諄韻：春 2

真韻：人 2、真 1、塵 1

侵韻：森 1、心 1

欣韻：欣 1

去聲

霰韻：瞑 1

于湖詞共押該部 22 次，其中庚清青蒸同用 1 次，庚清青同用 4 次，庚耕同用 1 次，青庚同用 2 次，清青同用 1 次，庚獨用 2 次，清庚同用 1 次。曾攝字登韻系蒸韻系字無獨用情況，均與梗攝字同用。其餘韻段存在他部混用情況，侵部、真文部、庚陵部混用。如：

《鷓鴣天・為老母壽》「春明經齡青庭」是真文部與庚陵部的混用。

《清平樂・壽叔父》中第二個韻段「森齡清」是侵部和庚陵部的混用。

《水調歌頭・送謝倅之臨安》「情欣心生英間塵亭」是侵部、庚陵部和真文部的混用。

深攝陽聲韻與庚陵部真文部的混用一定程度上反應了-m 韻尾的消變。

5. 陽唐部（包含《廣韻》江陽唐漾宕韻）

平聲

江韻：江 2、幢 1、窗 1、雙 1

陽韻：香 8、觴 5、涼 4、湘 4、陽 4、腸 4、長 3、章 3、芳 3、鄉 2、裝 2、鴦 2、妨 2、霜 2、裳 2、場 2、央 2、商 1、攘 1、羊 1、妝 1、娘 1、墻 1、床 1、望 1、佯 1、量 1

唐韻：光 5、郎 4、黃 3、囊 3、堂 2、鴦 2、浪 1、潢 1、篁 1、廊 1、塘 1、當 1

去聲

漾韻：上 2、忘 1、唱 1

宕韻：浪 1

于湖詞共押該部 23 次，其中陽唐同用 12 次，陽唐江同用 3 次，陽獨用 7 次，江獨用 1 次。江韻僅《菩薩蠻・回文》「窗雙」互押以外，其餘均與陽唐韻相押。

6. **東鍾部**（包含《廣韻》東鍾腫用送韻）

平聲

東韻：風 19、紅 14、空 11、東 11、中 10、同 5、公 5、功 3、櫳 2、通 2、弓 1、葱 1、衷 1、蓬 1、洪 1、宮 1、蘩 1、窮 1、豐 1、籠 1、鴻 1、翁 1、融 1

鍾韻：重 6、鐘 2、濃 3、容 2、龍 2、鋒 2、茸 2、鬆 1、峯 1

上聲

腫韻：勇 1

去聲

用韻：重 3、用 1、種 1、從 1

送韻：夢 3、鞚 1、送 1、甕 1、鳳 1

張孝祥詞共押該部 27 次，其中東鍾同用 14 次，東獨用 13 次。

（三）入聲韻

1. **屋燭部**（包含《廣韻》屋沃燭德覺韻）

屋韻：熟 3、蹙 2、速 2、木 2、簇 1、鹿 1、掬 1、六 1、宿 1、蹴 1、撲 1、馥 1、逐 1、燭 1

沃韻：鵠 1、毒 1

燭韻：曲 4、綠 6、玉 1、促 1、粟 1、束 1、足 1、俗 1

德韻：北 2

覺韻：殼 1

張詞 5 次純押屋燭部，如《醉落魄》「綠束蹙毒速曲熟蹴」，另有三次雜入他部一字。

《滿江紅·思歸寄柳州林守》「簇木曲北鵠鹿綠掬熟」，「北」為德質部字。

《蝶戀花·行湘陰》「玉綠蔌殼促曲六宿」通押。

《虞美人·代季弟壽老人》「北粟」同用。

2. **藥鐸部**（包含《廣韻》鐸藥韻）

鐸韻：落 2、索 1、薄 2、幕 2、漠 1、泊 1、惡 1、昨 1、託 1

藥韻：約 1

屋韻：角 1

張詞有 4 次全押藥鐸部字，不雜他部。如《念奴嬌·離思》「漠泊惡索薄幕約落」。有 1 次與屋燭部相押：《憶秦娥》韻腳為「角昨薄託索落」，「角」屬於屋燭部字。

3. 德月部（包含《廣韻》陌麥昔錫職德緝質末屑薛葉月韻）

陌韻：客 12、白 4、戟 2、陌 1、索 1

麥韻：策 1

昔韻：碧 7、夕 5、迹 3、昔 2、席 2、赤 1、尺 1、籍 1

錫韻：壁 2、歷 2、滴 2、鏑 1、敵 1、摘 1、笛 1

職韻：色 7、織 3、息 3、力 2、識 1、憶 1、億 1、惻 1、抑 1、極 1、側 1

德韻：北 4、得 3、國 1、德 1

緝韻：濕 2、十 1、急 1、泣 1、急 1

質韻：日 2、匹 1、一 1

末韻：闊 1

屑韻：結 7、節 6、切 4

薛韻：雪 9、熱 4、絕 2、說 3、澈 1、別 1

葉韻：接 4、獵 4、葉 2

月韻：月 7、闕 2、歇 2、揭 1、發 1

江韻：雙 1

此部用韻情況比較複雜。包含《廣韻》收-k 尾的陌、麥、昔、錫、職、德韻，收-t 尾的質、末、屑、薛、月韻；收-p 尾的緝、葉韻。之所以把他們歸為一部，是因為張詞中出現了多次不同韻尾混押的情況。可見張孝祥在用韻中有入聲韻尾相混的情況。可能與他所用的方言及當時入聲韻尾的消變有關係。

張詞中純押-k 韻尾的有 14 個韻段，如《滿江紅・于湖懷古》「歷碧滴識夕憶迹織」相押；純押-t 韻尾的有 6 個韻段如《菩薩蠻》中「絕雪」同用，純押-p 韻尾的有 2 個韻段，如《菩薩蠻・與同舍游湖歸》中「急濕」相押；-t 韻尾和-p 韻尾混押 5 次，《念奴嬌》:「雪接結熱節獵月切」通押；-k 韻尾和-t 韻尾混押 5 次；-k 韻尾和-p 韻尾混押 1 次；-k、-p、-t 韻尾三者相押的情況出現了 1 次，如《念奴嬌・過洞庭》中「色葉澈說雪闊客夕」互相押韻。

（四）張孝祥詞用韻情況的討論

魯國堯先生認為，宋詞的押韻共有 18 部：歌戈、家車、皆來、支微、魚模、尤侯、蕭豪、鹽廉、寒先、侵尋、真文、庚青、江陽、東鍾、鐸覺、屋燭、德質、月帖。他強調這 18 部不僅適用與北宋，也適用與南宋。

本文通過系聯張孝祥詞，歸納出韻部 16 部：1. 歌梭部，2. 麻部，3. 魚模部，4. 來灰部，5. 支齊部，6. 蕭宵部，7. 尤侯部，8. 侵部，9. 寒先部，10. 真文部，11. 庚陵部，12. 陽唐部，13. 東鍾部，14. 屋燭部，15. 藥鐸部，16. 德月部

因為張孝祥詞中單獨押咸攝字的僅有三個韻段，可能因為收字少，不能系聯。其餘咸攝韻腳字多與寒先部合用，因此本文將咸攝山攝韻腳字合併為寒先部。又張孝祥詞用韻中有許多入聲韻尾混用情況，於是將押-p、-t、-k 韻尾的德質部月帖部合併為德月部。分部情況基本與魯國堯先生的分部情況一致。

通過分析張孝祥詞的韻譜。我們發現，張孝祥時代，佳涯韻已經併入麻部。

張詞中尤侯韻唇音字與魚模部合叶。來灰部多次與支齊部合用，體現了灰韻系字及泰韻合口字由來灰部向支齊部發展的趨勢。尤侯系唇音字根據具體情況，一部分歸入魚模部，一部分歸入尤侯部。元韻已經與魂痕韻距離較遠，而接近山攝的寒先韻。真文部與庚陵部通押，反映了前鼻音韻尾與後鼻音韻尾的混用。侵部、真文部、庚陵部之間也存在混用情況，深攝陽聲韻與庚陵部真文部的混用一定程度上反應了-m 韻尾的消變。張孝祥在用韻中還有入聲韻尾相混的情況，可能與他所用的方言及當時入聲韻尾的消變有關係。

考察今天安徽方言的語音情況，無論是張孝祥的籍貫地和縣，還是後來的遷居地蕪湖市都屬於江淮官話的洪巢片。「古深臻攝陽聲韻與曾梗攝陽聲韻，今江淮話讀音混同」〔註 16〕，而張孝祥詞中真文部與庚陵部通押，正好體現了這種混用情況，可見在張孝祥生活的宋代，江淮官話中就已經存在鼻音韻尾混用的情況。此外張孝祥詞中入聲韻尾-p、-t、-k 已經相混，從南宋時期江淮語音演變到今天的江淮官話，就僅僅只保留一個喉塞音韻尾〔ʔ〕了。

清代戈載的《詞林正韻》歸納出的韻類，基本與唐宋人作詞情況相合。他所分出的十九部適合宋詞押韻的多數情況。下面將張孝祥詞的韻部與《詞林正韻》比較，張孝祥詞韻與《詞林正韻》韻部主要有以下幾點區別：

1.「于湖詞」來灰、支齊有別，《詞林正韻》合為一部。

2. 灰韻系合口字「于湖詞」與支齊部相押，開口字「于湖詞」與來灰部相押。

〔註 16〕安徽省地方志編纂委員會：《安徽省志・方言志》，北京：方志出版社，1997 年，第 91 頁。

3. 于湖詞中庚青部包含了《詞林正韻》中第六部、第十一部及第十三部中的部分字，反映了鼻音韻尾的消變。

4.「于湖詞」咸攝字併入寒先部，《詞林正韻》則分屬第十四部和第七部。

5.《詞林正韻》第三部、第五部字于湖詞合併為「來灰部」

6. 于湖詞的入聲韻部，屋燭部、藥鐸部與《詞林正韻》第十五部、第十六部分類相似。但《詞林正韻》中第十七、十八、十九部在于湖詞中均合併為陌月部，這是因為這三部在張詞中可以通押。這與張孝祥詞中獨特的語音現象密切相關，-p，-t，-k 韻尾有合流的趨勢。

四、張孝祥詩詞用韻特徵

（一）張孝祥古體詩用韻特徵

結合張孝祥古體詩韻譜，我們發現張孝祥古體詩用韻有以下特徵：

1. 尤侯部某些唇音字與魚模部相押。

2. 蟹攝「齊」「祭」韻系字，「灰」韻系合口字與止攝字通押。在張孝祥古詩中，「齊」「祭」與止攝諸韻合用達 15 次。

3. 蕭宵部與肴豪部合流。

4. 侵部與真文部通押，-m 韻尾與-n 韻尾有合流趨勢。

5. 寒桓部與刪山部合流，元韻字押入刪山部 1 次。

6. 先仙部獨立，元韻字押入先仙部 1 次。

7. 曾攝「登」韻「蒸」韻系韻字均與庚青部它韻同用，無獨用例。

8. 東冬鍾合流。

9. 屋燭同用，德韻押入屋燭部。

10. -p、-t、-k 韻尾混押

（二）張孝祥近體詩用韻特徵

考察張孝祥近體詩我們發現，張詩出韻 8 次，借韻 39 次。詩歌出韻乃作詩之大忌，推測張孝並非有意為之，詩歌的出韻情況實則正好反映了當時的語音特徵。通過分析考察初步能總結出以下規律：

1.「佳」韻字已入麻韻系。周祖謨先生《宋代汴洛語音考》指出唐五代宋時「佳涯罷話」已入麻韻系。

2. 魚模合部，魚模合部的現象在唐代晚期就已經出現。從張孝祥詩詞用韻中，我們已經明顯可見魚模合流的趨勢。

3. 尤侯部出虞模部字，遇攝「虞」韻字雜入該部 1 次，《借魏元理書》「無不」相押。「不」為尤侯部唇音字。

4. 東鍾冬合流。

5. 豪部併入蕭宵部。

6. 文韻入真諄部。

7. 寒桓刪山仙先有合流趨勢。

8. 青韻入庚清部。

9. 灰韻系合口字押入支脂部 1 次：《題朱元晦所書凱歌卷後》「醉對」相押。灰韻系部分合口字押入支脂部是張孝祥詩詞用韻的特徵。

（三）張孝祥詞用韻特徵

1. 麻佳同用。

2. 魚部與虞模部合併，《廣韻》中魚獨用，虞模同用。魚模合部的情況出現在晚唐五代時期。考察張孝祥詞作，我們發現魚模部與某些尤侯部唇音字相押，如《蝶戀花・送姚主管橫州》以「去路語雨羽母堵舉」為韻腳。《蝶戀花・懷于湖》「樹數絮去住處畝許」相押。根據魏慧斌對宋詞用韻的研究：「尤侯韻唇音字與魚模部合叶是宋代的語音特徵」（除湖南地區）。

3. 蕭宵豪同用。

4. 尤侯系唇音字既可以和魚模部同用，也可以和尤侯部同用。

5. 元韻系字押入寒先部 13 次。元韻屬臻攝字，可見張孝祥詞中臻攝、山攝字關係密切。《廣韻》規定寒桓、刪山、先仙分別同用，元與真文部魂痕同用，而在張詞中，卻未見元與真文部同用例，推斷張孝祥用韻中元韻已經與魂痕距離較遠，而接近山攝的寒先韻了。

6. 侵部、真文部、庚青部在張詞中可以通押，張詞中存在前鼻音韻尾與後鼻音韻尾混用的現象，可能受到詞人方音的影響。如《如夢令》「映潤陣韻韻鬢」通押，《菩薩蠻》「人清」通押。

7. 張孝祥在用韻中有入聲韻尾相混的情況。可能與他所用的方言及當時入聲韻尾的消變有關係。

8. 曾攝蒸韻系字無獨用情況，均與梗攝字同用。

通過分析張孝祥詞的韻譜。我們發現，張孝祥時代，佳韻字已經併入麻部。張詞中尤侯韻唇音字與魚模部合叶。來灰部多次與支齊部合用，體現了灰韻系字及泰韻合口字由來灰部向支齊部發展的趨勢。尤侯系唇音字根據具體情況，一部分歸入魚模部，一部分歸入尤侯部。元韻已經與魂痕韻距離較遠，而接近山攝的寒先韻。真文部與庚陵部通押，反映了前鼻音韻尾與後鼻音韻尾的混用。侵部、真文部、庚陵部之間也存在混用情況，深攝陽聲韻與庚陵部真文部的混用一定程度上反應了-m 韻尾的消變。張孝祥在用韻中還有入聲韻尾相混的情況，可能與他所用的方言及當時入聲韻尾的消變有關係。

五、張孝祥詩詞用韻若干問題的專題討論

張孝祥近體詩押韻嚴格，系統接近「平水韻」。而他的古體詩和詞受「平水韻」影響小，更能反映張孝祥的方音狀況。通過分析張孝祥 687 首詩詞作品，共 913 個韻段。我們對張孝祥詩詞用韻中反映出來的若干重要問題進行分析討論。

（一）校勘成果與音韻學知識相結合對「于湖詩詞」用韻研究的重要性

研究張孝祥詩詞用韻，必須將版本學、校勘學知識與音韻學知識相結合。正確的韻腳字對於詩詞用韻的研究至關重要，而正確的韻腳字建立在準確的文本基礎之上。通過校勘我們發現，當韻腳字有異文時，我們可以利用音韻學的知識來判斷是非。如：

1. 宋嘉泰本卷三十三《柳梢青．餞別蔣德施、粟子求諸公》首句「重陽時節，滿城風雨」，陶本、明紫芝漫抄本、毛本、《歷代詩餘》、文淵閣本《于湖詞》、文津閣本《于湖詞》、文瀾閣本《于湖詞》作「滿城風雨，重陽時節」。這兩類文本在最關鍵的韻腳字上出現了分歧，該詞首句末字當為韻腳字，但韻腳究竟是「節」，還是「雨」呢？筆者認為應當是「節」。因為詞是依據詞牌、詞調填成，根據張孝祥其他《柳梢青》詞，結合《柳梢青》詞譜及本詞押韻情況。該詞當押入聲韻，若作「滿城風雨，重陽時節」則「雨」當為韻腳，不符合入聲韻押韻情況。若將韻腳字誤為「雨」，這樣入聲韻部就能和陰聲韻的魚模部系聯起來，從而得出張孝祥詞存在入聲韻和陰聲韻可以互押的錯誤結論，可見運用音韻學知識說明選擇正確的文本對於音韻研究具有重要意義。

2. 宋嘉泰本卷三十四《菩薩蠻．夜坐清心閣》：「暗潮清漲蒲塘晚，斷雲不隔東歸眼。」「東歸眼」，清影宋抄本作「東歸銀」，《薈要》本作「東歸懶」，文淵閣本《于湖集》、文津閣本《于湖集》作「東歸遠」，文瀾閣本《于湖集》、抄閣本作「垂楊坂」。根據《菩薩蠻》詞譜，結合張孝祥其他《菩薩蠻》詞平

仄押韻情況，該句兩個韻腳字應該押仄聲韻。清影宋抄本作「銀」，為平聲韻，顯誤。

3. 陶本拾遺目錄《夜遊宮》，正文作《夜蓮宮》。按：此處正文詞牌名《夜蓮宮》誤。根據該詞平仄用韻情況，符合《夜遊宮》詞牌格律。「夜連宮」，當改作「夜遊宮」。

4. 陶本卷一《滿江紅》：「把輕顰淺笑，細思量。」「細思量」，宋嘉泰本、清影宋抄本、吳昌綬影宋刻本、明紫芝漫抄本、《百家詞》本、明張時行本、文淵閣本《于湖集》、《薈要》本、《全宋詞》本作「細思重憶」，文津閣本《于湖詞》作「不堪重憶」，毛本、文淵閣本《于湖詞》、文瀾閣本《于湖詞》同陶本。按此處當作「細思重憶」。首先，結合《滿江紅》詞譜及張孝祥《滿江紅》詞作，該句當為四字格。其次該詞全押入聲韻，韻腳字「量」非入聲韻字，陶本誤。

5. 明張時行本卷三《鷓鴣天・提刑仲欽行部萬里閲四月而後來歸，輙成為太夫人壽》：「遙知今日稱觴處，衣彩還將衣繡同。」「今日」，宋嘉泰本、清影宋抄本、吳昌綬影宋刻本、明紫芝漫抄本、《百家詞》本、毛本、文淵閣本《于湖集》作「今夕」。陶本、明張弘開本、吳抄本同張時行本作「今日」。案：此處當作「今日」。根據《鷓鴣天》詞譜，結合張孝祥《鷓鴣天》詞，該句平仄格律當為「中平中仄平平仄，中仄平平中仄平」。「日」為仄聲，「夕」為平聲。自當以「日」為是。

6. 明張時行本卷三《長淮歌詞・張安國在建康留守席上賦一篇云，長淮望斷云云，歌闋魏公為罷席而入〇見稗編增》：「征塵暗，朔風勁，悄邊聲」「朔風」，陶本、宋嘉泰本、黃本、清影宋抄本、吳昌綬影宋刻本、明紫芝漫抄本、《花草粹編》本、毛本、文淵閣本《于湖集》、吳抄本作「霜風」。「霜風」「朔風」都可以指寒冷刺骨的風。結合詞譜該句格律為「平中仄，平平仄，仄平平。」「朔」為仄聲，「霜」為平聲，以「霜」為是。

以上的例子說明，我們的音韻研究建立在可靠的文本基礎之上。大量的校勘工作是詩詞用韻研究不可或缺的一部分。

（二）張孝祥詞「德質部」與「月帖部」合併的現象

魯國堯先生曾對兩萬餘首宋詞做窮盡式的研究，歸納出宋詞的押韻共有 18 部：歌戈、家車、皆來、支微、魚模、尤侯、蕭豪、鹽廉、寒先、侵尋、真文、庚青、江陽、東鍾、鐸覺、屋燭、德質、月帖。他強調這 18 部不僅適用與北宋，也適用與南宋。

本文通過系聯張孝祥詞，歸納出韻部 16 部：1. 歌戈部、2. 麻部、3. 魚虞部、4. 來灰部、5. 支齊部、6. 蕭宵部、7. 尤侯部、8. 侵部、9. 寒先部、10. 真文部、11. 庚青部、12. 江陽部、13. 東鍾部、14. 屋燭部、15. 藥鐸部、16. 陌月部

本文分部情況與魯國堯先生歸納出來的宋代通語十八部基本一致，但存在部分差異，這是因為立足點不一樣。筆者是以一個詞人的作品為單位，通過系聯得出來的一個結論，魯國堯先生則是歸納了很多詞人的用韻情況，他的涵蓋面廣，所用材料多。但我們不能用一般性的結論來掩蓋了張孝祥詩詞用韻的特殊性。反之，我們亦不能把張孝祥用韻的特殊性當成一般性來對待。既不能用一般來否定個別，也不用個別來代替一般。

筆者之所以講張孝祥詞用韻分為十六部，是因為張孝祥詞中單獨押咸攝字的僅有三個韻段，因為收字少，不能單獨系聯。其餘咸攝韻腳字多與寒先部合用，因此本文將咸攝山攝韻腳字合併為寒先部。從張孝祥詞的用韻情況看，他的入聲韻部屋燭部與藥鐸部相對保持獨立，較少雜入他部，而德質部和月帖部則糾纏不清。在張孝祥詞作中德質部和月帖部應當合併，而魯國堯先生卻將它們分開，他顯然發現了絕大多數詞人將此二部分開的用例。張孝祥詞作中出現這種特殊現象，應當是受其方音的影響，因為張孝祥古體詩和詞中入聲韻尾 -p、-t、-k 已經相混（如《念奴嬌・過洞庭》中「色葉澈說雪闊客夕」互相押韻），處於一個入聲韻尾逐漸消變的階段，從南宋時期江淮語音演變到今天的江淮官話，就僅僅只保留一個喉塞音韻尾〔ʔ〕了。

（三）張孝祥詩詞中深攝陽聲韻與真文部與庚青部通押的現象

張孝祥詞作中侵部（《廣韻》收 m 尾）、真文部（《廣韻》收 n 尾）、庚青部（《廣韻》收 ng 尾）通押是張孝祥詩詞用韻的特殊現象。

考察今天安徽方言的語音情況，無論是張孝祥的籍貫地和縣，還是後來的遷居地蕪湖市都屬於江淮官話的洪巢片。「古深臻攝陽聲韻與曾梗攝陽聲韻，今江淮話讀音混同」，而張孝祥詞中真文部與庚青部通押，正好體現了這種混用情況，可見在張孝祥生活的宋代，江淮官話中就已經存在鼻音韻尾混用的情況。在南宋時-m 韻尾還保存著，但是已經有了與-n 尾、ng 尾混用的趨勢。今天-m 韻尾在江淮官話中已經完全消失，混入真文部和庚青部中了。陽聲韻部中侵部、庚青部、真文部在張孝祥詩詞中有不少混押例，可見鼻音韻尾的混用

也是張孝祥用韻的一個特徵。這是作者方音現象的流露，與宋代通語三韻尾獨立的現象不矛盾。

張孝祥詩詞用韻有自己特殊的規律，前文已述其入聲韻之間界限已經比較模糊，有了混用的趨勢。而入聲韻和陽聲韻是配套的，-m 尾與-p 尾相配，-n 尾與-t 尾相配，-ng 尾與-k 尾相配。研究張孝祥詩詞用韻我們發現，其與入聲韻尾相配的陽聲韻也出現了混用的現象。就入聲韻之間的混用、陽聲鼻音韻尾之間的混用而言，張孝祥詩詞的混同性應當是超過了其他詞人。從這裡我們可以看出張孝祥作詞用韻並不保守，應該說通過他的詩詞用韻情況是能夠明顯體現出語音變化的。

（四）張孝祥詩詞蟹攝三、四等齊祭韻押入「支微部」的現象

張孝祥詩詞作品中支脂之微齊之間互押頻繁，除近體詩之外，張孝祥古體詩和詞中齊韻系字基本都與支微部相押，其詞作中齊、祭、泰與止攝諸韻字同用達 20 次。根據呂玲娣研究宋代安徽一百三十六位詩人，考察 14310 首詩作情況看「支微齊三韻之間的互相借、出韻現象，是當時通語音系的反映，唐代只有支脂之微通葉為一部，宋代齊韻才與它們合為一部。」

筆者通過系聯張孝祥詩詞發現，在張孝祥詩詞作品中蟹攝三、四等齊祭韻字已經離蟹攝較遠而逐漸併入止攝支微部字了，這一結論基本與呂玲娣的結論吻合。張孝祥的詩詞用韻材料作為個案，其中所體現出來的語言現象實際上是和呂玲娣的研究結論相符合的。

（五）尤侯部部分唇音字押入魚模部的現象

該現象涉及兩個問題，一個是尤侯部與魚模部通押的問題，一個是尤侯部部分唇音字歸何部的問題。張孝祥近體詩、古體詩及詞作中均有魚模部與尤侯部通押之例，絕非個別現象。可以說尤侯部部分唇音字與虞模部相押是張孝祥詩詞用韻的一個特徵，這種現象在其詞作中表現得更為明顯，這應該是「從中唐以後尤侯二韻唇音字皆讀為-u」的原因。尤侯部唇音字有的和魚模部相押，如《蝶戀花》中「去路語雨羽母堵舉」通押；有的與尤侯部相押，如《雨中花》中「遊秋籌舟留由浮州」互押。需要根據押韻的不同情況歸入不同的韻部。如根據上文韻譜中歸納出來的用韻情況，我們認為韻腳字「母、畝」當歸入魚模部，韻腳字「浮不否」歸入尤侯部比較恰當。

（六）張孝祥詩詞麻韻佳韻同用現象

連押韻情況最為嚴格的近體詩中都已出現麻佳同用例，可見麻韻佳韻字在張孝祥的語言系統中已經合流了。蟹攝佳韻系「佳涯崖罷掛畫」和夬韻之「話」押入假攝是宋代通語的演變，這在宋詞、詩韻中有較多的表現。張孝祥近體詩《喜歸作》「花涯家霞」同叶，《西江月．重九》韻腳字「花華馬家涯把」通叶。「涯」字可能丟失韻尾併入了「麻」部字。

（七）元韻字分部特點的探究

元韻屬於臻攝字，但在張孝祥古體詩和詞作中，與山攝字關係密切，並未見其與真文部用例。可見元韻已經離真文部較遠，而接近山攝的寒先韻了。元韻早在唐代已與魂痕韻分離，逐漸轉入先仙韻。中唐以後元韻與寒山部通押較普遍。至宋代，元韻歸屬更加清晰。周祖謨先生在《宋代汴洛語音考》一文中說：「蓋宋代語音寒桓刪山先仙母音皆相近，故通合無礙，惟略分洪細而已……及至宋代元與先仙乃多合用，間有與魂痕相協者，則固守舊韻耳。」廣韻規定寒桓、刪山、先仙分別同用，元與真文部魂痕合用。元韻似乎是真文部與寒桓、刪山、先仙韻部之間的過渡體，它橫跨四部。張孝祥作為南宋孝宗朝狀元，其作詩嚴格遵守官韻，但在作詞上有著更大的自由度，更能夠體現出當時語音的實際情況。其近體詩元韻均與魂痕合用，但在其古體詩和詞作中元韻就押入寒先部了。

（八）如何看待灰韻系字及泰韻合口字與支微部相叶的現象

灰韻系、泰韻合口字在張孝祥詩詞中兼押來灰部和支微部，個別灰、泰合口字完全脫離了來灰部。灰支二部合叶情況魯國堯先生認為「灰韻系字及泰韻合口字與支微部相叶的現象，北宋詞人少，南宋詞人多。尤其是平聲字，北宋詞人幾乎都不與支微部字相叶，而南宋詞人漸與支微部字相叶了。」從張孝祥的用韻情況來看，似乎印證了這一點。張孝祥古體詩灰韻系字兩次與支微部相押，詞灰韻系字、泰韻合口字與來灰部字 8 次相押，與支微部字 11 次相押。體現了灰韻系字及泰韻合口字由來灰部向支齊部發展的趨勢。清代戈載的《詞林正韻》把灰韻系字和泰韻合口字與支脂之微齊諸系歸為同部，有其客觀依據。

六、小結

通過對張孝祥詩詞校勘與用韻的研究，我們可以得出以下兩點認識：

（一）詩詞用韻的研究和版本校勘密不可分，相輔相成

文本的準確，是我們研究詩詞用韻最重要的因素。選擇了錯誤的文本，錯誤的韻腳字。必然會導致系聯出來的韻譜與詩詞用韻的真實情況不符，從而得出錯誤的結論。如前文所討論的《柳梢青·餞別蔣德施、粟子求諸公》首句「重陽時節，滿城風雨」，陶本、明紫芝漫抄本、毛本作「滿城風雨，重陽時節」。若將韻腳字誤為「雨」，就會發現張孝祥詞中的入聲韻部能和陰聲韻的魚模部系聯起來，從而得出張孝祥詞入聲韻和陰聲韻可以互押的錯誤結論。可見雖然一字之差，結論卻謬以千里。

文本校勘同樣需要音韻學的知識來進行是非判斷。如《鷓鴣天·提刑仲欽行部萬里閱四月而後來歸，輒成為太夫人壽》:「遙知今日稱觴處，衣彩還將衣繡同。」「今日」，宋嘉泰本、清影宋抄本、吳昌綬影宋刻本、明紫芝漫抄本、《百家詞》本、毛本、文淵閣本《于湖集》作「今夕」。陶本、張時行本、明張弘開本、吳抄本作「今日」。「今日」「今夕」於義均通，無法通過訓詁考據的辦法來判斷是非。我們借助音韻學知識，根據《鷓鴣天》詞譜，結合張孝祥《鷓鴣天》詞，得知該句平仄格律當為「中平中仄平平仄，中仄平平中仄平」。「日」為仄聲，「夕」為平聲。自當以「今日」為是。

研究張孝祥詩詞校勘與用韻情況具有一定創新意義，前人很少將校勘學與音韻學知識相結合，做跨學科研究。利用音韻學知識刊正韻腳字，利用版本學、校勘學知識選擇準確無錯訛、完善無脫漏的文本都是詩詞用韻研究不可或缺的部分。

（二）不能因重視共性研究而忽視個性研究

目前學者們多著力於詩詞用韻的整體研究，研究整個宋詞的用韻情況，如魏慧斌先生《宋詞用韻研究》；研究某個地域的詞人的用韻情況，如魯國堯先生《宋代辛棄疾等山東詞人用韻考》等。這些研究對我們整體把握宋代語音面貌意義重大，但並不意味著我們就可以忽視單個作家的詩詞用韻研究。因為共性和個性的研究密不可分，它們之間可以相互印證，同時個性研究又能保留單個作家獨特的語音面貌。如魯國堯先生分宋代通語為十八部，但經過我們的研究張孝祥的詞只能分為十六部，雖然分部大體上與魯國堯先生一致，但張孝祥

德質部與月帖部的合併是其獨特的語音現象，因為在其語音系統中，-p，-t，-k 尾已經開始合流了。我們既不能認為魯國堯先生分出的宋代通語十八部能適合宋代所有的作家，也不能認為張孝祥詞分為十六部，別的作家也分為十六部。因此我們既要重視一個時代或一個地域語音的研究，也不能忽視單個作家作品用韻的研究。

參考文獻

1. (宋) 周密:《絕妙好詞箋》〔M〕，上海：上海古籍出版社，1984。
2. (宋) 陳景沂:《全芳備祖集》〔M〕，上海：上海古籍出版社，1992。
3. (宋) 王質:《雪山集》,《景印文淵閣四庫全書》〔M〕，第 1149 冊，台北：台北商務印書館，1986。
4. (宋) 陳鵠:《西塘集．耆舊續聞》〔M〕，上海古籍出版社，2012。
5. (宋) 洪邁:《容齋詩話》〔M〕，上海：上海古籍出版社，2015。
6. (宋) 張栻撰，鄧洪波校點:《張栻集．南軒先生文集》〔M〕，長沙：嶽麓書社，2017。
7. (宋) 張孝祥撰，徐鵬點校:《于湖居士文集》〔M〕，上海：上海古籍出版社，2009。
8. (元) 脫脫等:《宋史》〔M〕，北京：中華書局，1977。
9. (明) 吳訥:《百家詞》〔M〕，天津：天津市古籍書店，1992。
10. (明) 楊士奇等:《文淵閣書目》〔M〕，上海：上海商務印書館，1937。
11. (明) 孫傳能、張萱、秦焜等:《內閣藏書目錄》,《續修四庫全書》〔M〕，第 917 冊，上海：上海古籍出版社影印遲雲樓抄本，2002。
12. (清) 邵懿辰:《增訂四庫簡明目錄標注》〔M〕，上海：上海古籍出版社，1959。
13. (清) 紀昀等纂修:《景印文淵閣四庫全書》〔M〕，第 1140 冊，台北：臺灣商務印書館，1986。
14. (清) 張金吾:《愛日精廬藏書志》〔M〕，上海：上海古籍出版社，2014。

15. （清）王奕清、陳廷敬等：《欽定詞譜》〔M〕，中國書店影印清康熙五十四年內府刻本，第 1 冊，1983。
16. （清）戈載：《詞林正韻》〔M〕，上海：上海古籍出版社，2009。
17. 吳慰祖校訂：《四庫採進書目．兩淮鹽政李呈送書目》〔M〕，北京：商務印書館，1960。
18. 唐圭璋：《全宋詞》〔M〕，北京：中華書局，1965。
19. 周祖謨：《問學集》〔M〕，下冊，北京：中華書局，1966。
20. 中國台北「中央」圖書館：《「國立中央」圖書館善本題跋真跡》〔M〕，台北：「國立」中央圖書館，1982。
21. 傅增湘：《藏園群書經眼錄》〔M〕，北京：中華書局，1983。
22. 唐圭璋：《詞學論叢》〔M〕，上海：上海古籍出版社，1986。
23. 吳昌綬、陶湘：《景刊宋金元明本詞》〔M〕，上海：上海古籍出版社，1989。
24. 張元濟：《四部叢刊．初編》〔M〕，第 175 冊，上海：上海書店，1989。
25. 瞿鏞：《鐵琴銅劍樓藏書目錄》〔M〕，北京：中華書局，1990。
26. 韓酉山：《張孝祥評傳》〔M〕，南京：南京大學出版社，1991。
27. 韓酉山：《張孝祥年譜》〔M〕，合肥：安徽人民出版社，1993。
28. 饒宗頤：《詞集考》〔M〕，北京：中華書局，1992。
29. 黃珮玉：《張孝祥研究》〔M〕，香港：三聯書店有限公司，1993。
30. 蕪湖地方志編纂委員會：《蕪湖縣志》〔M〕，北京：社會科學文獻出版社，1993。
31. 中國台北「國家」圖書館：《「國家」圖書館善本書志初稿．集部》〔M〕，台北：「國家」圖書館，1996。
32. 安徽省地方志編纂委員會：《安徽省志．方言志》〔M〕，北京：方志出版社，1997。
33. 彭國忠：《張孝祥詩文集》〔M〕，合肥：黃山出版社，2001。
34. 劉曉南、張令吾：《宋遼金用韻研究》〔M〕，香港：文化教育出版社，2002。
35. 宛新彬：《張孝祥資料彙編》〔M〕，北京：中華書局，2006。
36. 魯國堯：《語言學文集：考證、義理、辭章》〔M〕，上海：上海人民出版社，2008。
37. 傅璇琮：《學林清話》〔M〕，鄭州：大象出版社，2008 年。
38. 魏慧斌：《宋詞用韻研究》〔M〕，西安：陝西人民教育出版社，2009。

39. 王仲聞：《全宋詞審稿筆記》〔M〕，北京：中華書局，2009。
40. 莫友芝撰、傅增湘訂補：《藏園訂補郘亭知見傳本書目》〔M〕，北京：中華書局，2009。
41. 宛敏灝：《張孝祥詞校箋》〔M〕，北京：中華書局，2010。
42. 王兆鵬：《宋代文學傳播探源》〔M〕，武漢：武漢大學出版社，2013。
43. 北京大學圖書館：《北京大學圖書館藏大倉文庫書志》〔M〕，北京：中華書局，2014。
44. 辛更儒：《張孝祥集編年校注》〔M〕，北京：中華書局，2016。
45. 魯國堯：《宋代辛棄疾等山東詞人用韻考》〔J〕，《南京大學學報》，1979 年第 2 期。
46. 周玉魁：《詞調叢考（續篇）》，《中國韻文學刊》〔J〕，1997 年第 2 期。
47. 劉曉南：《宋代文士用韻與宋代通語及方言》〔J〕，《古漢語研究》，2001 年第 1 期。
48. 彭國忠：《關於張孝祥生平和創作幾個問題的考辨》〔J〕，《安徽師範大學學報》，2003 年第 6 期。
49. 劉曉南、羅雪梅：《宋代四川詩人用韻及宋代通語音變若干問題》〔J〕，《四川大學學報》，2004 年第 6 期。
50. 呂玲娣：《宋代安徽詩人用韻研究》，華南師範大學碩士論文〔D〕，2005。
51. 呂玲娣：《從宋代安徽詩人用韻看宋代安徽方言的若干特點》〔J〕，《阜陽師範學院學報》，2010 年第 4 期。
52. 楊傳慶：《董康誦芬室校定本〈于湖先生長短句〉考識》〔J〕，《文獻》，2017 年第 4 期。
53. 莫礪鋒：《張孝祥為何詩不如詞》〔J〕，《中國韻文學刊》，2021 年第 2 期。

附錄　張孝祥生平及序跋資料彙編

一、張安國傳

（宋）佚名撰，見宋嘉泰本《于湖居士文集》

孝祥字安國，歷陽烏江人，籍之七代孫，邵之從子也。讀書一過目不忘，下筆頃刻數千言。年十六領鄉書，再舉冠里選，紹興二十四年廷試第一。策問師學淵源，秦熺之子塤與曹冠皆力攻程氏專門之學，孝祥獨不攻。考官魏師遜已定塤冠多士，孝祥次之，曹冠又次之。高宗讀策，皆檜、熺語，於是擢祥第一，而塤第三，御筆批云：「議論確正，詞翰爽美，宜以為第一。」在廷百官，莫不歎羨，都人士爭錄其策而求識面。授承事郎、簽書鎮東軍節度判官。

先是，上之抑塤而擢孝祥也，秦檜已怒，既知孝祥乃祁之子，祁與胡寅厚，檜數憾寅。且唱第後曹泳揖孝祥於殿廷以請婚，孝祥不答，泳撼〔憾〕之。於是風言者誣祁有反謀，詔繫獄。會檜死，上郊祀之二日，魏良臣密奏散獄釋罪，遂以孝祥為秘書省正字。故事，殿試第一人次舉始召，孝祥第甫一年得名緣此。

初對百言，乞總覽權綱以盡更化之美，又言官吏忤故相意，并緣文致，有司觀望，鍛鍊而成罪，乞今〔令〕有司即改正。又言王安石作《日錄》，一時政事美則歸已，故相信任之專非特安石，臣懼其作《時政記》亦如安石專用已意，乞取已修《日曆》詳審定，正黜私說以垂無窮。從之，遷校書郎。會芝生太廟楹，百官賀畢，或獻賦頌，孝祥獨上《原芝》一篇以諷之。時儲位尚虛，以大本未立為言，且言芝在仁宗、英宗之室，天意可見，乞早定大計。高宗首肯。遷尚書禮部員外郎。尋為起居舍人，權中書舍人。

初，孝祥登第出湯思退之門，思退為相，擢孝祥甚峻，而思退素不喜汪徹。孝祥與徹同為館職，徹老成重厚，而孝祥年少氣銳，往往凌櫟之。至是徹為御史中丞，首劾孝祥奸不在盧杞下，孝祥遂罷，提舉江州太平興國宮，於是湯思退之客稍稍被逐。尋除知撫州，年未三十，涖事精確，老於州縣者所不及。孝宗即位，復集英殿修撰，知平江。府事繁劇，孝祥剖決，庭無滯訟。屬邑大姓並海囊橐為奸利，孝祥捕治，籍其家，得穀粟數萬。明年，吳中大饑，乞賴以濟。

張浚自蜀還朝，薦孝祥，召赴行在。孝祥既素為湯思退在知，及受浚薦，思退不悅。孝祥入對，乃陳二相當同心戮力，以副陛于〔下〕恢復之志，且靖康以來，惟和戰兩言遺無窮禍，要先立自治之策以應之。復言用才之路太狹，乞博採度外之士以備緩急之用。上嘉之，除中書舍人。尋除直學士院，兼都督府參讚軍事，俄兼領建康留守。言者改除敷文閣待制，留守如舊。會金再犯邊，孝祥陳金之勢不過欲要盟。宣諭使劾孝祥落職，罷。復集賢殿修撰，知靜江府，廣南西路經略安撫使。治有聲績，復以言者罷。俄起知潭州，為政簡易，時以威濟之，湖南遂以無事。復待制，徙知荊南〔荊〕湖比路安撫使。築寸金堤，自是荊州無水患。置萬盈倉以儲諸漕之運。民德之。請祠，會以疾終卒。孝宗惜之，有用才不盡之嘆。進顯謨直學士致仕，年三十八。

孝祥俊逸，文章過人，尤工翰墨，嘗親書奏劄，高宗見之，曰：「必將名世。」

二、宣城張氏信譜傳

（宋）陸士良撰，見宋嘉泰本《于湖居士文集》附錄

公諱孝祥，字安國，學者稱為于湖先生。本貫和州烏江縣，唐司業張籍七世孫，秘閣修撰、金國通問使邵之從子。父祁，任直秘閣、淮南轉運判官。

紹興初年，金人寇和州，隨父渡江，居蕪湖昇仙橋西。時公甫數歲，豫章王德機一見而奇之，遂許以女焉。幼敏悟，書再閱成誦，文章俊逸，頃刻千言，出人意表。轉運公嘗面池築室，為讀書所。池故多蛙，公以硯擲之，聲遂永息，人咸異之。既貴，即以禁蛙名其池。

年十六領鄉書，再舉冠里選。紹興甲戌，廷試擢進士第一，時年二十有三。策問師友淵源，秦塤、曹冠皆力攻程氏專門之學，公獨以程氏得孔、孟之緒。先，知貢舉湯思退已定塤魁多士，帝讀其策，皆檜語，復自裁擇，乃首擢公。

親灑宸翰：「議論堅正，詞翰俱美。」先，蕪湖東境有龍穿岸騰空，風雷夐異，須臾雲霓五彩，光燭百里，江山掩映如錦。及捷聞，人咸謂慶雲為公之先兆云。

先是，岳飛卒於獄，時廷臣畏禍，莫敢有言者。公方第，即上疏言：「岳飛忠勇，天下共聞，一朝被謗，不旬日而亡，則敵國慶幸而將士解體，非國家之福也。」又云：「今朝廷冤之，天下冤之，陛下所不知也。當亟復其爵，厚恤其家，表其忠義，播告中外，俾忠魂瞑目於九原，公道昭明於天下。」帝特優容之。時公尚在期集所，猶未官也。秦相益忌之。初授簽書鎮東節度判官廳公事，轉秘書省正字。故事，殿試第一人，次舉始召。公第甫一年得召對，勸帝總攬權綱以盡更化之美。又言：「官吏忤故相意，並緣父致，有司觀望，鍛鍊而成罪，乞令有司即改正之。」復言：「王安石作《日錄》，一時政事美則歸己，故相信任之專非特安石，臣懼其作《時政記》者，亦如安石專用己意，乞取已修《日曆》詳審是非，正黜私說以垂無窮。」從之。遷校書郎，敕兼國史實錄院校勘。會連歲芝生太廟楹，百官表賀。時儲位尚虛，公獨上《原芝》篇以諷之。其略曰：「惟大本未立，社稷宗宙亦靡克寧饗。」又曰：「在仁宗、英宗之室，尺意可見，乞早定大計。」高宗覽之，首肯再三，舉朝稱誦。遷尚書禮部員外郎，尋為起居舍人，權中書舍人。

初，公與汪徹同館職，修先朝實錄，徹老成畏禍，務在磨稜，公少年氣銳，欲悉情狀，往往淩佛。徹謂曰：「蔡中郎失身於董卓，故不為君子所與。」公曰：「顧自立何如？」思退聞之，不悅於徹之言。至是，徹為御史中丞，乃首劾公等奸不在盧杞下，遂罷，提舉江州太平興國宮祀。尋除知撫州事。臨川詰卒趨劫庫兵，一時鼎沸，官吏屏跡。公單騎馳赴軍中，喻列校曰：「汝曹必欲為亂，請先殺太守。」僉曰：「不敢，惟所給未敷耳。」公即手喻眾卒，聽命者待以不死，隨取金帛，以次支給。摘發數卒，叱之曰：「倡亂者罔赦！」立命斬之。眾校俯伏，不敢仰視，闔城宴然。事聞，帝極嘉獎，時年未三十。蒞事精確，雖老於州縣者所不逮也。

孝宗即位，除集英殿修撰，知平江軍府事，提舉學事，賜紫金魚袋。平江乃臨安藩屏，寄任匪輕，公扶植善類，鋤抑強暴，判決如流，庭無滯獄。屬邑有大姓，煮海囊橐為姦利，怙勢作威，禍延郡邑。公捕治，籍其家，得粟數萬斛。明年，吳中饑，乞賴以濟。

張魏公還朝，乃首薦公，召赴行在。入對，勸帝辯邪正，審是非，崇根本，壯士氣，因痛陳國家委靡之弊，且靖康以來，惟和戰兩言，遺無窮禍，要先立自治之策以應之。又陳：二相當同心協力，以副陛下恢復之志。復陳用才之路太狹，乞博採度外之士，以備緩急之用。上嘉之。除中書舍人，遷直學士院，俄兼都督府參贊軍事。時魏公欲請帝幸建康以圖進兵，復薦公領建康留守。湯思退言改除敷文閣待制，留守如舊。及魏公罷，判福州，宣諭劾公為黨，落職。

初，轉運公築歸去來堂，領太平州事王侯秬更為建狀元第，慶雲接日者見之，謂將不利於金人，至是果符其言。且自渡江以來，大議惟和與戰，魏公主戰，湯相主和。公始登第，出思退之門，及魏公志在恢復，公力贊相，且與敬夫志同道合，故魏公屢薦公，遂不為思退所悅。或者因公召對「要先立自治之策以應之」等語，謂公出入二相之門，兩持其說，豈知公者哉！思退竄，仍復集英殿修撰，知靜江府，廣南西路經略安撫使，治有聲。俄改知潭州，權荊湖南路提點刑獄公事，為政簡易，時濟之以威，湖南遂得以無事。有婦不宜於夫之商而歸，婦為具食，食已即死，其舅姑以為婦殺之無疑，涉三獄而婦不伏。公親鞠之，婦泣曰：「實無此志。顧食有魚肉，以鋏承之，鋏固在也。」公命取鋏，復魚肉以飼犬，犬斃。因詢士人，謂湖外有蜈蚣盈尺，一過食即殺之。公命索婦人所，果得蜈蚣盈尺，仍取魚肉飼犬，復斃，事立，為之平反。婦誓祝髮以報，眾大悅服。會敬夫、定夫扶魏公柩至州境，不能入蜀，公為營葬於屬縣寧鄉之西。遂與敬夫講性命之學，日夕不輟，築敬簡堂，以為論道之所，而四方之學者至焉。公自篆「顏淵問仁」章於中屏，晦庵、南軒各為詩文以記之。尋復待制，徙知荊南荊湖北路安撫使。荊州當虜騎之衝，自建炎以來歲無寧日。公內修外攘，百廢具興，雖羽檄旁午，民得休息。築寸金堤以免水患，置萬盈倉以儲漕運，為國為民計也。

乾道五年己丑，偶不豫，遂力清〔請〕祠侍親，疏凡數上，帝深惜之，進顯謨閣直學士致仕。南軒為文以餞之，荊南士民哭送登舟，仍給小像祀於湘中驛，南軒為之贊。

既歸蕪湖，凡縉紳之士，莫不晉接，宗戚渡江而貧窶者，公輒賑之。新觀瀾亭以集同志，講論之餘，徜徉山水，寺觀臺榭，吟詠殆遍，而悉為之題識。蕪湖都水陸之衝，舟車輻輳，民甚苦之，屢籍公為之庇。令邵宏淵擁兵還鎮，所過市肆皆空，蕪民甚恐。轉運公與淵有識，公作書以逆之，至則自糴米數百斛，父子著紫衣，乘使者車，犒師江上，眾得餉，揚帆而去，遂秋毫無犯。丞袁益之迎至江滸，士民夾道，指目夸艷。

庚寅冬，疾復作，遂卒。卒之日，商賈為之罷市，兩河之民惶惶如失所恃。帝聞之，惜其有用才不盡之嘆。公性剛正不阿，秦塤同登第，官禮部侍郎，一揖之外，不交一言。尤工翰墨，嘗親書奏劄，高宗見之，曰：「必將名世。」詩詞雄麗，尤工古調，有《于湖集》四十卷。

嗟乎！惟公起布衣，被簡遇，入司帝制，出典藩翰，議論風采，文章政事，卓然絕人。歷事中外，士師其道，吏畏其威，民懷其德，所至有聲。奈何筮仕之初，見忘〔忌〕於檜，既而不悅於湯，旅進旅退。向使得召行道，天錫永年，斯世斯道之寄，經天緯地之才，當必有大過人者。卒不能究其所施，齎志以沒，惜哉！

參知政事孝伯，世稱賢相，孝曾以節義聞，孝才、孝章，以文學著，公之諸兄弟也。賢才萃於一門，公實有以啟之。子太平，公易簀時方髫年，從諸父徙宣城，既而從事素書，合門陰，不克磨勵者二十年，今皇帝登極建元，始得蒙例，遙授登仕郎。孫永通，今授□□，即委予以傳，以餘嘗得侍公，且生則同鄉，徙則同邑，知公之深也。義不忍辭，因摭實所聞而次序之，以備觀風者之採云。

紹熙五年甲寅，歷陽居士陸世良書於蕪湖介清堂。

三、張于湖先生集序

（宋）謝堯仁撰，見宋嘉泰本《于湖居士文集》附錄

文章有以天才勝，有以人力勝，出於人者可勉也，出於天者不可強也。今觀賈誼、司馬遷、李太白、韓文公、蘇東坡，此數人皆以天才勝，如神龍之夭矯，天馬之奔軼，得躡其蹤而追其駕。惟其才力難局於小用，是以亦時有疏略簡易之處，然善觀其文者，舉其大而遺其細可也。若乃柳子厚專下刻深功夫，黃山谷、陳後山專寓深遠趣味，以至唐末諸詩人，雕肝琢肺，求工於一言一字間，在於人力，固可以無恨，而概之前數公縱橫馳騁之才，則又有間矣。故曰人可勉也，天不可強也。

于湖先生，天人也。其文章如大海之起濤瀾，泰山之騰雲氣，倏散倏聚，倏明倏暗，雖千變萬化，未易詰其端而尋其所窮，然從其大者目之，是亦以天才勝者也。故觀先生之文者，亦但當取其轇轕斡旋之大用，而不在於苛責於纖末瑣碎之微。先生氣吞百代而中猶未慊，蓋尚有淩轢坡仙之意。其帥長沙也，一日，有送至《水車詩》石本，掛在書室，特携堯仁就觀，因問曰：「此詩可

及何人？不得佞我。」堯仁時窘於急卒，不容有不盡，因直告曰：「此活脫是東坡詩，力亦真與相輒。但蘇家父子更有《畫佛入滅》、《次韻水官》、《贈眼醫》、《韓幹畫馬》等數篇，此詩相去卻尚有一二分之劣爾。」先生大然堯仁之言。是時，先生詩文與東坡相先後者已十之六七，而樂府之作，雖但得於一時燕笑咳唾之頃，而先生之胸次筆力皆在焉，今人皆以為勝東坡，但先生當時意尚未能自肯，因又問堯仁曰：「使某更讀書十年何如？」堯仁對曰：「他人雖更讀百世書，尚未必夢見東坡，但以先生來勢如此之可畏，度亦不消十年，吞此老有餘矣。」次年，公自江陵得祠東下，方欲踐此言，未幾則已聞為馭風騎氣之舉矣。嗚呼！天不竟英雄之志，尚留莒、墨兩城與太原餘蘖，至今江流尚覺有不平，其以此歟！

天下刊先生文集者有數處，豫章為四通五達之衝，先是先生之子同之將漕於此，蓋其責也。時侍郎莆陽蔡公屢勸之，而竟不果，信知斯文通塞，亦自有時。今閣學尚書公自其開府以來，即曉夕在念，而尚乃遲遲至於今者，豈不以先公後私，於事自有次第。而不知此事亦公也，蓋四方學者渴見斯文，以增壯筆端，方皆以先覩者為快。使公肯為是舉，正是加惠學者之意，豈必獨認以為激乎鴒原之情，而足以有歉哉！

自渡江以來將近百年，唯先生文章翰墨為當代獨步，而此猶先生之餘事也。蓋先生之雄略遠志，其欲掃開河、洛之氛祲，盪洙、泗之羶腥者，未嘗一日而忘胸中。使其得在經綸之地，驅馳之役，則周公瑾、謝幼度之風流，其尚可挹於千百載之上也，而門下之鯫生何足容議論之喙哉！

嘉泰改元之中秋，門下士昭武謝堯仁序。

四、張于湖先生集序

（宋）張孝伯撰，見宋嘉泰本《于湖居士文集》附錄

于湖先生長孝伯五歲，垂髫奉書追隨，未嘗一日相捨。別去餘十年，先生再冠賢書，會於臨安，時紹興癸酉也。明年魁多士，又明年入館，寖登清華。孝伯亦入太學為諸生，無時不在左右。每見於詩、於文、於四六，未嘗屬稾，和鉛舒紙，一筆寫就，心手相得，勢若風雨。孝伯從旁抄寫，輙笑謂曰：「錄此何為問？」從手掣去。良繇天才超絕，得之游戲，意若不欲專以文字為事業者。一日，謂孝伯曰：「汝作一月工夫，我只消一日，明日便有用處。」夫所謂用者，豈章句而已哉。惜乎天奪之速，不容究其才於用大，僅能遺愛於六州。

恭聞孝宗皇帝玉音，嘗興用才不盡之歎，使其適乘機會，必有以上契聖心，則其成就蓋不止此。嗚呼！大夫士有志當世，孰不以功名自許，至如先生，真有過人者歟！

別後詩文，多得之耳授，然不能無舛也。謁南昌，解后王大成集，大成從先生久，先生深愛之者。盡以家藏與諸家所刊屬其讐校，雖不敢謂全書，然視他本則有間矣。繼有所得，當為後集云。

嘉泰元年十月旦，弟華文閣直學士、朝請大夫、知隆興府、充江南西路安撫使孝伯謹書。

五、張于湖先生集序

（宋）王質撰，見影印文淵閣《四庫全書》本《雪山集》卷五

故宋中書舍人張公安國奮起荒寒寂寞之鄉，而聲名震耀天下者二十餘年，可謂盛矣。歲丁丑，某始從公於臨安。間謂某曰：「吾有志於文章，將須成於子，其請為我言之。」某謝不能。公益切，某不得已而為之言：「文章之根本皆在六經，非惟義理也，而其機杼物采規模制度無不具備者也。」語未卒，公出《考古圖》，其品百二十有八，曰：「是當為記，於經乎何取？」某曰：「宜用《顧命》。」公拊掌變色曰：「吾得之！吾得之！」歲丁亥，追游廬山之間，訖事，將裒其所歷序之。公曰：「何以？」某曰：「當用《禹貢》。」公益動。歲己丑，某下峽過荊州，公出其文數十篇，於是超然殆不可追躡，非漢、唐諸子所能管攝也。是歲，公沒於當塗之蕪湖，而其歌詞數編先出。

歲癸巳，公之弟王臣官大冶，道永興，某謂王臣曰：「公之文當亟輯，世酣於其歌詞，而其英偉粹精之全體未著，將有以狹公者。」王臣既去一年，以公之文若干篇若干冊示某。

公之文非修辭立論之所可贊也。往會於荊州之杞梓堂，公曰：「世之文，秦降於三代，漢降於秦，唐又降焉。何也？」某曰：「文章非人之所為，天地之氣發露而為英華，而人隨其淺深能否得之。世運風俗轉易遷流，愈降而愈薄，此可以觀氣之盈虧。自混淪以前，其略見於釋氏之《長含經》；而開闢以後，其詳見於邵氏之《皇極經世》。此文章所以有高下，而亦奚獨文章也？司馬子長、班孟堅世以為匹，觀張騫之贊，子長、孟堅增損之語，可以見人情之廣狹。枚乘漢之劣，而柳子厚雄於唐者也，觀乘之《七發》與子厚之「八問」，可以見物態之厚薄。顧第弗深考。

公益叩曰:「然則何如?」某曰:「世之風俗與天地之氣俱為消息盈虛,而吾之心未嘗有所虧盈也。自三代而降,《中庸》《大學》之旨不傳,而危微精一之學遂廢。世徒以智力精神與萬物相抗,而奪其情狀為吾之文章,不知吾之智力精神與氣運風俗同流,而我弗能制也。若是,何怪道愈降、文益衰?夫惟至誠不息之功全,而克己復禮之力厚,自為主宰,不為氣運風俗所遷。吾之智力精神返而與泰定之光相合,不隨古今之變而常新無窮,則三代之文章居然可致也。林間之夫,漢上之女,與今之學士大夫,其賢愚工拙宜至相絕矣,而《兔罝》《漢廣》之聲,非後世可吐。此惟其有莫不好德之心,故其音純,有無思犯禮之念,故其音正。世溺於勢利聲名,而方寸之地為萬物往來馳騁之塗,蹂踐吾之精靈,其力至淺鮮矣。敘事而有《大禹》《皐陶》《益稷》之謨,論諫而有《說命》《旅獒》《立政》之書,諭眾而有《梓材》《多方》之訓,析理而有《洪範》之文。此非可以取必於其辭而其存諸中者,如玉在石,珠在淵,溫純明湛之輝,因物顯容而自莫如,此天下之至文也。」公曰:「善哉!始吾所志未為極也。如子所言,則六經是師,三代是慕,而後可也。苟未死,當無負於子!」言已泣下。初莫諭其故,後四月而公亡。此某所以痛哭流涕而恨公之無年,抱其不竭之才,賫其未盡之志以沒,使某之言徒發而不見其驗也,哀哉!

六、張紫微雅詞序

(宋)湯衡撰,見陶湘影宋刻本《于湖先生長短句》卷首

昔東坡見少游上巳遊金明池詩有「簾幙千家錦繡垂」之句,曰:「學士又入小石調矣。」世人不察,便謂其詩似詞,不知坡之此言,蓋有深意。夫鏤玉雕瓊,裁花剪葉,唐末詞人非不美也,然粉澤之工,反累正氣。東坡慮其不幸而溺乎彼〔註1〕,故援而止之,惟恐不及。其後元祐諸公,嬉弄樂府,寓以詩人句法,無一毫浮靡之氣,實自東坡發之也。于湖紫微張公之詞,同一關鍵。始公以妙年射策魁天下,不數歲入直中書,帝將大用之。未幾出守四郡,多在三湖七澤間,何哉?衡謂茲地自屈賈題品以來,唐人所作,不過柳枝、竹枝詞而已。豈以物色分留我公,要與「大江東去」之詞相為雄長,故建牙之地不於此而於彼也歟!

建安劉溫父博雅好事,於公文章翰墨,尤所愛重,片言隻字,莫不珍藏。既裒次為法帖,又別集樂府一編,屬予序之,以冠於首。衡嘗獲從公遊,見公

〔註1〕「乎」,毛本誤作「手」。

平昔為詞，未嘗著藁，筆酣興健，頃刻即成。初若不經意，反復究觀，未有一字無來處。如「歌頭」、「凱歌」、「登無盡藏」、「岳陽樓」諸曲，所謂駿發踔厲，寓以詩人句法者也。自仇池仙去，能繼其軌者，非公其誰與哉！覽者擊節，當以予為知言。

乾道辛卯六月望日〔註2〕，陳郡湯衡撰。

七、于湖先生雅詞序

（宋）陳應行撰，見陶湘影宋刻本《于湖先生長短句》卷首

蘇明允不工於詩，歐陽永叔不工於賦，曾子固短於韻語，黃魯直短於散語，蘇子瞻詞如詩，秦少游詩如詞，才之難全也，豈前輩猶不免耶！紫微張公孝祥〔註3〕，姓字風雷於一世，辭彩日星於群因〔註4〕。其出入皇王，縱橫禮樂，固已見於萬言之陛對，其判花視草，演絲為綸，固已形於尺一之詔書。至於託物寄情，弄翰戲墨，融取樂府之遺意，鑄為毫端之妙詞，前無古人，後無來者，散落人間，今不知其幾也。比游荊湖間，得公《于湖集》所作長短句凡數百篇，讀之泠然灑然，真非煙火食人辭語。予雖不及識荊，然其瀟散出塵之姿，自在如神之筆，邁往淩雲之氣，猶可以想見也。使天假之年，被之聲歌，薦之郊廟，當其英莖〔註5〕、韶護間作而遞奏，非特如是而已。一日鳳鳥去，千年梁木摧，予深為公惜也！

于湖者，公之別號也。昔陳季常晦其名，自稱為龍丘子。嘗作無愁可解，東坡為之序引，世之不知者遂以龍丘為東坡之號，予故表而出之。

乾道辛卯仲冬朔日，建安陳應行季陸序。

八、張安國

（宋）黃昇撰，見宋淳祐劉誠甫刻《中興以來絕妙詞選》卷二

名孝祥，號于湖，歷陽人。以妙年射策魁天下，不數載入直中書。有《紫薇雅詞》，湯衡為序，稱其平昔為詞未嘗著藁，筆酣興健，頃刻即成，無一字無來處，如《歌頭》《凱歌》諸曲，駿發蹈厲，寓以詩人句法者也。

〔註2〕「道」字上毛本衍一「辛」字。

〔註3〕「微」，毛本作「薇」。

〔註4〕「群因」，毛本作「郡國」。

〔註5〕「英」，毛本作「陰」。

九、張于湖

（宋）葉紹翁撰，見《四朝聞見錄》卷二乙集

高宗酷嗜翰墨。于湖張氏孝祥廷對之頃，宿酲猶未解，濡毫答聖問，立就萬言，未嘗加點。上訝一卷紙高軸大，試取閱之。讀其卷首，大加稱獎，而又字畫遒勁，卓然顏魯。上疑其為謫仙，親擢首選。臚唱賦詩，上尤雋永。

張正謝畢，遂謁秦檜。檜語之曰：「上不惟喜狀元策，又且喜狀元詩與字，可謂『三絕』。」又叩以詩何所本，字何所法？張正色以對：「本杜詩，法顏字。」檜笑曰：「天下好事，君家都占斷。」蓋嫉之也。

張廷對時，天下猶未盡許之。務能參問前儒，汲揚後學，詞翰愈工。天性倜儻，輕財好施，勇于為義，為政平易，民咸思之。唯嗜酒好色，不修細行。高宗嘗問以「人言卿贓濫」。孝祥拱笏再拜以對曰：「臣誠不敢欺君，臣濫，誠有之。『贓』之一字，不敢奉詔。」上笑而置之。人以為誠非欺君者。真文忠公嘗語余曰：「于湖平生雖跌宕，至於大綱大節處，直是不放過。」

張，烏江人，寓居蕪湖，捐己田百畝，匯而為池，圜種芙蕖、楊柳，鷺鷗出沒，煙雨變態，扁堂曰「歸去來」。蕪湖未有第進士者，陰陽者流謂必于湖水與縣治接，而後英才出。張方欲鑿而通之，則已歿矣。嘗舟過洞庭，月照龍堆，金沙盪射，公得意命酒，唱歌所自製詞，呼羣吏而酌之，曰：「亦人子也。」其坦率皆類此。嘗慕東坡，每作為詩文，必問門人曰：「比東坡何如？」門人以「過東坡」稱之。雖失太過，然亦天下奇男子也。惜其資稟太高，浸淫詩酒。既與南軒、考亭先生為輩行友，而不能與之相琢磨，以上續伊、洛之統，而今世好神怪者，以公為紫府仙，惜夫！

十、張孝祥傳

（元）脫脫等撰，見《宋史》卷三百八十九

張孝祥字安國，歷陽烏江人。讀書一過目不忘，下筆頃刻數千言，年十六，領鄉書，再舉冠里選。紹興二十四年，廷試第一。時策問師友淵源，秦塤與曹冠皆力攻程氏專門之學，孝祥獨不攻。考官已定塤冠多士，孝祥次之，曹冠又次之。高宗讀塤策皆秦檜語，於是擢孝祥第一，而塤第三，授承事郎、簽書鎮東軍節度判官。諭宰相曰：「張孝祥詞翰俱美。」

先是，上之抑塤而擢孝祥也，秦檜已怒，既知孝祥乃祁之子，祁與胡寅厚，檜素憾寅，且唱第後，曹泳揖孝祥於殿庭，以請婚為言，孝祥不答，泳憾之。

於是風言者誣祁有反謀，繫詔獄。會檜死，上郊祀之二日，魏良臣密奏散獄釋罪，遂以孝祥為秘書省正字。故事，殿試第一人，次舉始召，孝祥第甫一年得召由此。

初對，首言乞總攬權綱以盡更化之美。又言：「官吏忤故相意，並緣文致，有司觀望鍛煉而成罪，乞令有司即改正。」又言：「王安石作《日錄》，一時政事，美則歸己。故相信任之專，非特安石。臣懼其作《時政記》，亦如安石專用己意，乞取已修《日曆》詳審是正，黜私說以垂無窮。」從之。遷校書郎。芝生太廟，孝祥獻文曰《原芝》，以大本未立為言，且言：「芝在仁宗、英宗之室，天意可見，乞早定大計。」遷尚書禮部員外郎，尋為起居舍人、權中書舍人。

初，孝祥登第，出湯思退之門，思退為相，擢孝祥甚峻。而思退素不喜汪澈，孝祥與澈同為館職，澈老成重厚，而孝祥年少氣銳，往往陵拂之。至是澈為御史中丞，首劾孝祥姦不在盧杞下，孝祥遂罷，提舉江州太平興國宮，於是湯思退之客稍稍被逐。尋除知撫州。年未三十，莅事精確，老於州縣者所不及。孝宗即位，復集英殿修撰，知平江府。事繁劇，孝祥剖決，庭無滯訟。屬邑大姓並海囊橐為姦利，孝祥捕治，籍其家得穀粟數萬。明年，吳中大饑，迄賴以濟。

張浚自蜀還朝，薦孝祥，召赴行在。孝祥既素為湯思退所知，及受浚薦，思退不悅。孝祥入對，乃陳「二相當同心戮力，以副陛下恢復之志。且靖康以來惟和戰兩言，遺無窮禍，要先立自治之策以應之。」復言：「用才之路太狹，乞博采度外之士以備緩急之用。」上嘉之。除中書舍人，尋除直學士院兼都督府參贊軍事。俄兼領建康留守，以言者改除敷文閣待制，留守如舊。會金再犯邊，孝祥陳金之勢不過欲要盟。宣諭使劾孝祥落職，罷。

復集英殿修撰、知靜江府、廣南西路經略安撫使，治有聲績，復以言者罷。俄起知潭州，為政簡易，時以威濟之，湖南遂以無事。復待制，徙知荊南、荊湖北路安撫使。築寸金隄，自是荊州無水患，置萬盈倉以儲諸漕之運。請祠，以疾卒，孝宗惜之，有用才不盡之歎。進顯謨閣直學士致仕，年三十八。

孝祥俊逸，文章過人，尤工翰墨，嘗親書奏劄，高宗見之，曰：「必將名世。」但渡江初，大議惟和戰，張浚主復讎，湯思退祖秦檜之說力主和，孝祥出入二人之門而兩持其說，議者惜之。

論曰：尤袤學本程頤，所謂老成典刑者，立朝抗論，與人主爭是非，不允不已，而能令終完節，難矣。謝諤、顏師魯、袁樞臨民則以治辨聞，立朝則啟沃忠諫，各舉乃職，為世師表。李椿、劉儀鳳言論節槩，著於行事。張孝祥早負才畯，蒞政揚聲，迨其兩持和戰，君子每歎息焉。

十一、于湖詞跋

（明）毛晉撰，見毛氏汲古閣本《于湖詞》卷一末尾

字安國，號于湖，蜀之簡州人也。後卜居歷陽，故陳氏稱為歷陽人。甲戌狀元及第，出自思陵親擢。故秦相孫塤居其下，檜忌惡之，以事召致於獄。檜亡，上眷益隆，不數載入直中書。惜其不年，上嘗有用不盡之歎。玉林集中興詞家，選二十有四闋，評云：「舊有《紫薇雅詞》，湯衡為序，稱其平昔為詞，未嘗著稿，筆酣興健，頃刻即成，無一字無來處。如《歌頭》《凱歌》諸曲，駿發蹈厲，寓以詩人句法者也。」恨全集未見耳。古虞毛晉記。

十二、張于湖集序

（明）張時行撰，見明崇禎六年張時行刊《張于湖集》卷首

先生有文集四十卷，南宋刻行數處，世隔代遠，剝蝕殘缺，人每以未睹其全為憾。秣陵焦澹園先生萬曆己丑繇鼎甲，得讀書中秘，三復先生遺編，自內閣手抄寄友人張醇甫、楊克家，余因卒業，得未曾有。非惟吾宗為光，且為歷陽生色矣。不付鐫梓，不愈晦蝕乎？無何為五斗折腰，奔走燕越，及反初服而發種種矣。特因殺青，以期永遠，蓋先生之名，因文以重，欲知先生者，當鏡於詞章之外也。因彙集為八卷，庶便觀覽云。後裔張時行私記。

十三、張于湖集序

（明）錢禧撰，見明崇禎十七年張弘開刊《張于湖集》卷首

友人張文伯梓《二張集》以公天下。二張者，文昌先生籍，唐人，為司業；于湖先生孝祥，宋人，為學士。二公並南之和州人。余讀韓昌黎答文昌書，二君子似有異同，其略云：「頑然不入者，親以言諭之，不入則其觀吾書也，固將無得矣。為此而止，吾豈有愛於力乎哉？然有一說，化當世莫若口，傳來世莫若書，又懼吾力之未至也。」又讀其《代文昌與李浙東書》，委折深至，其交情又何篤也。昌黎之於文昌深矣，不知其人，視其友矣。于湖封事炳如日星，詘和議侃侃不屈，無忝爾父，可以為後世人臣不忠不孝之戒者。

二公文詞妙天下，其人不專以文詞傳。文伯於二公同宗，以文章忠孝世其家。文伯尊人瑞寰先生以小臣殉節，天子晉其階，為之先、為之後，厥光大矣！吉甫燕喜而以孝友張仲，寵飲至焉。今國家再造，報仇雪恥，必有文武。吉甫其人，文伯必為上客矣。文伯偉鬚眉，能自為。吉甫，稽其族以張仲稱也。

甲申重九書於長干僧舍，吳門錢禧。

十四、張于湖集跋

（明）楊侯徧撰，見明崇禎十七年張弘開刊《張于湖集》卷首

于湖先生世代巍科，簪纓絡繹，南宋時登仕籍者三十餘人，家學淵源，忠孝屢著。尊人使金，伏節抗虜，表表於時。先生資稟天授，七歲賦詩文，髫年著作盈帙，弱冠登鼎甲，雖檜奸欲阻，而高宗誦其策不忍遺也。一念忠義，憂於心，發於詞，必欲吞虜殲奸，致君堯舜，返板蕩、成唐虞而後已。奈何中道告殂，大志未竟。使天假之年，則謝安石、李長源功相輝映，即不然，岳忠武、文文山可相後先也。

先生詩文與韓、蘇侔，字與顏、柳埒，而道德問學則與朱元晦、張敬夫、呂東萊相流亞也。其禪機之妙，只窺冥諦，印證根宗，一息千古，孔門之顏子不能過之。蓋間世之豪傑也，雖隔代猶有耿光。因其遺篇薄蝕，其裔人張瑞寰遂損貲刊梓，以寄景行之遐思云。

歷陽後學楊侯徧謹識。

十五、《于湖集》四十卷提要

（清）永瑢、紀昀等撰，見中華書局本《四庫全書總目》卷一百五十八

宋張孝祥撰。孝祥字安國，歷陽烏江人，紹興二十四年進士第一。孝宗朝累遷中書舍人、直學士院、領建康留守，尋以荊南湖北路安撫使請祠，進顯謨閣直學士致仕。事蹟具《宋史》本傳。《書錄解題》載《于湖集》四十卷，此本卷數相合，前有其門人謝堯仁及其弟華文閣直學士孝伯序。堯仁序稱孝祥每作詩文，輒問門人視東坡何如。而堯仁謂其《水車詩》活脫似東坡，然較蘇氏《畫佛入滅》《次韻水官》《韓幹畫馬》等數篇，尚有一二分劣。又謂以先生筆勢，讀書不十年，吞東坡有餘矣。今觀集中諸作，大抵規摹蘇詩，頗具一體。而根柢稍薄，時露竭蹶之狀。堯仁所謂讀書不十年者，隱寓微詞，實定論也。

然其縱橫兀傲，亦自不凡。故《桯史》載王阮之語，稱其「日氣吐虹霓」，陳振孫亦稱其「天才超逸」云。

十六、《于湖詞》三卷提要

（清）永瑢、紀昀等撰，見中華書局本《四庫全書總目》卷一百五十八

宋張孝祥撰。孝祥有《于湖集》已著錄。《宋史・藝文志》載其詞一卷，陳振孫《書錄解題》亦載《于湖詞》一卷。黃昇《中興詞選》則稱《紫微雅詞》，以孝祥曾官中書舍人故也。此本為毛晉所刊，第一卷末即繫以跋，稱「恨全集未見」，蓋祗就《詞選》所載二十四闋，更摭四首益之，以備一家。後二卷則無目錄，亦無跋語。蓋其後已見全集，刪其重複，另編為兩卷以續之。而首卷則未重刊，故體例特異耳。卷首載陳應行、湯衡兩序，皆稱其詞寓詩人句法，繼軌東坡。觀其所作，氣概亦幾幾近之。《朝野遺記》稱其在建康留守席上賦《六州歌頭》一闋，感憤淋漓，主人為之罷席。則其忠憤慷慨，有足動人者矣。又《耆舊續聞》載孝祥十八歲時即有《點絳唇》（流水泠泠）一詞，為朱希真所驚賞，或刻孫和仲，或即以為希真作，皆誤。今集不載是篇，或以少作而佚之歟！陳應行序稱于湖集長短句凡數百篇，今本乃僅一百八十餘首，則原稿散亡，僅存其半，已非當日之舊矣。